DER HAMMERMORD AM HANSERING

BERND KAUFHOLZ

DER HAMMERMORD AM HANSERING

Authentische Kriminalfälle

mitteldeutscher verlag

Der Autor dankt der Staatsanwaltschaft Halle sowie der Stasi-Unterlagen-Behörde, Außenstelle Magdeburg für ihre Unterstützung.

Mit Sternchen (*) versehene Namen in den Kriminalfällen wurden vom Autor geändert.

INHALT

7 Wo ist Christel?

32 Der Sadist von Dessau

59 Tod auf dem LPG-Hof

82 Der Hammermord am Hansering

100 Der Mord des Schweineprinzen

117 Der Tod kam mit dem Vater

133 Endstation Schwertmaschine

164 Enthauptet

178 Tante Rotraut

203 Die Tote in der Saale

220 Abkürzungsverzeichnis

WO IST CHRISTEL?

Franz Teichert* sitzt am 24. September 1959 Polizeileutnant Kunte gegenüber. Es geht um ein Kind, das seit dem Nachmittag des Vortags in Dessau-Großkühnau verschwunden ist. Der Landwirt gehört zu den 40 Menschen, die sich am 23. September in der Gegend aufgehalten haben, in der auch die acht Jahre alte Christel Kohnert* gewesen sein soll.

„Ich habe gegen 17.15 Uhr meine Kühe von der Weide geholt", beginnt der 53-Jährige seine Aussage. „Das Vieh stand nördlich von Kühnau, genauer gesagt zwischen Großkühnau und der Elbe am sogenannten Oberbruch."

Auf der Seebrücke habe er mehrere Kinder getroffen. Kurz darauf seien ihm ein Mann und eine Frau aufgefallen, die einen Handwagen zogen und offensichtlich nach Großkühnau wollten. „Aber aufgrund der Entfernung kann ich das ältere Paar nicht näher beschreiben." Dann sei er auf einen Mann „mittleren Alters" aufmerksam geworden, der an einer Weide „an einem Handwagen hantierte". Kurz darauf sei der Betreffende mit seinem Wagen in Richtung Kühnau gegangen. „Auf dem Weg zur Koppel kam mir mein Nachbar Otto Kemmer* entgegen, der auf sein Grünland wollte." Er selbst habe sich etwa eine Stunde in der Gegend aufgehalten. Dabei seien ihm noch ein Lkw aufgefallen, den „vier, fünf Mann hinter der Seebrücke mit Kies beluden, und ein Pferdegespann".

Befragt wird Waltraud Krull*. Sie war gegen 16.30 Uhr mit dem Fahrrad vom Kartoffelacker zwischen Großkühnau und Dessau-Ziebigk losgefahren, um auf der Koppel im Oberbruch Kühe zu melken. „Ich fuhr längs des Waldes und habe auf dem Weg mehrere Personen gesehen. An den Prinzeneichen stand ein 15, 16 Jahre altes Mädchen. Sie schaute gespannt in Richtung Elbe."

„Können Sie das Mädchen beschreiben?", fragt Leutnant Kunte.

Die Hausfrau überlegt einen Augenblick und antwortet dann: „Lange rote Hose, schwarzer Pullover … ach ja, sie hatte ein Fahrrad bei sich, wenn mich nicht alles täuscht. Es könnte sich um Fräulein Lohmann* gehandelt haben, die beim Pfarrer wohnt."

Kunte schreibt in sein Notizheft: „Kann das vermisste Kind nicht gewesen sein." Zum einen passe das Alter nicht und auch die Bekleidung stimme nicht überein.

Ernst Kohnert* hatte bei seiner Vermisstenanzeige am 24. September ab 13 Uhr angegeben, dass seine acht Jahre alte Tochter mit dem dunkelblonden Bubikopf am Tag ihres Verschwindens ein dunkelgrünes Kleid mit braunen Tupfen, braune lange Strümpfe und braune Halbschuhe angehabt hat. Weiterhin hatte der 39-Jährige zu Protokoll gegeben, dass Christel gegen 16 Uhr mit ihrem Fahrrad losgefahren sei, um, wie schon am Vortag, im Wald Eicheln zu sammeln. „Die wollte sie verkaufen und so ihr Taschengeld aufbessern."

Leutnant Eschke vom Polizeikreisamt in Dessau hatte auf der Vermisstenanzeige vermerkt: „Da in der Vergangenheit schon zwei Kinder auf ähnliche Art verschwunden sind, besteht der Verdacht, dass an dem Kind ein Verbrechen begangen wurde oder zumindest ein Kindesraub vorliegt."

Am Tag nach der Meldung beginnt eine große Suchaktion in dem Gebiet, in dem Christel vermutet wird. Das Schnellkommando wird eingesetzt, mehrere Hundestaffeln, Bereitschaftspolizei und Soldaten der Volksarmee. Freiwillige Helfer der Polizei und Feuerwehrkameraden nehmen die nähere Gegend unter die Lupe. Im Dessauer Stadtkreis wird nach Christel und ihrem roten Kinderfahrrad gefahndet. Das weitere Umfeld wird mit Hunden der GST und der Polizeihundestaffel Pretzsch abgesucht. Meldungen sind inzwischen sowohl an die Bezirkspolizei in Halle als auch an die Hauptverwaltung der Polizei in Berlin gegangen.

Bei ihrer Suche durchstreifen Helfer das Naturschutzgebiet im „Lange Hau", einem Laubwalddickicht nördlich des Kühnauer Sees, gut zwei Kilometer vom Wohnort der Vermissten

Fundstelle des Fahrrads der Ermordeten

entfernt. Gegen 10 Uhr ruft einer der Männer: „Halt! Hier liegt etwas!“ Die Suchreihe bleibt wie angewurzelt stehen. Der Einsatzleiter, der einige Meter weiter hinten läuft, kommt eilig zur bezeichneten Stelle. Am Waldrand, der dicht mit hohen Gräsern, Brennnesseln und wilden Weinreben bewachsen ist, liegt ein fast neues, rotes 24er Mädchenfahrrad der Marke „Möve“.

Als der Suchtrupp das Fahrrad bergen will, entdeckt er knapp neun Meter davon entfernt unter einem kleinen Laubbaum Kleidungsstücke, die auf einem Beutel liegen, in dem sich 16 Eicheln befinden: ein rosafarbener Schlüpfer und ein rosa Seidenunterrock. An der Unterwäsche werden kleine blutähnliche Flecken festgestellt. Deutlich zu erkennen ist, dass die Bekleidung gewaltsam heruntergerissen wurde. Für die Ermittler ist es nun so gut wie sicher, dass es sich nicht mehr nur um einen Vermisstenfall handelt.

Irmgard Lohmann*, die von der Zeugin Krull in ihrer Aussage beschrieben worden war, wird am 24. September gegen 13 Uhr befragt. „Gegen 15 Uhr bin ich gestern in Richtung Kornhaus gefahren. Ich wollte dort ein bisschen herumradeln. Ich fuhr unmittelbar an der Elbe entlang.“ Dabei habe sie am Fluss einen jungen Mann stehen sehen. Was er dort machte, habe sie nicht erkennen können, aber sein beigefarbenes Moped. Sie schätzt den Mann auf Ende zwanzig, und er habe einen Fotoapparat umgehängt gehabt.

„Von vorn kam mir ein Mann entgegen, ich schätze ihn auf 33 Jahre. Er hatte eine helle Windbluse an und sah ein bisschen unordentlich aus.“ Sie sei weitergeradelt und an ihm vorbeigefahren. „Kurz darauf habe ich bemerkt, dass der Mann kehrtgemacht hat und hinter mir herfuhr. Ich bekam etwas Angst, stieg ab und ließ ihn vorbeifahren. Ich wartete eine kurze Zeit und fuhr dann weiter. Doch schon ein Stück vor der Elbbiegung an einer Buhne traf ich erneut auf den Mann mit den braunen, nach hinten gekämmten Haaren. Ich fuhr in einen kleinen Weg hinein, der fast zugewachsen war. Doch der Mann ließ mir keine Ruhe. Ich wollte sehen, was er macht, und ich fuhr zur Buhne zurück.“ Sie habe beobachtet, wie der Fahrradfahrer weitergefahren sei. „Dann bin ich weiter in das Naturschutzgebiet hineingefahren und habe ‚Faust‘ gelesen“, so die 17-Jährige. Gegen 17.15 Uhr sei sie zu den Kühnauer Wiesen gefahren.

Dort habe sie zwei Radfahrer gesehen, die aus Richtung Elbe kamen. Und auch an einen „älteren Mann“ könne sie sich erinnern.

Leutnant Kunte legt der Jugendlichen einige Fotos vor und fragt, ob sie darauf jemanden erkenne, den sie am Vortag gesehen hatte. Sie glaubt zwar „eine gewisse Ähnlichkeit“ mit dem Mittdreißiger festzustellen, doch sicher sei sie sich nicht, sagt sie.

Paul Dunker* ist seit 1954 in Großkühnau Revierförster. „Zusammen mit einem Kollegen wollte ich im Jagen 22 a, also im Naturschutzgebiet Saaleberge, Rehwild schießen. Gegen 18.45 Uhr waren wir an der Spitze vom Jagen 19/34, da hörten wir ein Motorengeräusch. Wir sahen eine blauen Ford-Lkw, der an der Elbe entlangfuhr. Der 3,5-Tonner benutzte dann den Hauptweg Richtung Kühnauer See.“ Er habe sich gewundert, dass dort um diese Zeit noch ein Lastkraftwagen unterwegs ist. Der 31-Jährige kann allerdings den Fahrer nur sehr vage beschreiben: „Untersetzt, 1,68 Meter groß, dunkle Haare.“

Tatrekonstruktion: Ein Zeuge sah Christel (dargestellt durch eine Puppe) am 23. September kurz nach 16 Uhr unweit der Schleuse Eicheln sammeln

Forstarbeiter Kurt Ander* bestätigt die Aussage seines Chefs. Er ergänzt jedoch, dass er beim Treiben des Rehwilds gegen 17.30 Uhr einen älteren Mann gesehen habe, der einen Handwagen zog, auf dem drei Säcke lagen. Er sei in Richtung Kühnauer See gegangen.

Eine – wie sich später herausstellt – wichtige Beobachtung hat Walter Söller* gemacht. Am 23. September fuhr er auf seinem Fahrrad mit Anbaumotor, einem sogenannten Hackenwärmer, gegen 15.15 Uhr von seiner Wohnung in Dessau-Ziebigk los. „Ich wollte hinter dem Bruchgraben angeln. Ich fuhr bis zum sogenannten Obelisken am Wall zwischen Dessau und Ziebigk, dann auf dem ‚Schwarzen Weg' bis zu den Achterteichen." Dort sei er eine knappe halbe Stunde geblieben und habe danach seine Fahrt in Richtung Schleusenbrücke fortgesetzt. „In unmittelbarer Nähe der Schleuse, vielleicht hundert Meter davor, stand an einer Eiche ein Fahrrad. Gleich daneben sammelte ein kleines Mädchen, ich schätze zehn Jahre alt, Eicheln. Das Kind hatte einen Stoffbeutel dabei." Diese Beobachtung des Lagermeisters unterstreicht Leutnant Kunte rot.

„Haben Sie das Kind angesprochen?", fragt der Kriminalist.

„Nein. Aber ich habe mir so meine Gedanken gemacht, was ein Kind so allein im Wald macht. Ich war aber mit meinem Fahrrad recht schnell unterwegs."

Was der 51-Jährige dann berichtet, ist für Kunte nicht weniger interessant. „Circa drei Meter von der Schleusenbrücke entfernt sah ich am Wegesrand ein Fahrrad liegen. Daneben saß ein älterer Mann aus Dessau, den ich zwar vom Sehen her kenne, aber dessen Namen ich nicht weiß, und rauchte Pfeife"

Kunte: „Sie sagten, Sie kennen den Mann? Woher?"

„Er war früher im Angelverein, und ich habe mal mit ihm beim Fischermeister Forster gefischt."

„Haben Sie den Mann angesprochen?"

„Nein, ich fuhr vorbei und sagte dabei nur kurz ‚Guten Tag'. Er grüßte zurück."

„Ist Ihnen etwas aufgefallen? Was hatte der Mann an?"

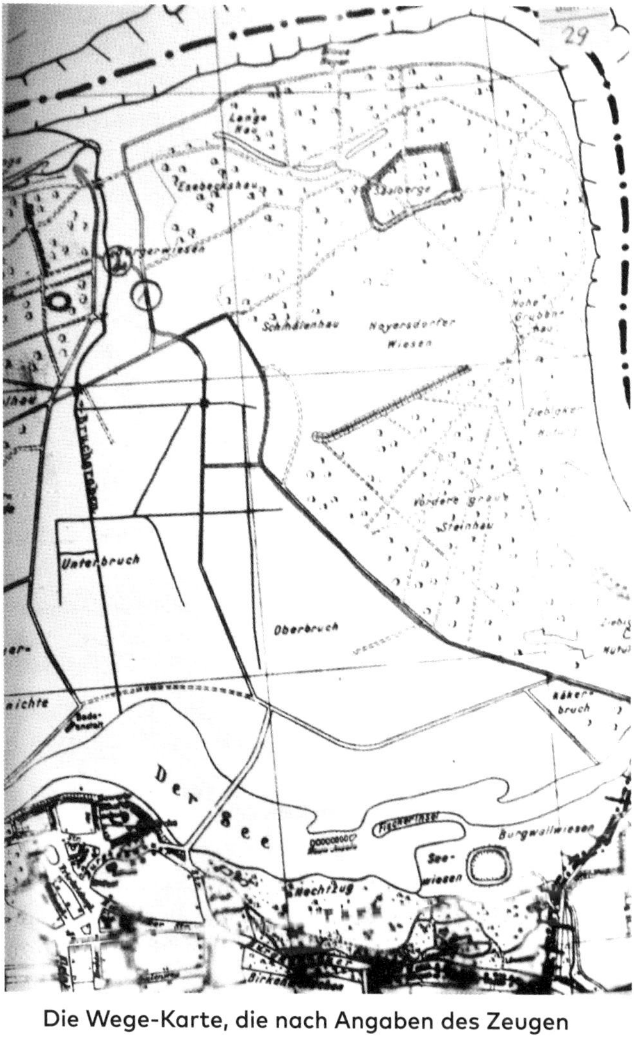

Die Wege-Karte, die nach Angaben des Zeugen Walter Söller angefertigt wurde – Punkt 1: der Ort, an dem der Zeuge Christel Eicheln sammeln sah; Punkt 2: an der Schleuse saß gegen 16.15 Uhr ein 60 bis 65 Jahre alter Mann mit blauer Schiffermütze und schwarzgrauer Arbeitsjacke und rauchte Pfeife, links neben dem Weg lag ein Fahrrad

Söller kratzt sich die Bartstoppeln unterm Kinn und sagt dann: „Soweit ich mich erinnere, lag auf dem Gepäckträger ein gefüllter Futtersack. An eine blaue Schiffermütze kann ich mich erinnern. Ach ja, er hatte eine schwarzgraue Arbeitsjacke an – und ich glaube eine graue Hose. Aber da bin ich mir nicht ganz sicher. Vom Alter her war er so um die 60, 65 Jahre."

„Wann haben Sie den Mann gesehen?"

„Es muss so gegen 16 Uhr gewesen sein, als ich über die Schleusenbrücke fuhr."

Er sei zu den Tümpeln weitergefahren, wo er bis circa 18.30 Uhr geangelt habe. „Bevor ich an meiner Angelstelle war, fiel mir unter den Eichen, die dort stehen, ein Mann auf, der ebenfalls Eicheln sammelte."

Kunte: „War das derselbe Mann mit der Schiffermütze?"

„Nein, der Mann war jünger – höchstens 55 Jahre alt. Ich sagte im Vorbeifahren ‚Guten Abend'. Aufgefallen ist mir, dass er eine Art Baskenmütze aufhatte. Als ich so um halb sieben genug vom Angeln hatte und wieder losfuhr, sah ich den Mann erneut. Er fuhr mit dem Fahrrad Richtung Schleusenbrücke."

Er sei auf der Rückfahrt wieder an den Eichen vorbeigekommen, wo er ein paar Stunden zuvor das Mädchen bemerkt hatte. „Ich habe das Kind nicht wiedergesehen."

Es ist 22 Uhr, als der Befragungsmarathon weitergeht. Diesmal sitzt ein Rentner aus Dessau-Kleinkühnau Leutnant Kunte gegenüber, der sich am Vortag ebenfalls in jenem Gebiet aufgehalten hat, in dem Christel verschwand. Friedrich Kramer* wurde als derjenige identifiziert, den Walter Söller an der Schleuse sitzen sah. „Gegen 14.15 Uhr bin ich mit meinem Fahrrad, einem älteren Herrenrad, von zu Hause losgefahren", beginnt Kramer mit seiner Wegbeschreibung. Er sei nicht über Großkühnau, sondern über Kleinkühnau auf dem Schwarzen Weg, am Lehmtor vorbei, bis zur Elbe unterwegs gewesen. „Dann fuhr ich den Wall entlang, rechts am Obelisken vorbei und kam etwa 500 Meter vom Kornhaus entfernt zur Elbe." Er sei dann immer am Fluss entlanggefahren bis zum Hydrierwerk.

„Sind Sie auf Ihrem Weg jemandem begegnet?“, fragt Leutnant Kunte.

„Bis dahin nicht“, so die Antwort des 63-Jährigen.

Er habe Futter gesucht. Das müsse so gegen 15.30 Uhr gewesen sein, als er weiterfuhr – elbabwärts bis unweit der Schleusenbrücke. Vor der Brücke habe er sich hingesetzt und seine Pfeife angezündet. „Kurz darauf kam ein Mann mit seinem ‚Knatterfahrrad‘ vorbei, den ich vom Angeln her kenne. Nachdem ich geraucht hatte, guckte ich dort noch nach Regenwürmern zum Angeln, fand wegen der Trockenheit aber keine.“

Anschließend sei er in den Wald gegangen, um Buschbirnen und Eicheln zu sammeln. „Ich habe auch gleich hinter der Schleusenbrücke Birnen gefunden und sie mit nach Hause genommen.“

Kunte: „Haben Sie dort außer dem Angelbekannten noch jemanden getroffen? Und wann fuhren Sie wieder los?“

„Getroffen habe ich niemand. Losgefahren bin ich so gegen 16.30 Uhr über die Brücke Richtung Großkühnau. Dabei sah ich in etwa 400 Metern Entfernung einen Radfahrer, der aus dem Gebüsch über die Wiese kam und ebenfalls nach Großkühnau fuhr.“ An der Pappelallee habe er den Mann eingeholt und erkannt: „Es war der Lummer* aus Großkühnau.“ Vor dem Kühnauer See habe er dann noch seinen Schwiegersohn getroffen.

„Haben Sie bei Ihrer Fahrt ein acht Jahre altes Mädchen gesehen?“, will Kunte wissen.

Ohne lange nachzudenken, schüttelt der Rentner den Kopf. „Nein, nur diese Personen, die ich genannt habe.“

Dann will der Vernehmer noch wissen, was Kramer angehabt hat.

„Eine graue Jacke und Hose und eine blaue Schirmmütze.“

Wie bei den anderen Zeugen, die zuvor ausgesagt hatten, soll auch bei dem 63-Jährigen die Bekleidung untersucht werden. Doch als die Kriminalisten nach einiger Zeit wieder ins Vernehmungszimmer im Volkspolizeikreisamt Dessau zurückkommen, ist der Rentner verschwunden.

„Das ist ja ein Ding!", entgleisen Kunte die Gesichtszüge. „So etwas hatten wir hier noch nicht, dass ein Zeuge einfach abhaut, ohne dass er offiziell entlassen wurde."

Doch Leutnant Müller meint: „Vielleich ist er bloß mal austreten."

Die Toiletten werden durchsucht, aber von Kramer keine Spur. Inzwischen ist das halbe VPKA auf den Beinen. Doch der Erfolg der Suche ist gleich null. „Wir geben eine Fahndung raus", ordnet der Leutnant an.

Ein paar Stunden später wird der 63-Jährige auch tatsächlich von einer Streife entdeckt. Er ist gerade dabei, sich im Garten einen Strick um den Hals zu legen. Da strahlen ihn plötzlich mehrere Taschenlampen an.

„Ich war am Grab meiner Frau", begründet Kramer sein Weglaufen. „Ich habe ihr gesagt, Lieschen, ich habe nichts mit dem Verschwinden der Kleinen zu tun." Er habe ihr gesagt, dass er ihr nun „folgen und nachkommen" werde. „Ich wollte mich umbringen, weil mir meine Nerven durchgegangen sind. Ich habe geglaubt, unschuldig verhaftet zu werden. Diese Schande hätte ich nicht ertragen." Als er durch den kleinen Fichtenwald am Exerzierplatz gegangen sei, habe er ein Seil gefunden und sei auf die Idee gekommen, sich zu erhängen. „Ich bin auf einen Baum geklettert und habe mich runterfallen lassen, aber der Strick ist beim ersten Versuch gerissen, und ich lag unten."

Der Lebensmüde wird ins Polizeiamt zurückgebracht. Dort stellen die Ermittler am Hals des Mannes tatsächlich stricktypische Strangulationsmarken fest.

Kramer sitzt erneut auf dem Zeugenstuhl. Wieder und wieder beteuert er, nichts mit der Vermisstensache zu tun zu haben, und er beschwört, dass die Suizidversuche kein Schuldeingeständnis waren, sondern er vor Angst nicht mehr gewusst habe, was er tat.

Ganz klar die Unwahrheit sagt er, als er zu Protokoll gibt, dass ihm zwei VP-Angehörige erlaubt hätten, nach Hause zu gehen. Oberleutnant Fahrenkampf schreibt in seinem Bericht: „Obwohl sich Kramer durch seinen Selbstmordversuch verdächtig gemacht hat, musste von einer Inhaftierung Abstand genommen werden, da keinerlei Beweise vorlagen, dass er als Täter infrage kommen könnte."

Otto Lutz* hatte am Nachmittag des 23. September in einer Schonung Futter, sogenanntes Schweinekraut, gesucht. Gegen 17.30 Uhr war er zurück in Großkühnau. „Als ich mit dem Rad nach Hause fuhr und an der Pappelallee vorbeikam, bemerkte ich hinter mir einen Mann auf dem Fahrrad. Ich fuhr langsamer. Es war der Kramer, der aus Richtung Elbe kam. An der Brücke am Kiesberg stieg er ab. Was weiter geschah, habe ich nicht gesehen."

Kramers Flucht aus dem Vernehmungszimmer geht den Dessauer Kriminalisten nicht aus dem Sinn. Auch wenn keinerlei handfeste Beweis vorliegen, haben sie ein „Bauchgefühl", dass der Rentner irgendwie in das spurlose Verschwinden Christels verwickelt ist. Am 25. September scheint die Kripo allerdings auf so etwas wie eine Mini-Spur zu stoßen. Und die hat mit der Bekleidung des Mannes zu tun. Kramer hatte am Abend des Tattags sein grün-schwarz kariertes Oberhemd und seine Hose ausgezogen und in die Waschküche gebracht, weil seine Tochter demnächst „große Wäsche" machen wollte. Die Polizei hat Glück: Die Sachen liegen zwar bereits in einem großen Zuber, sind aber noch nicht eingeweicht. Auffällig am unteren vorderen Rand des Hemdes sind „verhärtete Flecken", die Sperma sein könnten. Auch die lange Unterhose, die er am Leibe trägt und von der er behauptet, dass er sie auch am 23. September anhatte, weist nahe dem Schlitz ähnliche Flecken auf. Allerdings ergeben die kriminalbiologischen Untersuchungen später, dass die Sperma-Hypothese nicht aufrechterhalten werden kann.

Am 28. September meldet sich die Tochter Kramers beim zuständigen Bereichspolizisten. Die 39-Jährige teilt Oberwachtmeister Fesser mit, dass ihrem Vater am Morgen eingefallen sei, dass er am 23. September zwei sowjetischen Soldaten begegnet ist. „Er hat mir erzählt, dass sie ihm eine Uhr zum Kauf angeboten haben. Er habe ihnen aber gesagt, dass er kein Geld dabeihat, und sei weitergefahren."

Inzwischen hat sich die Polizei mit einer Öffentlichkeitsfahndung an die Bevölkerung gewandt. Die Personenbeschreibung der Vermissten wird in der Dessauer Lokalausgabe der „Freiheit“ veröffentlicht. Zusätzlich fahren Lautsprecherwagen der Polizei die Bereiche um Großkühnau ab und rufen die dort Wohnenden zur Mithilfe auf. Suchplakate hängen an Litfaßsäulen.

Am 30. September ist VP-Meister Wilhelm Matthei vom Außenposten der Wasserschutzpolizei Aken auf der Elbe unterwegs. Seit dem Verschwinden Christels ist er auf den Streifenfahrten besonders aufmerksam. Das Boot nähert sich dem Kilometer 171, als das geschulte Auge des Polizisten gegen 15.20 Uhr nahe dem linken Elbufer etwas im Wasser treiben sieht. Er verringert das Tempo des WS und nähert sich der Stelle. Als das Fahrzeug auf gleicher Höhe ist, gibt es für Matthei keinen Zweifel: Dort treibt ein totes Kind. Über Funk gibt er durch: „Genossen, ich habe hier, glaube ich, die vermisste Christel Kohnert gefunden.“

„Habe verstanden, Genosse Matthei“, so der Diensthabende im Dessauer Revier. „Nichts an der Leiche verändern und Maßnahmen ergreifen, dass der Körper nicht abtreibt.“

Wenig später sind Oberleutnant Fahrenkampf, Oberleutnant Wolter und Kriminaltechniker Leutnant Brecher von der Morduntersuchungskommission am Fundort, einem typischen Elbgelände, etwa sieben Kilometer von Großkühnau und sechs Kilometer von der Stelle entfernt, wo das Fahrrad gefunden wurde. Der Fundort ist das westliche Elbufer, etwa vier Buhnen oberhalb des Streckenkilometers 171. Der Ort Rietzmeck (Kreis Köthen) befindet sich rund 400 Meter von der Fundstelle entfernt. Die Leiche liegt in einem neunzig Meter langen Buhnenfeld, drei Meter vom Ufer entfernt auf einem Schlammpolster.

Der Kriminaltechniker hat die angegebene Bekleidung aus der Vermisstenanzeige im Kopf und erkennt sofort das dunkelblaue, leicht grünlich schimmernde Kleid mit dem kleinen Stehkragen und dem zehn Zentimeter großen Tuchstreifen am Saum. Auch die langen, braunen, maschinengestrickten Strümpfe decken sich mit den Angaben der Eltern. Dasselbe gilt

Die tote Christel im Buhnenfeld der Elbe, etwa drei Meter vom Ufer entfernt

für die „sandalenartigen braunen Halbschuhe“ von denen das Kind noch einen am linken Fuß hat.

Feuerwehrleute lassen ein Schlauchboot zu Wasser. Von dort aus wird das 1,35 Meter große Kind in die Strömung gezogen „und dann freischwimmend an das Ufer transportiert“, wie es im „Fundortbefundsbericht“ heißt.

Die erste Besichtigung des Körpers findet in der Leichenhalle Köthen statt. Fahrenkampf notiert: „Keinerlei Beschädigungen am Kleid.“

Die Sektion der Leiche führt der hoch anerkannte österreich-deutsche Rechtsmediziner Prof. Dr. Otto Prokop durch, der später einen wichtigen und international beachteten Einfluss auf die forensische Medizin und die Forschungspolitik in der DDR haben wird. Der damals 38-Jährige, der 1959 das Institut für gerichtliche Medizin der Karl-Marx-Universität Leipzig leitet, stellt bereits bei der äußeren Betrachtung der Geschlechtsorgane massive „Einreißungen“ fest. Kratzspuren werden an den Oberschenkeln gefunden. Christel wurde brutal vergewaltigt.

Die Todesursache steht nicht hundertprozentig fest: „Eine mehr als daumengroße Unterblutung des Gewebes in Höhe des Schildknorpels“ wertet der Obduzent zwar typisch für ein Würgen. Allerdings war das Würgen sehr wahrscheinlich nicht die eigentliche Todesursache. Prokop findet „schaumige, hellgrau, bräunliche Flüssigkeit in der Mundhöhle, der Luftröhre und ihren Ästen“. Zudem weist er „Schwebeorganismen im Lungenpresssaft sowie Magen- und Zwölffingerdarminhalt“ nach. Christel hat möglicherweise noch gelebt, als sie ins Wasser geworfen wurde, und ist ertrunken. Der Rechtsmediziner schränkt jedoch ein, dass es auch Fälle gebe, bei denen erst nach dem Tode Schwebestoffe in die Leiche gelangen. Liege ein solcher Fall vor, sei die Todesursache Erwürgen.

Festgestellt wird, dass nach der Einnahme des letzten Essens (Gehackteskloß und Kartoffeln) gegen 14.30 Uhr der Tod „nicht mehr als zwei Stunden“ später eingetreten ist. Der Mord geschah demnach zwischen 16 und 16.30 Uhr.

Gut eine Woche nach dem Verschwinden des Kindes geht es also um einen Sexualmord. Doch wer dafür verantwortlich ist, bei dieser entscheidenden Frage sind die Kriminalisten trotz aller Bemühungen noch keinen Schritt weiter.

Am 16. Oktober taucht in der Aussage einer 58-Jährigen erneut der Name des Mannes auf, der die Ermittler bereits beschäftigt hat – Friedrich Kramer. Pauline Hosang* hatte am 24. September von ihrer Tochter erfahren, dass Kramer auf dem Friedhof von einigen Kindern gesehen wurde, unter ihnen auch ihre Enkeltochter. Kramer habe in Kleinkühnau vor dem Grab seiner Frau gekniet und dabei den Hosenstall geöffnet. Der Rentner soll dann zu den Kindern gesagt haben: „Legt euch da mal drauf.“ Einige Tage später sei Kramer bei ihr aufgetaucht und habe sich beschwert, dass sie Gerüchte verbreite. „Wörtlich hat er gesagt: ‚Wenn das die Polizei erfährt, bin ich dran.‘“ Anschließend habe sie sich mit Kramer über das Verschwinden des Mädchens unterhalten, berichtet Hosang. „Mein Bekannter sagte mir, dass es komisch ist, wenn jemand Eicheln sammelt und dann noch zur Elbe geht. Vor allem, weil dort ein großer Laubwald ist und es für ein Kind nicht einfach sei, da durchzukommen. Und weil es ja schon einen Tag zuvor dagewesen ist. Ich wurde stutzig und fragte, ob er das Kind an diesem Tage gesehen hat." Kramer sei verlegen geworden, habe überlegt und gestottert: „Das hat mir jemand erzählt."

„Er hat mir dann noch berichtet, dass er bei der Polizei war und die Kriminalisten mit der Stoppuhr die Zeiten überprüft haben, wo er sich wann aufgehalten hat. Zum Glück habe er am 23. September noch einen Bekannten getroffen, einen ehemaligen Angelfreund, der alles bestätigen konnte. Herr Kramer hat gesagt: ‚Wenn der nicht gewesen wäre, hätten sie mich geschnappt.' Bei der Vernehmung habe er sich jedes Wort, was er gesagt habe, ganz genau überlegt", gibt Hosang Kramers Worte wieder.

Das Verhalten des Mannes sei sehr eigenartig gewesen. „Er war ein regelrechtes Nervenbündel. Ich bekam richtig Angst vor ihm. Mir kam es so vor, als habe er ein schlechtes Gewissen."

Die Kripo stellt sogenannte Leumundsermittlungen zur Person Kramers an. Dabei werden Personen aus dem Umfeld des Rentners befragt. Eine Frau aus Kleinkühnau berichtet, dass Kramer bekannt dafür ist, dass er „viel klaut, besonders Futter vom Feld". Die 60-Jährige klärt auch auf, warum er nicht mehr im Anglerverein ist: „Während einer Sitzung des Vereins im Café Föse vermisste jemand sein Portemonnaie. Alle wurden aufgefordert, den Gastraum nicht zu verlassen. Kramer wollte nur schnell aufs Klo. Bei der Durchsuchung wurde die Geldbörse in seiner Unterhose entdeckt."

Ein weitläufiger Verwandter glaubt den Grund dafür zu kennen, warum der Rentner so menschenscheu ist: „Er hat im Krieg bei der Reichsbahn gearbeitet. Als das Bahngelände bombardiert wurde, wurde ein Eisenbahner getötet. Kramer stand in unmittelbarer Nähe und wurde danach in die Heilanstalt Bernburg zur Beobachtung eingeliefert." Kramer selbst sagt später dazu, dass er 1941 einen Bombensplitter in den Rücken bekommen habe.

Die Ermittler wollen auch wissen, ob Kramer einen Hang zu kleinen Mädchen hat. Doch über solche Neigungen weiß niemand Bescheid.

Jedoch scheint allgemein bekannt zu sein, dass der Invalidenrentner ein „Spanner“ ist. Schon seit Jahren habe er Liebespärchen an den Elbwiesen verfolgt und sie aus der Deckung heraus beim Geschlechtsverkehr beobachtet, sagen gleich mehrere der Befragten aus. Als Kramer mit diesen Aussagen konfrontiert wird, sagt er, dass er „in erster Linie zum Futtersuchen“ fährt. „Nur gelegentlich“, wenn er „unmittelbar auf ein Pärchen stoße“, sehe er ihm „gern beim Verkehr zu“. Als seine Frau noch gelebt habe, sei er danach immer schnell nach Hause gefahren, um mit ihr ins Bett zu gehen. Seit ihrem Tode im Februar 1959 habe er sich nach solchen Beobachtungen selbstbefriedigt. Später räumt er ein, seit „20, 25 Jahren zu spannen“. Begonnen habe diese Obsession, als er noch bei der Bahn gearbeitet habe.

Josef Woitech* aus Kleinkühnau schildert in drastischen Worten die sexuelle Vorliebe Kramers. „Er war besonders in diesem Jahr sehr aktiv dabei, Liebespaaren hinterherzufahren. Wenn er solch ein Pärchen sah, war er wie ein Irrer. Von einer Frau aus Kühnau habe ich gehört, dass er früher sogar unter die Bänke gekrochen ist, auf denen sich Liebespaare vergnügten.“ Kramer verbinde die Suche nach Viehfutter immer mit seiner Jagd nach Paaren, die es miteinander treiben, so der 35-Jährige.

Dass Kramer einmal pro Woche eine 61 Jahre alte Bekannte besucht, erfahren die Ermittler bei der Befragung von Personen, die den Rentner näher kennen. Anuschka Koczinsky* räumt dann auch ein, dass Kramer, den sie seit 1946 kenne, mit ihr „einmal die Woche geschlechtlich verkehrt“. Sie bekomme jedes Mal fünf Mark dafür. Auch am 23. September habe Kramer gegen 7.30 Uhr vor ihrer Tür gestanden und sein „Nümmerchen“ eingefordert. „Er hat mich nach dem Tod seiner Frau gefragt, ob wir heiraten wollen, aber das habe ich abgelehnt.“

Leutnant Köhler wird bei seiner Befragung deutlich: „Sie kennen ja seinen Geschlechtstrieb. Meinen Sie, dass Herr Kramer am Nachmittag erneut sexuelles Verlangen gehabt hat, nachdem sie morgens zusammen gewesen sind?“

Koczinsky winkt ab: „Der ist zwar ein alter Bock, aber der brauchte immer ein paar Tage zum Ausruhen, bis er wieder zu mir kam. Wenn er einen starken Geschlechtstrieb hätte, hätte er mich öfter in der Woche besucht.“

Als wichtiger Zeuge hat sich innerhalb des Befragungsmarathons der 66 Jahre alte Otto Lutz herauskristallisiert. „Was der Mann erzählt hat, passt genau zu den Beobachtungen anderer Zeugen am Nachmittag des 23. September“, stellt der Chef der Morduntersuchungskommission bei einer Lagebesprechung fest. „Nur die Darstellungen unseres speziellen Freundes Kramer stimmen damit hinten und vorne nicht überein. Einer der beiden sagt nicht die Wahrheit. Ich glaube, dass Kramer derjenige ist. Wir holen Lutz noch mal ins VPKA zur Nachvernehmung – speziell zur Person Kramers.“

Am 30. Oktober steht Lutz eine Stunde lang Rede und Antwort. Und das Protokoll vermerkt, dass er den Tag, an dem Christel verschwand, genauso schilderte wie zuvor. Es seien keine Widersprüche festzustellen. Der Befragte habe „weder einen unsicheren noch betont sicheren Eindruck gemacht“.

Besonders wichtig ist, dass Lutz es für ausgeschlossen hält, dass Kramer, den er unterwegs getroffen hatte, den Weg genommen hat, den dieser der Kripo geschildert hatte. „Er kann nicht den schmalen Pfad entlanggekommen sein, der von der Schleusenbrücke schräg über die Wiesen in Richtung Pappelallee zum Hauptweg führt. Als ich ihn hinter mir fahren sah, war er an einer Stelle, die auf den nach Kühnau führenden Hauptweg führt, fast rechtwinklig zur Schleusenbrücke.“

Lutz wird mit einem Funkstreifenwagen an den bezeichneten Ort gebracht. Der Zeuge ist sich völlig sicher: „Hier war das. Irrtum ausgeschlossen!“

Um ganz sicherzugehen, fahren einige Kriminalisten mit Lutz drei Tage später erneut die Strecke ab, die der Rentner am 23. September gefahren war. Er weicht keinen Zentimeter von seinen Aussagen zuvor ab.

Am 2. November wird aufgrund der Widersprüche, die sich aus den Schilderungen seines Weges ergeben, ein Ermittlungsverfahren gegen den 63-Jährigen eröffnet: „Kramer wird beschuldigt, am 23. September 1959 in dem Naturschutzgebiet bei Großkühnau die Schülerin Christel Kohnert getötet zu haben." Der Chef des Polizeikreisamts Dessau, Major Steinke, fügt hinzu: „Kramer befand sich zur fraglichen Zeit in dem Naturschutzgebiet in der Nähe des Tatorts. Seine Angaben über seinen Aufenthalt sind widersprüchlich und decken sich nicht mit den Aussagen von Zeugen. Da der Zeuge Lutz den Kramer aus Richtung Elbe kommen sah, obwohl Kramer behauptet, an der Schleuse gewesen zu sein, besteht der dringende Verdacht, dass Kramer mit der Tat in Zusammenhang steht."

Bei der ersten Vernehmung Kramers als Tatverdächtiger thematisiert Oberleutnant Wolter auch die Sache mit den beiden Sowjetsoldaten, die angeblich eine Uhr verkaufen wollten. „Bei Ihrer Vernehmung am 24. September haben Sie davon kein Wort gesagt. Im Gegenteil, Sie unterschrieben im Aussageprotokoll, dass Sie von zu Hause bis zur Stelle, wo Sie Futter geholt haben, keinem Menschen begegnet sind. Wie kommt das?"

Er habe nicht gewusst, so der ehemalige Reichsbahner, dass er die sowjetischen Soldaten angeben darf. „Ich dachte, dass ich nur deutsche Personen angeben soll." Erst als er das seiner Tochter erzählt und die ihm geraten habe, das zu erwähnen, habe er es getan.

Doch Wolter widerspricht sofort: „Von allen Menschen, die sich am 23. September dort aufgehalten haben, hat niemand uniformierte Personen gesehen." Kramer streitet sowohl ab, Christel gesehen zu haben, als auch den Weg genommen zu haben, den der Zeuge Lutz beschrieben hat.

Am 3. November um 2 Uhr wird der Witwer ins Dessauer Untersuchungsgefängnis gebracht. Die Strafkammer des Kreisgerichts erlässt umgehend einen Haftbefehl.

Selbst als Kramer am 5. November dem Hauptbelastungszeugen Lutz gegenübergestellt wird, bleibt er bei seiner Aussage: „Die Angaben des Zeugen können nicht stimmen", meint er.

Kramer wird zehnmal als Beschuldigter vernommen. Das letzte Mal am 12. Januar 1960. Stück für Stück rückt er mit der

Wahrheit heraus. Meistens kommt es nach seinen Aussagen zur Gegenüberstellung mit Zeugen, die die Lügengebäude des Kindermörders immer wieder zum Einsturz bringen. Erst nachdem Kramer am 7. Januar 1960 den Ermittlern bei einem Ortstermin die Tat detailgetreu „nachgespielt" hat und am Ende weinend zusammenbricht, sind sich die Dessauer Kriminalisten sicher, dass er die Wahrheit gesagt hat …

… Am 23. September 1959 steht Friedrich Kramer gegen 5.30 Uhr auf. Nachdem er sein Vieh versorgt hat, fährt er kurz vor 7 Uhr nach Dessau, um dort Ziegenmilch abzuliefern. Zuvor besucht er Anuschka Koczinsky und „gebraucht" sie, wie er sich später beim Verhör ausdrückt. „Wenn ich zu ihr gekommen bin, wusste sie, was ich will. Die Sache hat nur fünf Minuten gedauert."

Nachdem er gegen 9 Uhr zurück in Kühnau ist, kümmert er sich um den Haushalt. Seine Tochter teilt ihm mit, dass er am Mittag aus Dessau Futter abholen soll. Gegen 13.30 Uhr ist er wieder zu Hause.

Nach dem Mittagessen entschließt sich Kramer, Futter für seine Ziegen zu holen. Er fährt zur Lache an der Elbe gegenüber dem Hydrierwerk und schneidet Futter. Nachdem er den Sack gefüllt und auf dem Gepäckhalter geschnallt hat, fährt er auf dem Hauptweg zur Schleuse. Es ist kurz vor 16 Uhr. Er will Regenwürmer suchen. Er legt sein Fahrrad ab und stopft sich die Pfeife. Kurz darauf knattert ein Angelbekannter mit seinem Fahrradanbaumotor an ihm vorbei. Die Ausbeute an Würmern ist aufgrund der Trockenheit nicht sehr groß und seine Blechbüchse bleibt fast leer. Kramer entschließt sich daraufhin, Buschobst zu sammeln. Er geht ins Unterholz in Richtung Kühnau.

Zurück an der Schleuse zündet er sich die nächste Pfeife an. In einiger Entfernung fährt eine „Frauensperson" vorbei. „Ob die sich wohl mit einem Kerl treffen will?", schießt es dem Spanner durch den Kopf. Er steigt aufs Rad und nimmt die Verfolgung auf. Doch er sieht die Radfahrerin, bei der es sich um Christel Kohnert handelt, vorerst nicht wieder. Kramer fährt den Elbweg

Tatrekonstruktion: Nachdem der Täter am Bruchgraben nach Regenwürmern gesucht hat, schiebt er sein Fahrrad entlang des Grabens zu einem Buschäpfelbaum

entlang. Am Waldrand unweit der Elbe setzt er sich hin und beobachtet das Gelände. Rund dreißig Meter weiter stehen zwei Eichen. Dort sammelt Christel Eicheln. Sie ruft dem Rentner zu: „Sie suchen wohl auch?". Kramer antwortet: „Ja, aber es muss erst Frost kommen oder ein starker Wind."

Völlig arglos geht das Mädchen zu dem Mann, den sie kennt, und setzt sich zu ihm. Kramer ist geschlechtlich erregt. Wörtlich sagt er bei seiner zehnten Vernehmung: „Ich war in Uffregung, und ich dachte, ich kann es bei dem Kind mal machen."

Kramer greift der Achtjährigen unter den Rock und fasst mit der anderen Hand an Christels Hals. Er drückt ihr die Kehle zu. Sie wehrt sich mit Händen und Beinen. Er drückt stärker zu. Dann vergewaltigt er das Kind. Christel rührt sich nicht mehr.

Am 12. Januar, bei seinem letzten Verhör bei der Morduntersuchungskommission, wird er von Hauptmann Düben gefragt: „Warum fassten Sie das Kind an den Hals und würgten es, ob-

Tatrekonstruktion: Das Kind (dargestellt durch eine Puppe) setzt sich völlig arglos zu dem „freundlichen Onkel"

wohl Sie durchaus die Möglichkeit hatten, den Mund des Kindes zuzuhalten und somit das Schreien zu verhindern?"

Kramer: „Ich habe so lange den Hals zugedrückt, dass das Kind gestorben ist. Ich hatte kein Interesse daran, dass die Tat bekannt wird, und habe deshalb so lange zugedrückt."

Nachdem sich der Invalidenrentner an dem Kind vergangen hat, rafft er die Bekleidung des Mädchens zusammen, säubert sich damit und trägt sie zum nahegelegenen Waldrand. Dabei sieht er ein rotes Mädchenfahrrad, das dort liegt. Doch das interessiert den Vergewaltiger nicht, er will schnell zurück zur leblosen Christel. Er befürchtet, dass jemand vorbeikommen und seine Tat entdecken könnte.

Er fasst das Kind unter den Kopf und an den Arm. Er schüttelt es, springt wieder auf, läuft hin und her. Langsam wird ihm klar, was er getan hat. „Was machst du nun bloß?", hämmert es in seinem Kopf. Da fällt sein Blick auf die Elbe, die in Sichtweite vorbeifließt. Er fasst das Kind am rechten Arm und rechten Bein

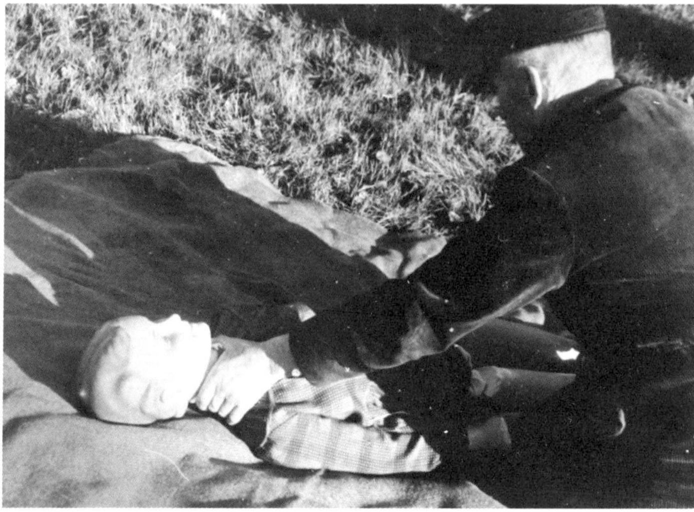

Tatrekonstruktion: Der Mörder würgt Christel

und trägt es zum Wasser. Zwischendurch muss er mehrmals kurz Pause machen. Auf einem Buhnenkopf legt er Christel ab und rollt sie von dort ins Wasser.

„Warum haben Sie das Kind in die Elbe verbracht? Wenn Sie der Meinung waren, dass es tot ist, hätten Sie es doch liegen lassen oder Hilfe holen können“, fragt Düben sein Gegenüber am 12. Januar.

„Es sollte doch niemand sehen. Ich hatte Angst, dass ich eine Strafe kriege, wenn das rauskommt“, so der Mörder. „Ich wollte, dass die Leiche untergeht oder irgendwohin abgetrieben wird.“

Kramer geht zum Tatort zurück, setzt sich hin und zündet sich eine Pfeife an. Er weiß genau, was er getan hat, kann sich seine Tat jedoch nicht erklären. Dass die Wäsche des Kindes und das Fahrrad am Waldrand liegen, hat er vergessen. Er will nur noch so schnell es geht vom Ort seiner grausamen Tat verschwinden. Er schnappt sich sein Fahrrad und geht zum Weg. Er fährt nach Großkühnau. Auf seiner Fahrt sieht er in 150, 200 Metern Entfernung einen Mann, der ebenfalls in Richtung Kühnau unterwegs ist. Es ist Otto Lutz. Kurz vor der Pappelallee

Auf dem Weg fuhr der Täter mit dem Rad; Tafel 1 (v.l.n.r.): dort legte Kramer sein Fahrrad ab; Tafel 2: dort setzte sich der Täter hin und beobachtete das Gelände; Tafel 3: Eiche, dort bemerkte Kramer Christel beim Eichelnsammeln; Tafel 4: dort, einige Meter im Wald, versteckte der Mörder die Bekleidung des Kindes; Tafel 5: dort wurde das Mädchenfahrrad gefunden. Der Pfeil (zwischen Tafeln 3 und 4) kennzeichnet die Waldschneise zwischen „Blauen Heger" und „Lange Hau".

holt er den Mann ein. Dort, wo sein Schwiegersohn und andere Kies aufladen, hält er an. Sein Enkel kommt freudig auf ihn zugelaufen. „Opa, ich habe dich schon von Weitem erkannt", freut sich der Kleine. Kramer streichelt dem Jungen mit der Hand über den Kopf, mit der er Minuten zuvor Christel erwürgt hat.

Zu Hause geht Kramer seinen normalen Tagesarbeiten nach. Er melkt seine Ziege, schaut nach dem Feuer, siebt die Milch durch und stellt sie kalt, füttert sein Schwein. Er wäscht sich, isst Abendbrot und legt sich danach schlafen.

Am 12. Januar wird mit einer weiteren der vielen Lügen aufgeräumt, die Kramer den Ermittlern aufgetischt hat. Die Kripo befragt Helga Abraham* aus Großkühnau. Der Rentner und die Zeugin waren viele Jahre Nachbarn, bevor Kramer nach Kleinkühnau gezogen war. Die 25-Jährige sagt aus, dass Kramer und Familie Kohnert im selben Haus gewohnt hatten und der Rentner somit auch die kleine Christel gekannt hat. Kramer hatte beharrlich bestritten, dass er das Mädchen kennt.

Kramer wird in der psychiatrischen Abteilung des Städtischen Krankenhauses Herzberge-Berlin auf seinen Geisteszustand untersucht. Anfang Februar 1960 kommt Chefarzt Dr. Irro zu dem Schluss, dass der Tatverdächtige „in der Lage war, das Strafbare seines Handelns zu erkennen. Die Fähigkeit entsprechend dieser Einsicht zu handeln, war jedoch eingeschränkt." Diese Einschränkung sei „durch den gesteigerten sexuellen Affekt gegeben". Allerdings sei die Persönlichkeit des Untersuchten noch weitgehend intakt, sodass die Voraussetzungen für den Paragraphen 51, Absatz II (Schuldunfähigkeit), nicht gegeben seien.

Am 23. März 1960 beginnt der Prozess gegen Kramer vor dem 2. Strafsenat des Bezirksgerichts Halle. Bereits am zweiten Verhandlungstag spricht der Vorsitzende Richter Saebetzki das Urteil: „Der Angeklagte Kramer wird wegen Mordes gemäß Paragraph 211 Strafgesetzbuch zu lebenslangem Zuchthaus verurteilt."

„Aus dem gierigen Verlangen, seinen Geschlechtstrieb zu befriedigen, ist er über das ahnungslose, vertrauensselige achtjährige Kind hergefallen", sagt Saebetzki in der Urteilsbegründung. Der Entschluss des Täters sei darauf gerichtet gewesen, ganz gleich mit welchen Folgen, mit dem Kind den Geschlechtsverkehr auszuführen.

„Charakteristisch für seine Einstellung in sexuellen Fragen und in seiner Einstellung zur Frau ist seine Äußerung, dass er ein zehn- bis zwölfjähriges Schulmädchen durchaus für einen Geschlechtsverkehr geeignet hält."

Dann wendet sich der Richter dem Strafmaß zu. „Nach Paragraph 211 Strafgesetzbuch wird ein Mörder mit dem Tode bestraft. Es sind jedoch Verbrechen denkbar, die von noch größerer Gesellschaftsgefährlichkeit sind, zum Beispiel, wenn durch das Verbrechen mehrere Menschen vorsätzlich getötet wurden oder sich diese Tat gegen den Bestand unseres Arbeiter- und Bauernstaates in starkem Maße richtet." Der vorliegende Fall trage jedoch keines dieser Merkmale. Es könne deshalb nach Absatz 3 des Paragraphen 211 von der Anwendung der Todesstrafe „Abstand genommen werden". Die verabscheuungswürdige Tat des Angeklagten mache es jedoch erforderlich, ihn „für die Dauer seines Lebens von der Gesellschaft zu isolieren".

Rechtsanwalt Dr. Heine geht in Berufung. Der Jurist möchte, dass der Oberste Gerichtshof der DDR überprüft, ob eine „Tötungsabsicht" seitens des Angeklagten mit „hinreichender Sicherheit" festgestellt wurde.

Der 2. Strafsenat in Berlin verwirft die Berufung am 17. Juni 1960 als unbegründet. Die Beweisaufnahme in Halle habe eindeutig die Tötungsabsicht nachgewiesen.

Kramer kommt ins Zuchthaus Brandenburg. Am 1. April 1979 wird der 82-Jährige durch den Staatsrat der DDR begnadigt. Er wird unbefristet ins psychiatrische Bezirkskrankenhaus Bernburg eingewiesen. Das Haftkrankenhaus in Leipzig hatte dem Mörder pathologische Veränderungen im Gehirn aufgrund eines altersbedingten Abbauprozesses attestiert. Im Ergebnis dessen neige Kramer zu „aggressivem Fehlverhalten". Um den Patienten vor sich selbst zu schützen, aber auch die Umwelt vor ihm, sei er einzuweisen.

DER SADIST VON DESSAU

Sonnabend, 4. Februar 1961. Es ist gegen 3.30 Uhr. Margarete Hubbe* verlässt ihre Wohnung in der „Straße der III. Weltfestspiele“ in Dessau. Um 4 Uhr beginnt ihre Arbeit als Reinigungskraft in der Hauptpost. Wie an jedem Schultag hat sie am Abend zuvor für ihren neun Jahre alten Sohn Klaus das Pausenbrot und den Schulranzen auf den Küchentisch gelegt und auch seine Kleidung liegt bereit. Aufgrund ihres frühen Arbeitsbeginns hat sich der morgendliche Ablauf im Haushalt, in dem noch die 20 Jahre alte Tochter Erika und ihre 16-jährige Schwester Karin leben, eingespielt, nachdem der Ehemann im Jahr zuvor gestorben ist.

Auch Erika, deren Arbeit im VEB „Junkalor“, dem Dessauer Elektro-Apparate-Werk, um 6 Uhr beginnt, ist schon aus dem Haus, wenn Klaus sich für die Schule fertig macht. Normalerweise wird der Junge morgens von seiner Schwester Karin geweckt, bevor auch sie sich auf den Schulweg macht.

So ist es auch am 4. Februar. Gegen 6.30 Uhr geht die 16-Jährige zur Toilette. Als sie zurückkommt, durchfährt sie ein Schreck: Am Küchentisch sitzt der Ehemann ihrer Schwester Ingeborg, Günter Lahm*. Noch schlaftrunken geht sie wortlos an ihrem Schwager vorbei ins Schlafzimmer und zieht sich dort an.

„Los, Klaus, mach hin, es ist schon spät!“, ruft Karin wenig später ihrem Bruder durch die Schlafzimmertür zu. Der Neunjährige antwortet knurrig: „Ja, ja, gleich“, dreht sich dann aber noch mal auf die andere Seite. Kurz bevor sie die Wohnung verlässt, geht sie noch einmal in die Küche und sagt zu Günter Lahm: „Achte doch drauf, dass Klaus aufsteht. Er kommt heute nicht so richtig in die Pötte.“

Dass Lahm morgens in der „Straße der III. Weltfestspiele“ vorbeischaut, ist nicht ungewöhnlich, denn Erika und Karin haben einen tiefen Schlaf und es ist schon einige Male vorgekommen, dass sie den Wecker überhört haben. Deshalb war

Die Rückfront des Hauses mit Garten in Dessau-Süd, Mittelring

ausgemacht worden, dass Günter Lahm morgens auf dem Weg zur Arbeit als letzter Weckruf fungiert. Damit er in die Wohnung kommt, wird das kleine Fenster in der Korridortür nicht verriegelt. So kann der Schwager durch die Öffnung greifen und die Flurtür öffnen.

„Geh doch noch mal zu Klaus rein und wecke ihn. Ich glaube er verschläft sonst heute wirklich", mahnt Karin noch einmal. Dann holt sie ihr Fahrrad aus dem Keller und macht sich auf den Weg. Sie sieht, dass der Schwager sein eigenes Fahrrad an der Hauswand abgestellt hat.

Es ist um die Mittagszeit. Margarete Hubbe hat ihre Arbeit beendet und ist wieder zu Hause. Es klingelt. Draußen steht Ralf Kluge*, ein Mitschüler von Klaus, mit seiner kleinen Schwester Bärbel an der Hand. „Warum war'n Klausi heute nicht in der Schule?", fragt er. „Ist er krank?"

„Wieso, war er denn nicht in der Schule?", fragt die 53-Jährige zurück. Es ist 14 Uhr, der Junge hätte schon seit einer halben

Stunde vom Hort der Oberschule VII zu Hause sein müssen. Sie schaut auf der Straße nach, ob Klaus dort irgendwo spielt. Sie fragt Kinder aus der Nachbarschaft, ob sie wissen, wo der Junge ist. Doch niemand hat ihn gesehen.

Voller Sorge klingelt sie bei ihrer Nachbarin Gertrud Grau*, die gegenüber, Parterre, rechts wohnt. Nachdem sie vom Verschwinden des Sohnes berichtet hat, rät ihr die Hausfrau, den Abschnittsbevollmächtigten der Polizei zu alarmieren. Dort schildert sie gegen 16.30 Uhr den Fall.

Kurze Zeit später nimmt ABV Frenzel die Personenbeschreibung auf: „Scheinbares Alter zehn Jahre, ca. 1,30 Meter groß, mittelblondes Haar mit Scheitel, kräftige Gestalt, es fehlen die oberen Schneidezähne. Bekleidung: grüne Manchesterjacke, blaue Trainingshose, blaue Schirmmütze, hohe dunkelbraune Schnürschuhe. Das Kind hatte einen dunkelbraunen Schulranzen bei sich. Darin befinden sich: Lese-, Rechen- und Deutschbuch, Schreibhefte, ein dunkelgrau kariertes Etui aus Stoff."

Der Zusatz lautet: „Das Kind war nach Angaben der Mutter noch nie von zu Hause weg."

Die Kripo beginnt damit, die Liste von Verwandten von Familie Hubbe abzuarbeiten und sie zu befragen. Dazu gehören die Großeltern des vermissten Jungen ebenso wie die Schwägerinnen von Margarete Hubbe, die alle in Dessau wohnen. Doch niemand hat Klaus seit seinem Verschwinden gesehen.

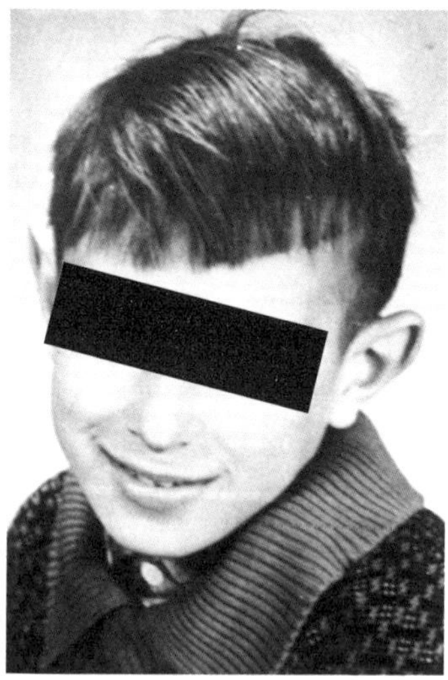

Anhand dieses Fotos wurde der vermisste Klaus gesucht

Am 8. Februar veröffentlicht die Kreisausgabe Dessau der Bezirkszeitung „Freiheit" unter der Überschrift „Schüler vermisst“ ein sogenanntes Mithilfeersuchen des VP-Kreisamts. Darin wird mitgeteilt, dass Klaus Hubbe seit dem 4. Februar 1961 vermisst wird. Dann folgt die Personenbeschreibung. Der Artikel endet mit: „Wir bitten die Bevölkerung, der Volkspolizei bei der Fahndung nach dem Schüler zu helfen und alle zweckdienlichen Angaben sofort dem Volkspolizeikreisamt, Dessau, Wolfgangstraße (Zimmer 98) oder jeder anderen VP-Dienststelle zu melden.“

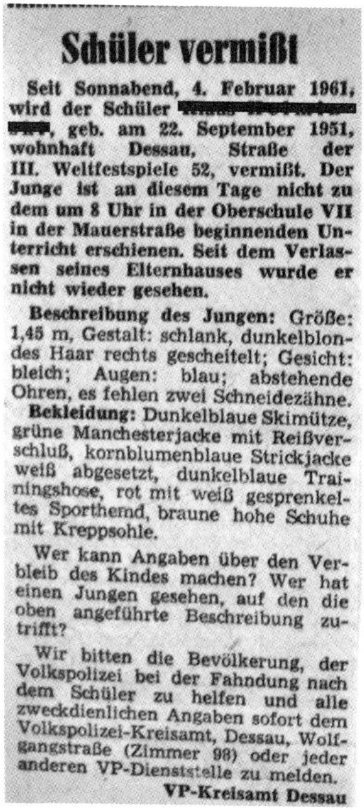

Schüler vermißt

Seit Sonnabend, 4. Februar 1961, wird der Schüler [illegible], geb. am 22. September 1951, wohnhaft Dessau, Straße der III. Weltfestspiele 52, vermißt. Der Junge ist an diesem Tage nicht zu dem um 8 Uhr in der Oberschule VII in der Mauerstraße beginnenden Unterricht erschienen. Seit dem Verlassen seines Elternhauses wurde er nicht wieder gesehen.

Beschreibung des Jungen: Größe: 1,45 m, Gestalt: schlank, dunkelblondes Haar rechts gescheitelt; Gesicht: bleich; Augen: blau; abstehende Ohren, es fehlen zwei Schneidezähne.

Bekleidung: Dunkelblaue Skimütze, grüne Manchesterjacke mit Reißverschluß, kornblumenblaue Strickjacke weiß abgesetzt, dunkelblaue Trainingshose, rot mit weiß gesprenkeltes Sporthemd, braune hohe Schuhe mit Kreppsohle.

Wer kann Angaben über den Verbleib des Kindes machen? Wer hat einen Jungen gesehen, auf den die oben angeführte Beschreibung zutrifft?

Wir bitten die Bevölkerung, der Volkspolizei bei der Fahndung nach dem Schüler zu helfen und alle zweckdienlichen Angaben sofort dem Volkspolizei-Kreisamt, Dessau, Wolfgangstraße (Zimmer 98) oder jeder anderen VP-Dienststelle zu melden.

VP-Kreisamt Dessau

Das Mithilfeersuchen der Polizei in der „Freiheit“ (Lokalausgabe Dessau) vom 8. Februar 1961

Interessant ist für die Ermittler das morgendliche Zusammentreffen von Karin Hubbe und ihrem Schwager Günter Lahm am Tag des Verschwindens von Klaus. Am 6. Februar wird die 16-Jährige von VP-Unterleutnant Baliga als Zeugin vernommen. Sie schildert den morgendlichen Ablauf so, wie ihn die Ermittler bereits von ihrer Mutter gehört haben. Was die Kriminalisten da jedoch noch nicht wissen, ist, dass die Haushaltshilfe in einem entscheidenden Punkt nicht die Wahrheit gesagt hat. Es geht um die Zeit gegen 6.45 Uhr. „Mein Schwager Lahm ist zu dieser Zeit an unserer Wohnung vorbeigegangen und hat an das Fenster geklopft. Er macht das in der Regel, wenn er zur Arbeit geht und uns weckt“, sagt Karin Hubbe aus.

Das Haus in der „Straße der III. Weltfestspiele“ wird gründlich durchsucht. Dabei wird auch ein sogenannter Aashund eingesetzt. Doch der Schäferhund findet weder im Keller noch auf dem Dachboden eine Spur, die die Ermittler weiterbringt.

Am 8. Februar korrigiert Karin Hubbe ihre Aussage und schildert die Situation, wie Lahm am 4. Februar in der dunklen Küche saß und sie überrascht war.

„Warum haben Sie das am 6. Februar anders geschildert?“, fragt Unterleutnant Baliga nach.

„Mein Schwager Günter Lahm kam am Sonntag zu uns und bat mich, der Polizei nicht zu sagen, dass er sonnabendfrüh in der Wohnung war. Ich sollte sagen, dass er nur ans Fenster geklopft hat, um uns zu wecken.“

„Warum hat Ihr Schwager nicht gemeinsam mit Ihnen die Wohnung verlassen?“

„Ich wusste, dass er an dem Tag nicht arbeitet, und habe mir nichts dabei gedacht, dass er noch geblieben ist. Und mir war es auch ganz recht, dass er Klaus noch mal weckt, weil ich ja wegmusste.“

Erika Hubbe, die 20-jährige Schwester des Vermissten, sagt aus, dass sie zumeist mit ihrem Schwager das Haus verlässt, nachdem dieser sie morgens geweckt hat. Als sie Unterleutnant Baliga fragt, ob das auch am 4. Februar der Fall gewesen sei, antwortet sie: „Wir verließen um 5.30 Uhr die Wohnung. Wir fuhren dann gemeinsam mit unseren Rädern los. Mein Schwager bog an der Steneschen/Ecke Turmstraße nach links in Richtung Törten ab Er rief mir noch zu: ‚Mach’s gut!‘ Ich fuhr dann zu meiner Arbeitsstelle weiter.“

Nachdem sie gegen 11.30 Uhr zurück gewesen sei, habe sie nichts Auffälliges in der Wohnung festgestellt. „Als ich mich gerade umgezogen habe und noch im Unterrock war, stand Günter plötzlich in der Zimmertür. Ich habe ihn erschrocken gefragt: ‚Was willst du denn hier?‘“ Er sei an sie herangetreten und habe ihr an die Brüste gefasst. „Ich habe ihn angeschrien: ‚Mach, dass du wegkommst!‘ Ich hatte das Gefühl, dass er irgendetwas im Schilde führt.“ Günter sei ihr in die Küche gefolgt. In ihr sei die „Angst gewachsen“. Sie hatte sich gerade ihr Kleid übergestreift, da packte sie ihr Schwager an den Schultern und schüttelte sie.

„Er hat mich auf das Bett geschubst. Ich bin aufgesprungen und habe ihm eine runtergehauen", erzählt sie beim Verhör mit hochrotem Kopf und die Aufregung ist der 20-Jährigen immer noch deutlich anzumerken. „Mir war das unheimlich, und ich habe mich beeilt, aus dem Haus zu kommen. Als ich ging, saß Günter in der Küche auf dem Stuhl."

Zum zweiten Mal an diesem Tag hätten sie gemeinsam mit den Rädern das Haus verlassen, so Erika. Es sei gegen 12 Uhr gewesen. Am Postamt, als sie in die Friedrichstraße einbog, habe sie gesehen, dass ihr Schwager in Richtung Wilhelm-Pieck-Straße weiterfuhr.

Mitte Februar gehen die Ermittler davon aus, dass sie eine heiße Spur haben. Einige Zeugen haben gemeldet, dass ein gewisser Kurt Söller* etwas mit dem Verschwinden des Jungen zu tun haben könnte. Der 24-Jährige arbeitet bei einem Schausteller und ein Dessauer will ihn am 4. Februar zusammen mit Klaus gesehen haben. Doch nachdem die Kriminalpolizei das Alibi des Verdächtigten überprüft hat, steht fest, dass der Schaustellergehilfe nichts mit dem Vermisstenfall zu tun hat.

Die Kripo lädt Günter Lahm vor. Nicht zuletzt aufgrund der Angaben, die Karin Hubbe gemacht hat. Er wird „informatorisch befragt". Zuerst windet sich der 25-Jährige. Er bestätigt zwar, dass er noch einmal in die „Straße der III. Weltfestspiele" zurückgefahren ist, nachdem er sich am 4. Februar in der Steneschen Straße von seiner Schwägerin Erika getrennt hatte. Allerdings will er die Wohnung nicht betreten haben, sondern Karin nur etwas ausgerichtet haben. Doch nachdem ihm Oberleutnant Kuzera mitteilt, dass Karin inzwischen eingeräumt hat, dass er in der Wohnung war und beide von dort mit den Rädern weggefahren seien, gibt er zu, seiner Schwägerin verboten zu haben, darüber zu sprechen. Dass er in der Wohnung war, streitet er entschieden ab. Der Polizist bricht daraufhin die Befragung ab.

Am 11. Februar erscheint ein zweiter Zeitungsbeitrag in der „Freiheit". Diesmal veröffentlicht die Polizei zwei Fotos: Eins zeigt das Porträt des vermissten Jungen, das zweite Günter

Veröffentlichung in der „Freiheit" (Lokalausgabe Dessau) am 11. Februar 1961 mit Fotos vom Opfer und dem Tatverdächtigen

Lahm mit seinem Fahrrad. Darunter steht: „Wer kennt diesen Mann? Wer kann Angaben machen, wo sich dieser am Sonnabend, 4. Februar 1961 aufgehalten hat?"

Günter Lahm ist für die Polizei kein Unbekannter. Bereits 1952 hatten sich Kripo und Justiz mit dem damals 16-Jährigen beschäftigen müssen.

1952

Am 4. August 1952 nimmt Polizeioberwachtmeister Gatermann in der VP-Dienststelle Dessau unter der Tagebuchnummer 852/52, Sachgebiet C1, eine „Kriminalanzeige" auf. Darin wird festgehalten, dass der 16 Jahre alte Maurerlehrling Günter Lahm in der Schlafstube der Dessauer Straße 72 (Dessau-Waldersee) versucht hat, seine Mutter, Frieda Lahm, zu ermorden. Er habe die 47-Jährige mit einem „spitzen Gegenstand" verletzt. „Lebensgefahr ist bis jetzt noch nicht vorhanden. Der Täter ist flüchtig."

Günter Lahm, so bekleidet wie am Tattag und mit dem Fahrrad, mit dem er am Tage des Verschwindens von Klaus Hubbe unterwegs war

In einem Aktenvermerk wird darauf verwiesen, dass von einer „Tatortbefundsaufnahme Abstand genommen“ wurde, da der Tatort vor dem Eintreffen der Kripo verändert worden sei. In einem Raum, in dem der Täter schläft, sei unter der Matratze des Bettes ein 60 Zentimeter langes und zwei Zentimeter breites Seitengewehr sichergestellt worden.

Eine Großfahndung sei eingeleitet worden.

Einige Stunden zuvor war Kurt Lahm* wach geworden. Erst wusste er nicht, was ihn geweckt hat, doch dann hörte er aus dem Nebenzimmer, in dem seine Mutter schläft, dass sein Name gerufen wurde: „Kurti, Kurti, Hilfe, Hilf mir …!“

Noch halb im Schlaf ging der Schmied hinüber. Er sah seine Mutter vor ihrem Bett stehen. Im Halbdunkeln nahm er wahr, dass sie etwas an ihre Brust drückte Er konnte aber nicht sofort erkennen, was es war. Aufgeregt rief die 47-Jährige: „Er hat

Das Haus in der Dessauer Straße (Dessau-Waldersee), in dem der damals 16 Jahre alte Lahm seine Mutter erstechen wollte

mich gestochen, er hat mich gestochen!" Bei diesen Worten fiel der Gegenstand, den sie in den Händen gehalten hatte, auf den Fußboden.

„Was ist denn los?", fragte Kurt Lahm, der die Situation immer noch nicht deuten konnte. Daraufhin bückte sich die Frau und hob etwas auf: „Damit hat mich Günter gestochen." Da erkannte der Sohn, dass es sich um den inneren Teil einer Luftpumpe handelte. Die gegenüberliegende Seite des Holzgriffes war spitz gefeilt worden. Nun sah er auch über der linken Brust seiner Mutter einen Blutfleck.

„Wo ist Günter?", fragte Kurt. Die Mutter zog ihn zur Küche hin. Doch dort war der Gesuchte nicht. Der 18-Jährige streifte sich ein Hemd über und lief auf den Hof. Doch dort fand er Günter ebenfalls nicht.

Er holte einen Arzt, und ein Nachbar, der durch das Geschrei aufmerksam geworden war, alarmierte die Polizei.

Einige Tage zuvor hatte Kurt Lahm von seiner Mutter erfahren, dass sie unter dem Bett von Günter mehrere Stichwaffen

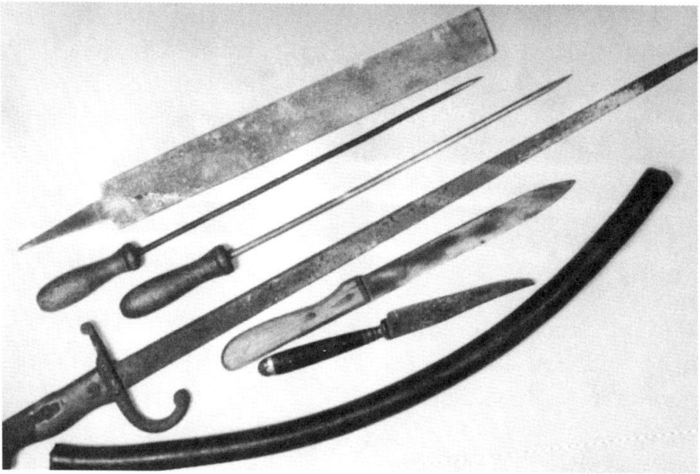

Waffen, die beim Täter sichergestellt wurden; die dritte von oben ist die Tatwaffe, der spitz gefeilte Metallstab einer Luftpumpe

gefunden hatte. Sie habe dem „Kleinen" gesagt, dass er die „Dinger" wegschaffen solle, um den Vater, der an Lungenkrebs litt, nicht aufzuregen. Am nächsten Morgen, nachdem der Bruder aus dem Haus war, wollte sie Kurt die Waffen zeigen. Doch sie waren verschwunden.

Frieda Lahm war unruhig geworden, weil sie befürchtete, Günter könne damit „Unsinn machen". Sie lief zur Berufsschule und erfuhr dort, dass sich der 16-Jährige krankgemeldet hatte. Ein Anruf auf der Lehrbaustelle brachte ans Tageslicht, dass er dort bereits seit drei Tagen nicht aufgetaucht war.

Einen Tag vor der Attacke hatte die Mutter in der Küche bemerkt, dass Günter ein großes Messer unter dem Hemd trug, dessen Griff herausragte. „Leg das Messer weg!", hatte die Mutter angeordnet. Und das tat ihr Jüngster dann auch.

Doch als Kurt nach dem Angriff auf seine Mutter in dem Kasten nachsah, in den sein Bruder das Messer gelegt hatte, war es nicht mehr da. Allerdings fand er das Bajonett unter Günters Bett.

Bei seiner Zeugenvernehmung am 4. August erinnert er sich noch an einen eigenartigen Vorfall kurz vor Weihnachten 1951. „Mein Bruder ist nachts gegen 1 Uhr aufgestanden und ist zur Toilette gegangen. Nachdem er zurückgekommen war, habe ich gesehen, dass seine Stirne blutig war. Als ich ihn danach fragte, hat er geantwortet, dass er ‚nur sehen wollte, wie das Blut fließt'."

Am 4. August 1952 ist Anneliese Lange* in ihrem Garten in Dessau-Waldersee. Sie pflückt Kirschen. Dabei sieht sie, wie der Nachbarssohn Günter Lahm aus dem Haus kommt. Der Jugendliche läuft über das freie Feld zur Parzelle der Eltern im Kleingartenverein Jonitz. Dort versteckt er sich in einer Ecke der Laube. Allerdings umsonst. Bei ihrer Suche nach dem Täter sehen Schutzpolizisten wenig später in dem Holzhäuschen nach und entdecken den Maurerlehrling.

Das Amtsgericht Dessau, Abteilung I, erlässt noch am selben Tag Haftbefehl. Der Vorwurf lautet „versuchter Mord aus Habgier".

Beim Verhör des Tatverdächtigen fragt VP-Meister Jahr zu Beginn: „Sag uns einmal, Lahm, warum hast du eigentlich deine Mutter mit dem Kolben einer Luftpumpe erstechen wollen?"

Lahm: „Ich wusste, dass im Schlafzimmer meiner Eltern ein Schrank steht, in dem meine Mutter angespartes Geld aufbewahrt. Um mich in den Besitz dieses Geldes zu bringen, habe ich dann Montagmorgen meine Mutter erstechen wollen, als sie gerade aufstehen wollte."

Er habe sich den betreffenden Montag vorgenommen, um an das Geld heranzukommen, um damit „nach Westberlin abzuhauen". Er sei im Juli 1952 mit Kollegen in Ostberlin zu einem Erfahrungsaustausch gewesen. „Da bin ich mal rüber in den Westen und habe gesehen, was es da alles gibt, was bei uns noch nicht in Erscheinung getreten ist."

„Hast du dir nicht überlegt, dass du mit den 220 Mark nicht weit kommen würdest?"

„Das habe ich mir nicht überlegt. Aber ich wollte mir da ja auch Arbeit suchen."

„Ist dir nicht bekannt, dass es in Westberlin viele tausend Arbeitslose gibt?“

„Daran habe ich nicht gedacht.“

„Du bist doch in der FDJ und man hat euch doch dort über die ganzen Verhältnisse immer und immer wieder aufgeklärt. Du warst ja auch bei den Weltfestspielen mit in Berlin. Hast du nicht einmal an all diese Dinge gedacht?“

„Ich dachte nur daran, mir das Geld zu beschaffen.“

Dann erzählt Lahm, was sich am 3. August in der Dessauer Straße 72 zugetragen hat.

Bereits am Vorabend steht der Entschluss des 16-Jährigen fest, Dessau hinter sich zu lassen und nach Westberlin zu gehen. Sein Startkapital sollten die Scheine sein, die seine Eltern gespart hatten. Freiwillig werden sie mir das Geld nicht geben, ist sich der Junge sicher. Aber er verlässt sich auf das Bajonett, das er unter seinem Bett versteckt hat, das er auf einer Baustelle in Dessau-Alten gefunden hat. „Erwischt mich Mutter, wenn ich das Geld wegnehme, steche ich sie ab“, nimmt er sich vor. Doch dann kommt ihm in den Sinn, dass die 60 Zentimeter lange Waffe vielleicht zu groß sein könnte. Er nimmt deshalb eine Luftpumpe auseinander und feilt die Kolbenstange vorne spitz. Er ist mit seiner Arbeit zufrieden und fühlt sich nun für alle Eventualitäten gewappnet. Er versteckt den „Stecher“ unter dem Schrank.

Er hilft seiner Mutter in der Küche beim Geleekochen. Dabei hat er ein Messer unter dem Hemd. Als ihm seine Mutter den Rücken zudreht, schießt es ihm durch den Kopf: „Los, die Gelegenheit ist günstig, stich zu!“ Er hat bereits die Hand am Griff, als sich seine Mutter umdreht und ihn fragt, was er da hat. Sie sieht den Griff aus dem Hemdausschnitt herausragen. „Tu das weg!“, herrscht sie ihn an. Günter wickelt das Messer in Papier und legt es in den Wäscheschrank.

Um 21 Uhr geht der 16-Jährige zu Bett. Er hat keinerlei Gewissensbisse, als er daran denkt, was er zur nächtlichen Stunde vorhat.

Um 5 Uhr steht er auf und kocht sich in der Küche Kaffee. Danach zieht er die angespitzte Kolbenstange unter dem Kü-

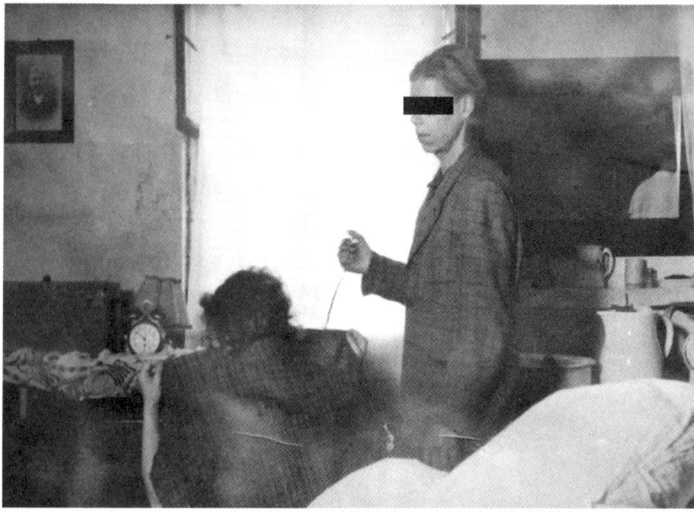

Günter Lahm bei der Tatrekonstruktion

chenschrank hervor. Das Messer steckt er unter sein Hemd. Die Kolbenstange erschien ihm sicherer, sagt er später beim Verhör, weil sie „besser durchdringen" würde.

Als er ins Schlafzimmer kommt, um aus der Kommode das Geld zu stehlen, sieht er, dass seine Mutter bereits aufgestanden und dabei ist, sich anzuziehen. Günter tritt neben sie, holt aus und sticht ihr in die linke Brustseite. „Weil dort das Herz ist", sagt er nach seiner Festnahme aus. „Sie sollte nicht mehr sprechen können."

Doch der Stoß ist nicht lebensgefährlich und seine Mutter schreit ihn an, ob er verrückt geworden sei. Günter bekommt Angst, lässt die Waffe fallen und läuft zur Gartenlaube.

Am 15 Oktober 1952 liegt das Gutachten der Nervenklinik und Landes-Heil- und Pflegeanstalt Bernburg vor. Klinikdirektor Dr. Baum verweist darauf, dass „bei Testverfahren Anklänge an eine Geisteskrankheit, nämlich Schizophrenie", festgestellt wurden. Hinweise auf den Beginn dieser Krankheit seien „eine gemütliche Abstumpfung und Verödung". In der lebensgefährlichen Attacke gegen den Vater, die bei der Vernehmung zum Mordversuch ans Tageslicht kam, sieht der Arzt eine Zwiespältigkeit, wie sie für Schizophrenie typisch sei. „Er hängt sehr an seinem Vater, schlägt ihm aber trotzdem zum Zwecke der Betäubung mit dem Hammer vor den Kopf, um gleich danach über das Ganze heftig zu weinen."

Lahm sei intellektuell unterdurchschnittlich oder an der untersten Grenze der Norm. Der 16-Jährige habe demzufolge noch nicht das Unrecht der Tat einsehen und nicht nach dieser Einsicht handeln können. Vom Gemüt her sei er noch unterentwickelt und unreif. „Damit sind die Voraussetzungen des Paragraphen 4 des Jugendgesetzes erfüllt." Dr. Baum schlägt deshalb eine „heilpädagogische Erziehung" vor.

Am 27. Dezember ordnet die Jugendstrafkammer des Kreisgerichts Dessau für mindestens fünf Jahre die Unterbringung des Jugendlichen in einer Heil- und Pflegeanstalt an. „Eine weitere Erziehungsmaßnahme, Heimerziehung, gegen Lahm anzuordnen, ist demnach nicht mehr erforderlich", schließt Richter Tyszkiewich seine Urteilsbegründung, „weil der Jugendliche nach diesen fünf Jahren bereits weit über das 20. Lebensjahr hinaus ist."

Am 3. November 1954 schreiben die Eltern Lahms ein Gnadengesuch an die Nervenheilanstalt in Uchtspringe. Chefarzt Dr. Nobbe reicht das Schriftstück an die Staatsanwaltschaft Dessau weiter. Doch das Gesuch wird abgelehnt.

Im Oktober 1955 geht ein zweites Gnadenbegehren nun direkt an die Staatsanwaltschaft. Doch auch diesmal wird das Gesuch der Eltern abgelehnt. Der Grund: Eine Entlassung aus Uchtspringe sei noch zu früh. Es wird auf die Gefahr eines Rückfalls verwiesen.

Am 6. April 1956 ordnet das Kreisgericht Dessau an, den Maurerlehrling zum Monatsende aus der Unterbringung zu entlassen. Nach Einschätzung des Oberarztes der Nervenheilanstalt Uchtspringe seien bei Lahm „keine Störungen der Geistestätigkeit mehr nachweisbar". Er sei keine Gefahr mehr für sich oder andere.

Nachdem sich immer mehr Widersprüche ergeben, sitzt Günter Lahm VP-Hauptmann Düben als Beschuldigter gegenüber. Dort macht er zu Beginn der Vernehmung auch keinen Hehl daraus, dass er 1952 versucht hat, seine Mutter zu ermorden, um sich mit dem Geld der Eltern nach Westberlin abzusetzen. „Ich konnte aber nichts dafür, weil ich geisteskrank war. Meine Eltern haben mich nach der Entlassung aus der Heilanstalt wieder bei sich aufgenommen", erzählt Günter Lahm, der aus der 6. Klasse entlassen worden war.

Der Ausschachter vom Gaswerk Dessau zählt seine Arbeitsstellen auf. Nach seiner Gesellenprüfung im Baukombinat Dessau ging er 1957 als Maurer nach Hoyerswerda. Von dort habe er zum Bau der Bodetalsperre nach Wendefurth im Harz gemeldet. „Dann wurde ich von der Volksarmee angeworben." Was er nicht sagt, ist, dass er in seinem Personalbogen die Zeit zwischen 1950 und 1956 ausgespart hat. Während dieser Jahre sei er Lehrling bei der Bau-Union Bitterfeld gewesen, hatte er geschrieben. „Ich blieb aber nur ein halbes Jahr bei der 1. Mot. Schützen-Division, Kraftfahrerschule 1, und bin auf eigenen Wunsch wieder entlassen worden. Mir hat es dort nicht gefallen." Weitere Arbeitsstellen waren die Baugenossenschaft in Dessau, die Firma Tröger und Schwarze Pumpe. Zurzeit sei er mit Ausschachtarbeiten in Bernburg beschäftigt.

Seine Frau Inge, die er 1958 geheiratet hat, wisse von seinem Mordversuch und dass er in der Nervenheilanstalt gewesen sei, sagt Lahm.

Am 3. Februar sei er von seiner Schwägerin gefragt worden, ob er am nächsten Morgen vorbeikommen könne, um sie zu wecken. Im Großen und Ganzen schildert er den morgendlichen Ablauf wie seine Schwägerinnen. Allerdings verliert er kein Wort darüber, dass er gegenüber Erika zudringlich geworden ist. Er sei noch kurze Zeit in der Wohnung geblieben, nachdem Karin das Haus verlassen hatte. Klaus habe er nicht geweckt, bevor er gegen 7 Uhr mit dem Rad losgefahren sei. Gegen 11.30 Uhr sei er zur Wohnung seiner Schwiegermutter zurückgefahren. „Dort war nur Erika. Sie wollte nach Oranienbaum zu ihrem Verlobten. Wir haben kurz nach 12.30 Uhr gemeinsam das Haus verlassen.“ Am späten Nachmittag habe er dann von seiner Frau erfahren, dass Klaus verschwunden ist.

Lahm dringt darauf, dass ins Protokoll aufgenommen wird: „Zum Schluss meiner Vernehmung möchte ich nochmals entschieden bestreiten, dass ich etwas mit dem Verschwinden meines Schwagers Klaus Hubbe zu tun habe.“

Nach der Zeugenvernehmung von Lahms Ehefrau Inge streicht Oberleutnant Trillhase einen Absatz an: „Am 3. Februar gegen 22 Uhr lagen mein Mann und ich längere Zeit im Bett. Ich kann nicht mehr sagen, wann und wie es dazu kam, dass mir mein Mann plötzlich an den Hals griff. Mir wurde dann etwas übel, und ich versuchte, mich zu wehren und fing auch an zu heulen. Als mein Mann mich freiließ, sagte ich ihm: ‚Günter, das darfst du doch nicht machen.‘ Mein Mann sagte darauf nur: ‚So schnell stirbt es sich nicht.‘ Nachdem er mich freigelassen hatte, legte er mir das Kopfkissen aufs Gesicht, sodass ich nichts mehr sagen konnte.“

Lahm wird festgenommen. Der Vorwurf lautet: Verdacht auf Totschlag. Der Staatsanwalt des Stadtkreises Dessau begründet das unter anderem damit, dass Lahm der Letzte war, der mit Klaus in der Wohnung war. Hinzu komme, dass er seine Schwägerin Karin Hubbe zu einer Falschaussage angestiftet hat. Seine Angabe, nur „eine Minute“ mit Klaus allein in der Wohnung gewesen zu sein, erscheine „unglaubwürdig“.

Doch nachdem Haftrichter Schönermarck den Verhafteten vernommen hat, weist das Kreisgericht den Antrag der Staatsanwaltschaft ab. Es seien keine Beweismittel vorhanden, die einen hinreichenden Tatverdacht begründen können, dass Lahm Klaus Hubbe getötet haben könnte. Der Richter verweist darauf, dass bisher überhaupt nicht von einer Tötung die Rede sein könne, weil vom Vermissten ja bisher jede Spur fehle.

Doch mit dieser Entscheidung gibt sich die Anklagebehörde nicht zufrieden. Die Staatsanwaltschaft legt am 11. Februar Beschwerde bei der Strafkammer des Kreisgerichts ein. Noch am selben Tag muss Lahm erneut vor dem Haftrichter Rede und Antwort stehen. Das Gericht macht eine 180-Grad-Wende und widerruft den eigenen Beschluss. Es wird Haftbefehl erlassen.

Eine ehemalige Untermieterin von Günter und Inge Lahm meldet sich bei der Polizei. Was die 70-Jährige berichtet, ist für die Ermittler ein weiteres Mosaiksteinchen, um das Wesen des Tatverdächtigen einschätzen zu können. Elisabeth Hummel* schildert einen Vorfall vom Sommer 1960. Lahm habe versucht, seine Ehefrau mit einem Strick zu erhängen. „Sie hatte die Wäscheleine noch um den Hals, als ich ins Schlafzimmer kam, weil ich Hilferufe der Frau gehört habe." Ende 1960 habe Inge Lahm ihr erzählt, dass ihr Mann sie schon öfter gefesselt und betrunken gemacht habe.

Am 14. Februar verfasst Lahm aus der U-Haft handschriftlich eine „Bitte um Aufhebung des Haftbefehls". Er schildert minutiös seinen Tagesablauf am 4. Februar und bekräftigt erneut, dass er mit dem Verschwinden seines „kleinen Schwagers Klaus nichts zu tun habe".

Staatsanwalt Frank dringt einen Tag später beim Kreisgericht Dessau darauf, „der Haftbeschwerde nicht stattzugeben". Begründet wird das mit „nachgewiesen falschen Zeitangaben durch den Verdächtigen. Im Übrigen bezieht er sich auf soziale Schwierigkeiten, die durch seine Haft auftreten. Diese können jedoch bei der Schwere des vorliegenden Falles nicht berücksichtigt werden."

Diesmal befassen sich drei Berufsrichter des 5. Strafsenats am Bezirksgericht Halle mit der Sache. Die Beschwerde Lahms wird „als unbegründet zurückgewiesen. Da das Verbrechen des Totschlags, welches den Gegenstand des Verfahrens bildet, mit einer Freiheitsstrafe von mindestens fünf Jahren Zuchthaus bedroht ist, liegt begründete Fluchtgefahr vor", so Oberrichter Walter in der Begründung. „Der Haftbefehl des Kreisgerichts Dessau ist somit zu Recht erlassen worden."

Günter Lahm sitzt inzwischen seit einer Woche in Untersuchungshaft. Am 17. Februar wird er zur zweiten Beschuldigtenvernehmung ins VPKA Dessau gebracht. Hauptmann Düben und Oberleutnant Kuzera sitzen ihm gegenüber. „Sie hatten jetzt einige Tage Zeit, um sich noch einmal zu überlegen, ob sie an Ihren bisherigen Aussagen festhalten wollen“, schickt Düben voraus. „Ich verrate kein Dienstgeheimnis, wenn ich Ihnen mitteile, dass wir die Schilderung Ihres Tagesablaufs am 4. Februar in vielen Punkten widerlegen können. Also geben sie sich einen Ruck und erleichtern Sie Ihr Gewissen.“

Und der 25-Jährige gibt sich einen Ruck: „Nachdem ich bisher abgestritten habe, mit dem Verschwinden von Klaus Hubbe in Verbindung zu stehen, habe ich nach mehrmaliger Ermahnung eingesehen, dass es besser ist, die Wahrheit zu sagen …“

Der Dessauer macht eine Pause. Er wischt sich mit der rechten Hand über die Stirn, als würde er darüber nachdenken, welche Worte er wählen soll. „Ich … Nein …Ich, ich gebe zu, am 4. Februar am frühen Morgen den Klaus in meiner Wohnung getötet zu haben. So, nun ist es raus.“

Dann schildert er die Tat.

Karin hat gerade die Wohnung in der „Straße der III. Weltfestspiele“ verlassen. Klaus liegt noch im Bett, ist aber wach, als sein Schwager das Schlafzimmer betritt. In Lahm steigt ein Gefühl hoch, dass er kennt, seit er neun Jahre zuvor seine Mutter mit der spitz gefeilten Luftpumpenstange in die Brust gestochen hat. Ihm ist heiß, und er sieht vor seinem inneren Auge den Jungen, wie er sich im eigenen Blut hin und her windet. Das Gefühl, jemandem Schmerzen zufügen zu müssen, wird von Sekunde zu Sekunde stärker. Doch noch hat er sich einigermaßen unter Kontrolle. So weit, dass er sich nicht schon in der Wohnung an dem Neunjährigen vergeht. Er will ihn zu sich nach Hause locken. Da fällt ihm ein, dass Klaus ihm gesagt hat, als sie Weihnachten im Keller waren und dort die Weinflaschen gesehen hatte, dass er gern mal davon kosten würde.

„Na, haste immer noch Appetit auf Wein?“, fragt er ihn deshalb.

Der arglose Junge nickt.

„Na dann komm mit. Die Flaschen liegen immer noch bei mir im Keller."

„Aber ich muss um acht in der Schule sein."

„Ich bringe dich dann mit dem Fahrrad hin."

Kurz nach sieben Uhr verlassen beide die Wohnung. Klaus setzt sich auf die Querstange des Fahrrads. Dann fahren sie bis zum Gartentor der Wohnung im Mittelring. Lahm stellt das Rad am Haus ab. Beide gehen durch die Hintertür in die Wohnung.

„Geh mal ins Schlafzimmer", sagt Lahm. „Inzwischen hole ich den Johannisbeerwein."

Klaus sitzt auf dem Bettrand, als sein Schwager mit der Dreiviertelliterflasche hereinkommt. Er kippt Wein in einen Blechtopf, den er aus der Küche mitgebracht hat, und gibt ihn dem Neunjährigen. Als er ausgetrunken hat, meint er, dass er nun zur Schule muss, aber Lahm schüttelt den Kopf: „Nee, nee, wo du jetzt Wein getrunken hast, kannst du nicht mehr zur Schule gehen. Ich schreibe dir einen Entschuldigungszettel." Doch der Junge schüttelt immer wieder den Kopf: „Ich muss los!"

Lahm hat sich nicht mehr unter Kontrolle. Die Lust aufs Quälen wird übergroß. Er greift Klaus mit der rechten Hand an den Hals, drückt den Jungen nach hinten und beginnt ihn zu würgen. Er zieht das Messer, das er in der rechten Außentasche seines Anoraks trägt, heraus und sticht wahllos auf das Kind ein. Er will es umbringen. Als er den zuckenden Körper sieht, empfindet er innere Genugtuung und Befriedigung.

Klaus liegt regungslos auf dem Bett. Ich muss die Leiche wegschaffen, hämmert es im Kopf des Mörders. Er holt die graue Decke vom Stubensofa und wickelt den Toten darin ein. Er schafft sein Opfer in den Keller und legt es an den Steinkohlen ab. Dann holt er das blutige Bettlaken, den Bettbezug, das Kopfkissen und ein weißes Hemd. Er schaufelt eine Mulde in den Kohlenberg und legt die Leiche sowie die Sachen hinein. Anschließend bedeckt er das Grauen mit einigen Schippen der sogenannten Knorpelkohle. Den Schulranzen versteckt er unter der Kartoffelkiste.

Der Kohlenhaufen in der linken hinteren Ecke des zweiten Kellerraums im Wohnhaus des Mörders; dort hatte der Täter die Leiche versteckt, bevor er sie im Garten vergrub

Weil die Matratze auf der Bettseite seiner Frau ebenfalls blutig ist, dreht er sie um. Er bezieht das Bett neu und legt auch ein frisches Laken auf.

Es ist nach 17 Uhr, als er sich zu Hause umzieht. Er geht in den Garten und hebt unmittelbar an dem neuen Schuppen eine Grube aus – 1,70 Meter tief, einen Meter breit, eineinhalb Meter lang. Nach 75 Minuten stellt er den Spaten zur Seite.

An dieser Stelle unterbricht Hauptmann Düben das Verhör. Er gibt die Anweisung, dass sofort ein Suchtrupp zum Garten des geständigen Mörders aufbrechen soll.

Wenig später fahren fünf Kriminalisten und ein Kriminaltechniker zum Garten im Mittelring. Den Einsatz leitet Polizeioberleutnant Kutzera. Aufgrund der großen Aufmerksamkeit, den der Fall in Dessau und Umgebung bei der Bevölkerung ausgelöst hat, schauen zeitweilig auch Staatsanwalt Frank, der Chef des Polizeiamts Dessau, Major Steinke, und Kripo-Leiter Hauptmann Leps sowie der Leiter der Stasi-Kreisdienststelle und SED-Chef Ziegenhahn den Ermittlern über die Schultern.

Die Kriminalisten beginnen zu graben. In 1,20 Meter Tiefe stoßen sie auf zwei waagerecht liegende Betonplatten. Zwanzig Zentimeter tiefer finden sie einen braunen Kinderschnürschuh. Den Schulranzen entdecken die Polizisten bei 1,55 Meter. Sie

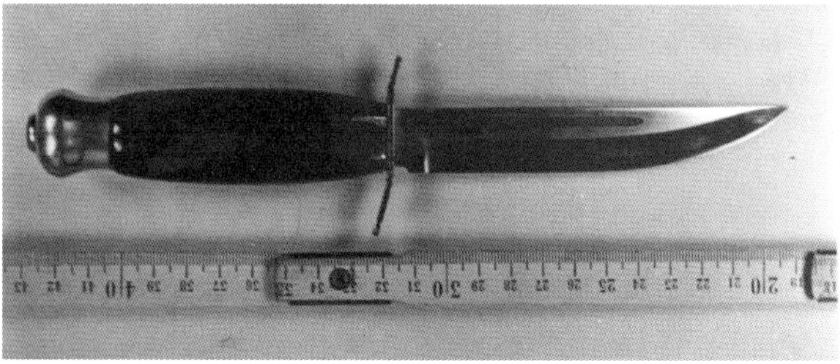

Ein Messer, artgleich mit der Tatwaffe

vergrößern das Loch und graben noch tiefer. Zum Vorschein kommen grüner Manchesterstoff sowie weiß-rot gestreifter und grauer Stoff. Die Ermittler hören auf zu schachten.

Inzwischen geht die Vernehmung Lahms weiter …

Der 25-Jährige holt den Toten aus dem Keller und wirft ihn samt der Schulmappe und dem blutigen Bettzeug in das „Grab“. Nachdem er etwas Erde auf die Leiche geschippt hat, legt er Betonplatten, die in der Nähe liegen, darauf. Als das Loch völlig zugeschüttet ist, planiert er die Oberfläche. Weil es bereits während des Grabens zu schneien begonnen hat, ist wenig später von der zugeschütteten Stelle nichts mehr zu sehen.

Auf dem Weg zur Wohnung seiner Schwiegermutter wirft er gegen 18.15 Uhr das Mordinstrument, ein Fahrtenmesser mit feststehender Klinge, an der Jonitzer Mühle in die Mulde.

Nachdem die Kriminalisten im Garten auf den Stoff gestoßen sind, wird die Morduntersuchungskommission Halle informiert. Ein Rechtsmediziner wird angefordert. Als die Bezirkskriminalisten eingetroffen sind, wird das Grab vorsichtig mit einem kleinen Feldspaten und einer Maurerkelle weiter ausgehoben. Als Nächstes finden die Kriminalisten ein Federetui, auf dem „Hubbe“ geschrieben steht. Nach und nach werden auch die anderen Schulsachen des Jungen ausgegraben.

Um 14.45 Uhr stoßen die Polizisten auf ein „Paket“. Eine gute halbe Stunde später wird es mit Stricken vorsichtig aus der Grube herausgehoben und auf eine Holzplanke gelegt. Die

Decke wird auseinandergeschlagen. Es ist Klaus.

Der „Leichenöffnungsbericht“ des Instituts für gerichtliche Medizin und Kriminalistik der Universität Halle-Wittenberg attestiert drei Stichverletzungen am Hals. Dadurch sei es zur Bluteinatmung gekommen. Zwei Stiche im Bereich der linken Brustkorbseite, mit Durchbohrung der linken Lunge und einer Eröffnung der rechten Herzkammer, zwei Verletzungen am Rücken links mit Verletzung der Lunge auf dieser Seite. „Der Tod trat in Folge einer Herzverletzung und einer starken Blutung nach innen und außen ein.“

In einer Tiefe von 1,65 Metern wurde die Leiche des Opfers, eingeschlagen in einer Decke, unter einem Bettbezug und einem Inlett gefunden

Am 24. Februar – inzwischen haben die Ermittler des Polizeikreisamts die alten Akten von 1952 durchgearbeitet – wird Günter Lahm zum Mordversuch an seiner Mutter befragt. Und der 25-Jährige redet nicht um den heißen Brei herum: „Dass ich meine Mutter erstechen wollte, weil ich mit dem Geld aus der Kommode nach Westberlin abhauen wollte, war gelogen.“ Und er spricht zum ersten Mal über sein wahres Motiv.

„Ich war 16 und besuchte ab Mai 1952 die Tanzschule ‚Mauder‘ in Dessau. Dabei fiel mir auf, dass sich fast alle Jungs eine Freundin aus dem Tanzkurs anlachten. Ich wollte das auch und saß beim Abschiedsball den ganzen Abend mit Anita Klose* aus Haideburg zusammen.“

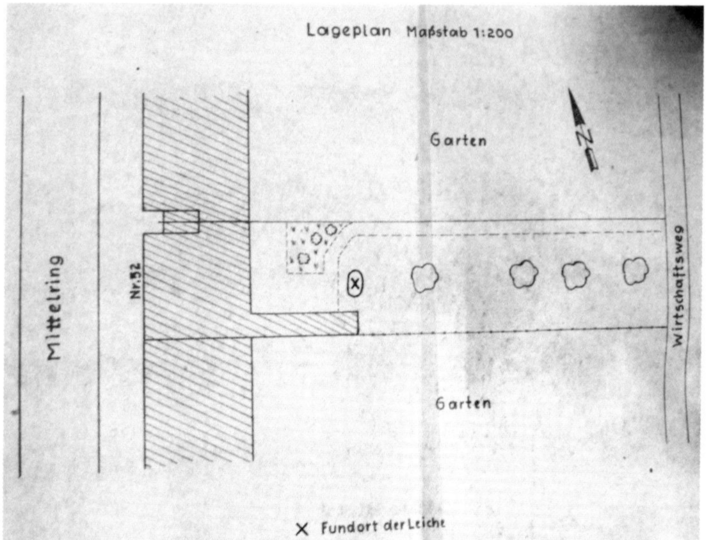

Der Lageplan des Grundstücks Mittelring mit dem Garten; das Kreuz bezeichnet den Fundort des Toten

Zwei-, dreimal nach der Feier habe er sich mit dem Mädchen getroffen, aber nie den Mut gehabt, mit ihr „Zärtlichkeiten auszutauschen. Da ich meine Mutter mehrere Male beim An- und Ausziehen beobachtet habe, kam ich auf den Gedanken, mal eine Frau nackt zu sehen.“ Dabei sei ihm seine Mutter in den Sinn gekommen. Und von diesem Gedanken sei er „nicht mehr losgekommen“. Da er gewusst habe, dass seine Mutter das niemals zulassen würde, habe er sich vorgenommen, die Mutter im Schlaf umzubringen.

Um sein Vorhaben in die Tat umzusetzen, sei er ins Schlafzimmer der Eltern gegangen und habe zuerst seinen Vater mit einem „Fäustel-Stiel“ (Hammer) gegen den Kopf geschlagen. Der Vater sei aufgeschreckt, habe aber nicht mitbekommen, was passiert sei. Er habe sich am nächsten Morgen nur darüber gewundert, dass er eine Platzwunde am Kopf hat. Weil sein Vater halb aufgewacht war, habe er vorerst von seinem Vorhaben Abstand genommen.

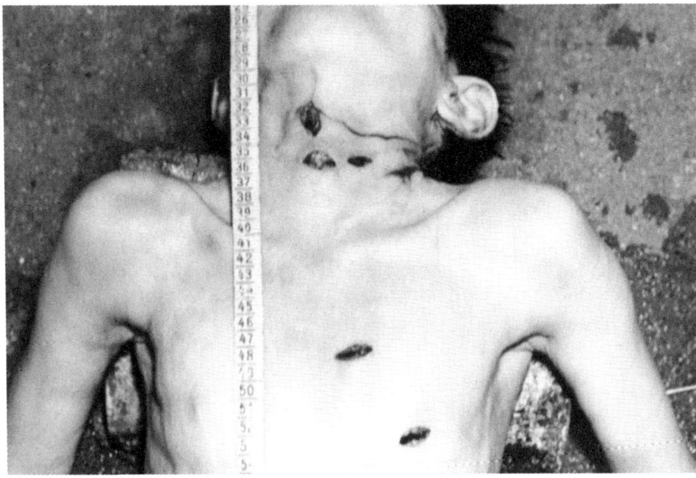

Das tote Kind mit Stichverletzungen im Hals und in der Brust

Trotz des missglückten Versuchs habe der Gedanke weiter in ihm gebohrt. „Ich wollte den Körper einer Frau richtig kennenlernen."

Als sein Vater zur Kur im Tuberkulose-Heim war, habe er sich ein Messer besorgt und wollte seine Mutter erstechen. Doch, als er ihr in der Küche geholfen habe, sei sie auf das Messer aufmerksam geworden. Erneut verschob er seine Tat. Doch am nächsten Morgen „musste es sein". Er attackierte sie mit der angespitzten Kolbenstange und hoffte, dass sie nach dem Stich in die Brust sofort tot sein würde. „Aber sie rief immer wieder nach meinem Bruder, und ich lief weg." Ein „geschlechtliches Verlangen nach der Mutter" habe er jedoch nicht gehabt.

Am 22. März lässt sich Lahm ausführlich dazu aus, warum er seine Frau „beim Beischlaf gequält", ihr zum Beispiel mit Nadeln ins Gesäß gestochen, sie gefesselt und gewürgt habe. „Ich hoffte auf Gegenwehr ihrerseits, aber meine Frau reagierte nicht auf die gewünschte Weise. Sie zeigte lediglich Angst. Für sie war das eine Qual, für mich Leidenschaft." Und der Drang sei bei ihm immer größer geworden. „Wenn ich sie würgte, fand ich eine Art geschlechtliche Befriedigung." Er habe nicht den Mut gehabt, Inge seinen „inneren Zustand zu offenbaren".

Seinen Schwager Klaus habe er genauso quälen und würgen wollen wie seine Ehefrau. „Ich dachte aber daran, dass er das hinterher irgendjemandem erzählen könnte, und mir war klar, dass ich ihn auch töten musste." Zur Tat selbst räumt er ein: „Die Zeit des Quälens war zu kurz. Ich hätte es lieber noch länger getan, weil ich dann eine größere innere Befriedigung über meine Tat empfunden hätte." Beim Anblick der blutenden Wunden sei seine „innere Erregung gewichen".

Das nervenärztliche Gutachten erstellt Dr. Karl Pönitz. Lahm sei „nicht so gestört, dass er nicht wissen könnte, was strafbar ist und was nicht". Psychosen ließen sich „auch andeutungsweise nicht feststellen". Der Psychiater nennt Lahm eine „psychopathische Persönlichkeit" und charakterisiert dessen „Trieb als anormal". Die Psychopathie spiele sich „auf sexuellem Gebiet ab und man muss Lahm als einen Sadisten bezeichnen. Das heißt, er gehört zu den Menschen, bei denen die sexuelle Befriedigung zwar auch durch einen normalen Akt geschehen kann, aber gesteigert wird, wenn dieser Akt mit den Qualen einer anderen Person verbunden ist."

Zur Frage der Schuldfähigkeit vertritt Pönitz die „fast allgemeine Ansicht der Psychiater, dass psychopathische Persönlichkeiten nicht unter den Schutz des Paragraphen 51, Absatz 1, Strafgesetzbuch fallen". Er sei der Meinung, „dass bei Lahm trotz seiner Anomalie die Fähigkeit, das Strafbare der Tat zu erkennen und nach dieser Einsicht zu handeln, auf jeden Fall vorhanden gewesen ist". Er schlägt die Anwendung des Paragraphen 51 nicht vor.

Etwas anders sehe es mit Absatz 2 der entsprechenden Rechtsvorschrift aus. Der Arzt geht davon aus, dass bei dem Täter die Einsichtsfähigkeit herabgesetzt war. Ob eine „wesentliche Herabsetzung" der Einsichtsfähigkeit vorliege, da liege „eine Grenze für die wissenschaftliche Beurteilung des Falles".

Pönitz spricht von einem „Grenzfall“. Persönlich halte er die Einschränkung für „nicht wesentlich“.

Am 1. April 1961 wird Lahm in die Strafvollzugsanstalt Halle II gebracht.

Der Prozess vor dem 2. Strafsenat des Bezirksgerichts Halle beginnt am 22. Juni. Am 6. Juli wird Lahm wegen Mordes zu lebenslangem Zuchthaus verurteilt. Der Vorsitzende, Oberrichter Klünder, stützt sich bei der Urteilsbegründung auf das psychiatrische Gutachten. „Der Angeklagte gehört zu den Menschen, bei denen die sexuelle Befriedigung zwar auch durch einen normalen Akt geschehen kann, aber gesteigert wird, wenn dieser Akt mit dem Quälen einer Person verbunden ist.“ Der Jurist verweist auf den neun Jahre zurückliegenden Mordversuch an der Mutter. Schon diese Tat sei „sexuell gefärbt“ gewesen und „sadistisch angedeutet“. In seiner Fähigkeit, das Strafbare der Handlung zu erkennen, sei Lahm „wohl wesentlich eingeschränkt“ gewesen. Hinzu komme seine „unterdurchschnittliche Intelligenz“. Trotzdem widerspricht der Senat der Meinung von Strafverteidiger Probst, der eine zeitlich begrenzte Strafe mit anschließender Unterbringung in einer Heil- und Pflegeanstalt forderte.

Bei der Festsetzung des Strafmaßes sei auch über die Verhängung der Todesstrafe, die im Paragraph 211 StGB angedroht wird, beraten worden. Klünder: „Hierbei hat der Senat die in der sozialistischen Strafpolitik der Gerichte der Deutschen Demokratischen Republik entwickelten Grundsätze über die Anwendung der Todesstrafe beachtet. Danach findet die Todesstrafe, auf die als schwerste Maßnahme des sozialistischen Selbstschutzes in der gegenwärtigen Situation der NATO-Politik und des damit verbundenen Kalten Krieges und der ständigen Angriffe auf die Errungenschaften der Werktätigen unseres Arbeiter- und Bauernstaates noch nicht völlig verzichtet werden kann, nur in Ausnahmefällen Anwendung. So bei Angriffen auf die Erhaltung und Sicherung des Friedens.“

Rechtsanwalt Probst geht am 26. Juli 1961 in Berufung. Er bezieht sich auf die „Kannvorschrift der Milderung der Strafe“, die der Gutachter herangezogen hatte. Der Jurist fordert eine Überprüfung des Urteils mit Blick auf verminderte Schuldfähigkeit.

Das Oberste Gericht der DDR verwirft den Antrag als „offensichtlich unbegründet“. Das „Rechtsmittelgericht“ stimmt den vom Bezirksgericht angeführten Gründen ebenso wie dem daraus folgenden Ergebnis zu.

Am 1. September 1981 erlässt der Vorsitzende des Staatsrats der DDR (seit 25. Juni 1981 Erich Honecker) Lahm die Reststrafe. Der Begnadigte wird nach Dessau entlassen und bekommt eine Arbeitsstelle im Gaswerk.

TOD AUF DEM LPG-HOF

Am Morgen des 14 September 1962 klingelt es an der Tür des Hauses Alt Flemmingen 55. Hugo Sauer* schlurft zum Eingang des Gehöfts mit Stall, Geräteschuppen und Scheune. Draußen steht der Postbote. „Hättest du den Wisch nicht in den Briefkasten schmeißen können?!", raunzt der 48-Jährige den Briefträger an.

Doch der schüttelt den Kopf: „Nee, nee. Das is was Amtliches, was vom Gericht. Da musste unterschreiben, Hugo."

Ungehalten greift der Genossenschaftsbauer von der LPG „Friedenswacht" nach dem Stift, den ihm sein Gegenüber hinhält. „Wird wohl schon was sein", winkt er ab und knallt dem Postler die Tür vor der Nase zu. Der tippt sich nur mit dem Zeigefinger an die Stirn und sagt mehr zu sich selbst: „Wohl heute noch nichts getrunken, was?"

Sauer liest die Zeilen über dem Siegel des Amtsgerichts in Naumburg. So richtig versteht er das Geschriebene nicht – nur so viel, dass er am 3. Oktober vor dem Kadi zu erscheinen hat, weil für diesen Tag sein Scheidungstermin angesetzt ist. „Das will ich aber nicht", quetscht er durch die Zähne und schenkt sich aus der Kornflasche, die auf dem Stubentisch steht, ein großes Glas ein.

Sauer lässt sich in den mit einer grauen Wolldecke abgedeckten Sessel vor dem kleinen Stehlampentisch fallen. „Scheidung kommt nicht infrage!", denkt er und kippt das nächste Glas voll. Und je mehr er von dem Hochprozentigen trinkt, desto klarer wird ihm, was er zu tun hat. Als in der Flasche nur noch ein kleiner Rest ist, murmelt er mit schwerer Zunge: „Die Alte wird schon sehen, was sie davon hat. Alle werden mit dem Finger auf sie zeigen, weil sie mich auf dem Gewissen hat." Er holt die nächste Flasche aus dem Büfett rechts von der Sitzecke. Als er auch diese geleert hat, schläft er im Sessel ein.

Am nächsten Morgen, dem 15. September, schwingt er sich auf sein Fahrrad und fährt nach Naumburg zur Bank. Er will seinen Plan in die Tat umsetzen: Zuerst das Konto leerräumen und sich dann noch ein paar lustige Tage machen. Danach will er seinem Leben ein spektakuläres Ende bereiten. Und er weiß auch schon wie.

In Alt-Flemmingen zurück, drückt er seiner Ehefrau Anneliese 270 Mark in die Hand: „Für deine Haushaltskasse", lallt er, als sich die 44-Jährige angewidert abwendet.

Er hält sich nicht lange auf dem Hof auf. Er fährt zurück in die Kreisstadt und versucht, die Kneipen leerzutrinken. Vier Tage lang. Nachts lässt er sich mit dem Taxi nach Hause fahren. Wenn er seinen Rausch ausgeschlafen hat, geht er erneut auf Achse.

Inzwischen ist eine zweite Vorladung vom Gericht eingetroffen. Diesmal geht es um Körperverletzung. Der Bauer wird „beschuldigt, am 7.8.1961 die Gesundheit eines anderen Bürgers verletzt zu haben. Der Angeklagte hat am genannten Tage in Alt-Flemmingen die Tochter seiner Frau aus erster Ehe (Stieftochter), Rosi Seibt*, mehrmals mit der Hand ins Gesicht geschlagen und ihr dadurch Verletzungen zugefügt und die Brille zerstört". Als Verhandlungstermin ist der 14. September festgesetzt.

Sauer, dem der Nervenarzt attestiert hat, ein „Quartalssäufer" zu sein, war an jenem Tag mal wieder betrunken nach Hause gekommen und hatte seine Füße mit schmutzigen Schuhen im Wohnzimmer auf einen Polsterstuhl gelegt. Seine Frau hatte sich das lautstark verbeten und seine Stieftochter wollte ihm den Stuhl wegziehen. Daraufhin hatte der Bauer Rosemarie zwei Ohrfeigen gegeben.

Am Mittwoch, dem 19. September, kommt der 48-Jährige gegen 20 Uhr nach Hause. Er hatte den fünften Tag Arbeit Arbeit sein lassen, in Naumburg über sein „schweres Los" nachgegrübelt und in der Nacht zuvor im Bahnhof auf einer Bank geschlafen. Wo er an diesem Tag überall gewesen ist, daran kann er sich später nicht mehr genau erinnern. Er weiß nur noch, dass er den Bus verpasst hat und deshalb die knapp fünf Kilometer mit dem Taxi gefahren ist. Die Kriminalpolizei ermittelt später den Fahrer vom VEB Kraftverkehr Naumburg, der Sauer an jenem Abend gefahren hatte. Der Fahrgast habe auf ihn einen „völlig nüchternen Eindruck" gemacht, sagt er sechs Tage später bei der Polizei aus.

Sauers Ehefrau und seine drei leiblichen Kinder sitzen in der Küche und essen Abendbrot. Die Kleinen schauen betreten auf ihre Teller. Es fällt kein Wort.

Nach dem Abendessen gehen der zehnjährige Peter und der ein Jahr jüngere Klaus ins Schlafzimmer über den Stallungen. Sauer, seine Ehefrau und der sechs Jahre alte Sohn Helmut begeben sich in die Stube, wo schon Doris Müller*, die Schwiegermutter des Bauern, auf dem Sofa sitzt. Die 18-jährige Stieftochter Rosemarie Seibt, die im Volksgut eine Gärtnerlehre macht, ist die Woche über in Schulpforta.

Nach einer Weile nimmt Anneliese Sauer* den kleinen Helmut auf den Arm und will ihn ins Zimmer von Roland Seibt*, ihrem Sohn aus erster Ehe, tragen. Doch Hugo Sauer, der an diesem Tag weniger angetrunken ist als üblich, nimmt ihr Helmut aus den Armen: „Der Junge hat immer bei mir im Ehebett geschlafen. Das wird sich auch nicht ändern, nur weil du dich scheiden lassen willst", schnauzt er seine Frau an.

Anneliese Sauer, die seit August im Wohnzimmer schläft, antwortet mit erhobener Stimme: „Dass dem Jungen aber nichts passiert und du mich später vors Loch schiebst. Denn ich schlafe ganz bestimmt nicht wieder mit dir in einem Bett!"

Sauer schüttelt nur den Kopf und fragt halblaut: „Was soll denn der Blödsinn?" Dann legt er den Jungen ins Bett und schließt von innen ab. Er befürchtet, dass seine Frau den Sechsjährigen später wieder aus dem Schlafzimmer holen könnte. Nachdem er abgesperrt hat, legt er sich selbst schlafen.

Am nächsten Morgen steht der LPG-Bauer gegen 6.15 Uhr auf. Auch Helmut ist wach. „Mama ist im Stall. Das habe ich gehört", berichtet er dem Vater. Sauer geht in den Kuhstall, um das Vieh zu füttern. Danach streut er Stroh für die Kühe ein.

Nachdem er damit fertig ist, geht er durch die Tür zum angrenzenden Futterstall, aus dem er seine Frau gehört hat. Sie steht neben dem Handwagen und ist gerade dabei, mit einem Messer das Kraut von den Rüben abzuschneiden. „Hat die LPG Stroh gebracht?", fragt er. Als er keine Antwort bekommt, begibt er sich über die kleine Treppe auf den Heuboden. Dort sieht er, dass die Genossenschaft Heu für die individuelle Viehhaltung des Hofs geliefert hat. Wieder im Futterstall will seine Frau gerade damit beginnen, die Futterrüben zu raspeln. Sauer versucht etwas gegen die schlechte Stimmung zu tun: „Komm, lass mich das machen!" Doch Anneliese antwortet schnippisch: „Geh du nur. Ich mache meine Arbeit selber!"

„Ach was, jetzt, wo du die Scheidung eingereicht hast, bin ich dir wohl nicht mal mehr gut genug, dass ich die Rüben reibe?" Doch seine Frau lässt sich auf keine Diskussion ein. Wütend sagt er: „Du hast doch immer gesagt, dass die Kinder daran schuld sind, dass wir uns nicht mehr verstehen." Und außerdem: „Es ist doch gemein von dir, dass du bei Gericht jetzt in der Sache mit Rosemarie gegen mich aussagen willst." Sauer weiß diesen Umstand aus der Anklageschrift, aus der hervorgeht, dass seine Frau und Roland, ihr Sohn aus erster Ehe, als Belastungszeugen geladen wurden.

„Hör auf damit!", schreit ihn die 44-Jährige an. „Ich weiß schon selbst nicht mehr, was richtig und was falsch ist. Ich habe das Leben mit dir einfach nur satt. Ich bin mit meinen Nerven durch."

Anneliese Sauer stellt sich nun direkt vor ihren Mann und sagt, so ruhig, wie sie es vermag: „Es bleibt doch dabei, dass wir beide gemeinsam einen Tag vor unserem Scheidungstermin Schluss machen. Ich habe die Säure schon besorgt …"

Die Idee zum gemeinsamen Suizid war dem Ehepaar gekommen, nachdem sich die 22 Jahre alte Schwiegertochter des Bauern in Neu-Flemmingen erhängt hatte. Ihre Mutter hatte sie am 30. Juli 1962 tot auf dem Boden gefunden.

Wie dem Ermittlungsbericht zu entnehmen ist, hat es am Abend zuvor eine Auseinandersetzung zwischen der jungen

Frau und ihrem Ehemann, Roland, dem Stiefsohn Hugo Sauers, gegeben. Rosi Seibt* war immer dagegen, in das Haus ihrer Schwiegereltern in Alt-Flemmingen zu ziehen. Einerseits weil Sauer als Trinker bekannt war, aber auch weil sie einen Vorfall nicht vergessen konnte, der sich zugetragen hatte, als sie mit Roland noch nicht verheiratet war. Der schwerhörige LPG-Bauer, der durch sein Handicap sehr misstrauisch ist, hatte seine Schwiegertochter in spe bedroht und aus dem Haus geworfen. Nach dem Geschehen war Rosi kaum noch nach Alt-Flemmingen gekommen – nur wenn sie wusste, dass Hugo Sauer nicht allein zu Hause war.

Am 30. Juli 1962 war Roland Seibt gegen 4 Uhr durch das Weinen seiner kleinen Tochter wach geworden. Er hatte festgestellt, dass seine Frau nicht im Bett lag, in der Küche nachgeschaut und auf dem Hof nach ihr gerufen, weil er angenommen hatte, sie sei zum Trockenklo gegangen. Er hatte seine Schwiegereltern wach gemacht und gemeinsam hatten sie das Haus durchsucht. Schließlich hatte Marta Solms* ihre Tochter gefunden. Sie hing an einem Strick, den sie über einen Dachbalken geworfen hatte. Neben der Toten auf dem Fußboden lagen eine umgeworfene Leiter und eine Taschenlampe.

Alarmiert von den Schreien Marta Solms waren die übrigen Hausbewohner in den ersten Stock gestürmt. Der Ehemann und der Bruder Rosis hatten die junge Mutter abgeschnitten und versucht sie wiederzubeleben. Aber vergeblich. Der Bruder der Toten hatte ABV, VP-Meister Rödiger, alarmiert.

Für die Familie war es völlig unverständlich, warum die junge Frau freiwillig aus dem Leben geschieden war. Rosi sei nicht krank gewesen, habe sich gut mit ihrem Ehemann Roland verstanden und sich sehr über ihre vier Wochen alte Tochter gefreut, waren sich alle einig.

Da es sich zweifelsfrei um einen Suizid gehandelt hat, hatte Unterleutnant Hesselbarth vom Volkspolizeikreisamt Naumburg am 1. August 1962 im Protokoll vermerkt, dass davon abgesehen werde, ein „Ermittlungsverfahren zu eröffnen“. Als Grund für die Selbsttötung wurde festgehalten, dass Rosi Seibt

„Angst vor ihrem Schwiegervater gehabt" habe. Allerdings sei kein Abschiedsbrief gefunden worden.

Hugo Sauer denkt am Morgen des 19. September 1962 im Futterstall immer wieder daran, was seine Frau ihm wenige Tage nach dem Selbstmord der Schwiegertochter gesagt hatte: „Lass uns gemeinsam in den Tod gehen. Ich will mich nicht scheiden lassen, aber auch meinen Kindern nicht wehtun und sie aus dem Haus werfen."

„Ihre Kinder aus erster Ehe haben immer zwischen uns gestanden", ist er sich sicher. Später, bei der Vernehmung, wird er aussagen, dass er Bekannten gegenüber hin und wieder geäußert habe „sich wegzumachen und die Klamotten anbrennen" zu wollen. Aber seine Frau „mitzunehmen", das habe er nie gesagt.

Sauer will wissen, von wem sich seine Frau die Säure besorgt hat, von der sie sprach. Doch Anneliese antwortet nur: „Das kann dir doch ganz egal sein." Doch der Bauer lässt nicht locker: „Sag mir den Namen! Ich will den Kerl anzeigen!" Dabei schaut er auf seine Frau nieder, die am Futterkasten kniet.

Sauer schildert das folgende Geschehen später so: „Wir haben weitergestritten. Dabei ist meine Frau aufgestanden. Das Rübenmesser hatte sie in der Hand. Sie machte einen Schritt auf mich zu und stach nach mir. Ich wollte mich wehren und habe nach dem Messer gegriffen. Im selben Moment hat sie sich umgedreht und stand mit dem Rücken zu mir. Sie wollte das Messer nicht loslassen. Sie hielt es fest und presste es an ihren Oberkörper. Ich wollte ihr das Messer mit Gewalt wegnehmen und dabei ist es über ihre Kehle gerutscht." Seine Frau sei lautlos zusammengebrochen. Habe noch ein-, zweimal geröchelt und Blut sei aus ihrem Hals geschossen.

Im „Leichenöffnungsbericht" des Instituts für gerichtliche Medizin und Kriminalistik der Martin-Luther-Universität Halle-Wittenberg wird zwei Tage später als Todesursache festgehalten: „Verbluten und Lufteindringung in die rechtsseitigen Herzhöhlen infolge tiefer Halsschnittverletzung". Der Schnitt sei mit solcher Kraft geführt worden, dass der 3. Halswirbelkörper ver-

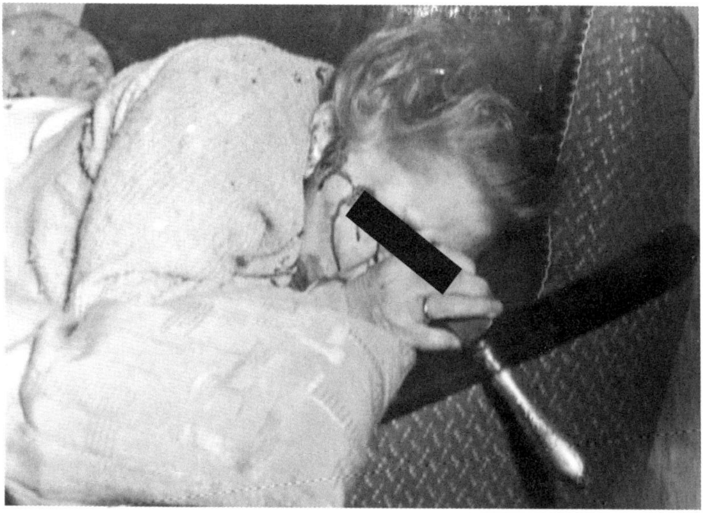

Die erstochene Doris Müller mit dem Messer im Schädel

letzt wurde. Dr. Simon verweist zudem darauf, dass es typische „Abwehrverletzungen am linken Daumen“ gibt.

Mit dem Messer in der Hand läuft der Täter über den Hof und die Treppe des Wohnhauses hinauf. Seine Wut ist noch nicht verflogen. Diesmal richtet sich sein Hass gegen seine 78 Jahre alte Schwiegermutter. Er will sie umbringen. Sauer öffnet leise die Tür zur „guten Stube“, in der er Doris vermutet. Seine Schwiegermutter liegt mit einer Decke zugedeckt auf dem Sofa links neben der Tür. Als Sauer auf sie zugeht, hebt sie den Kopf. Der Schwiegersohn beginnt auf die alte Frau einzustechen. Wortlos. Doris Müller schreit, dann röchelt sie nur noch. Der letzte Stich geht in die Nasenwurzel zwischen den Augen. Dort bleibt das Messer stecken. Das Opfer versucht zwar noch, das Messer herauszuziehen, schafft es jedoch nicht mehr. Es stirbt auf dem Sofa.

Sauer rennt nach unten in die Küche. Er will sich die Kehle durchschneiden. Doch er weiß nicht, wo er das Messer gelassen hat. Er läuft wieder ein paar Stufen nach oben, weil er vermutet, dass er die Waffe bei seiner überstürzten Flucht aus dem Wohn-

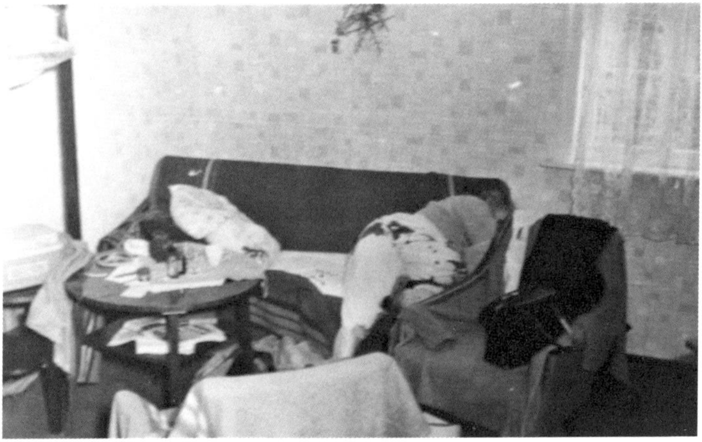

Das Tatzimmer in der 1. Etage des Wohnhauses: die Schwiegermutter des Mörders, Doris Müller, liegt tot auf dem Sofa

zimmer verloren hat. Dann überlegt er es sich anders. Zurück in der Küche findet er ein kleineres Messer. Damit will er sein Vorhaben in die Tat umsetzen. Er setzt sich auf die Küchenbank und setzt das Messer an seinen Hals. Doch auch Sauer macht die Erfahrung wie schon viele Mörder vor und nach ihm, die sich nach ihrer Tat selbst töten wollen: Es ist einfacher, einen anderen umzubringen als sich selbst. „Es tat weh", wie er später beim Verhör einräumt. Er legt das Messer beiseite und begibt sich auf den Hof.

Als er dort seine Söhne Helmut und Klaus vor dem Kuhstall sieht, kommt ihm eine neue Idee, wie er aus dem Leben scheiden kann. Er will die Scheune anstecken und sich darin verbrennen. Er klettert die Leiter zum Maschinenboden hinauf, wo das Stroh der LPG gelagert wird. Er nimmt die Streichholzschachtel aus seiner Hosentasche und setzt damit das Stroh in Brand. Er verkriecht sich weiter hinten zwischen Strohballen. Schnell erreichen ihn die Flammen und setzen ihm schmerzhaft zu. Sauer gerät in Panik, sucht nun nicht mehr den Feuertod und stürzt hinunter auf die Tenne.

Wie von Sinnen läuft er mit nur einem Schuh an den Füßen

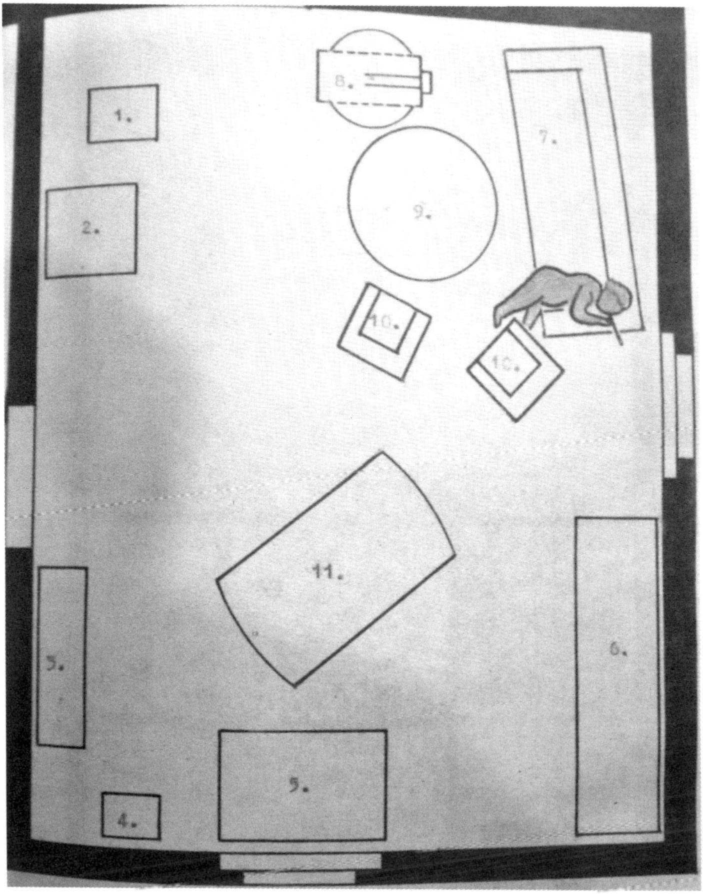

Die Skizze des Tatorts im Wohnzimmer mit der Lage der erstochenen Doris Müller

über den Hof und zur Straße. Dabei schreit er: „Feuer! Feuer! Hilfe!“ Er will ein paar Straßen weiter zum Dorfpolizisten. Doch auf dem Weg dorthin, trifft er zwei Nachbarn.

Einer von ihnen ist Paul Schmitz*. Der gelernte Fleischer, der allerdings seit vielen Jahren bei der Bahn als sogenannter Packladeschaffner arbeitet, ist am 20. September als Hausschlachter in Alt-Flemmingen unterwegs. Er hat gerade bei einem Kalb den

Die Scheune, die durch den Brand zerstört wurde; rechts der Stall mit ausgebranntem Futterboden, links der Schuppen

Dorn angesetzt, als er lautes Rufen hörte: „Hilfe, Hilfe! Da hinten brennt es!“ Schmitz dreht sich zu der Stimme um und sieht die Frau, die auf demselben Grundstück wie der Abschnittsbevollmächtigte der Polizei wohnt, in ihrem Fenster im 1. Stock wild gestikulieren. Der 47-Jährige läuft mit anderen Anwohnern in den Garten hinter dem Haus und sieht eine Rauchwolke über dem Sauer-Hof und verkohlte Strohteile durch die Luft schweben.

Schmitz rennt zurück auf die Dorfstraße und will zum Brandort. Dabei kommt ihm Sauer entgegen. Er hört ihn um Hilfe rufen. Der Reichsbahner geht auf den Panischen zu, greift ihn an den Schultern und schüttelt ihn: „Was ist los, Hugo? Sag, was los ist!“ Der Bauer mit rußschwarzem Gesicht und mit Brandwunden übersäht, schreit mit wirrem Blick: „Ich bin ein Brandstifter.“

Das reicht Schmitz, um Sauer, dessen Haare angesengt sind, festzuhalten und auf den Hof des Hauses zu zerren, von dem er gerade kam. Dabei fällt ihm auf, dass der Brandstifter eine Schnittwunde am Hals hat. Der Feuerteufel ruft mit sich überschlagender Stimme: „Ich habe meine Frau abgestochen. Und meine Schwiegermutter. Die Alte habe ich auch totgemacht.“ Dann wird er plötzlich ganz ruhig und beginnt zu erzählen: „Ich wollte für die Kinder neue Sachen kaufen. Ihre alten waren schon so kaputt und zu klein geworden. Aber das wollte Anneliese nicht. Da kam es zum Streit. Meine Frau ist mit dem Messer auf mich los, und ich habe mich gewehrt und ihr die Kehle durchgeschnitten.“ Auch den Mord an seiner Schwiegermutter schildert er. Dann klopft er sich auf die Hosentasche und sagt, er habe genug Geld, um sich noch ein paar schöne Tage zu machen. Schmitz fragt: „Und wo wolltest du jetzt hin?“ Die Antwort: „Zur Polizei nach Naumburg“. Er wolle in die Zelle, sagt Sauer. „Da hänge ich mich an meinem Hemd auf.“ Und erneut in höchster Erregung: „Die LPG, die Lumpen, sind an meinem Unglück schuld.“ Im selben Moment hört er aus dem Nachbarhaus die Stimme des Dorfpolizisten.

VP-Meister Hans Rödiger, hatte bereits ein paar Minuten zuvor den alarmierenden Ruf gehört: „Herr Rödiger, es brennt bei Sauer!“ Der Abschnittsbevollmächtigte hatte daraufhin den Operativ-Stab des Polizeiamts in Naumburg benachrichtigt. Dann rief er aus dem Fenster dem vorbeilaufenden Schmitz zu: „Wenn du den Sauer siehst, halte ihn fest und bring ihn her. Ich muss noch telefonieren.“

Gemeinsam mit einem weiteren Dorfbewohner bringt Schmitz den Festgenommenen zum ABV. Aufgrund dessen, dass er sich selbst als Brandstifter bezeichnet hat, befiehlt der Polizist dem Reichsbahner, den völlig apathischen Sauer zu bewachen. Er selbst geht zum Brandort. Rödiger stellt fest, dass die Flammen bereits auf das Nachbargehöft übergegriffen haben und das Seitengebäude mit dem Futterraum brennt. Der Bereichsleiter der Freiwilligen Feuerwehr kommt auf ihn zu und informiert ihn darüber, dass im Futterraum, über dem die Flammen aus den Fenstern schlagen, die tote Bäuerin liegt. Trotz der gefährlichen Situation geht er gemeinsam mit dem Feuerwehrmann in den Raum mit der Leiche. Die Frau liegt links von der Eingangstür auf dem Rücken – um ihren Kopf herum eine große

Der Tatort (Futterstall), die weißen Kreidestriche markieren die Lage der Toten

Die Leiche der Anneliese Sauer, wie sie von der Kriminalpolizei vorgefunden wurde, nachdem sie auf dem Grundstück Nr. 54 eingetroffen war; die Feuerwehr hatte die Tote aus dem brennenden Futterstall nach draußen gebracht

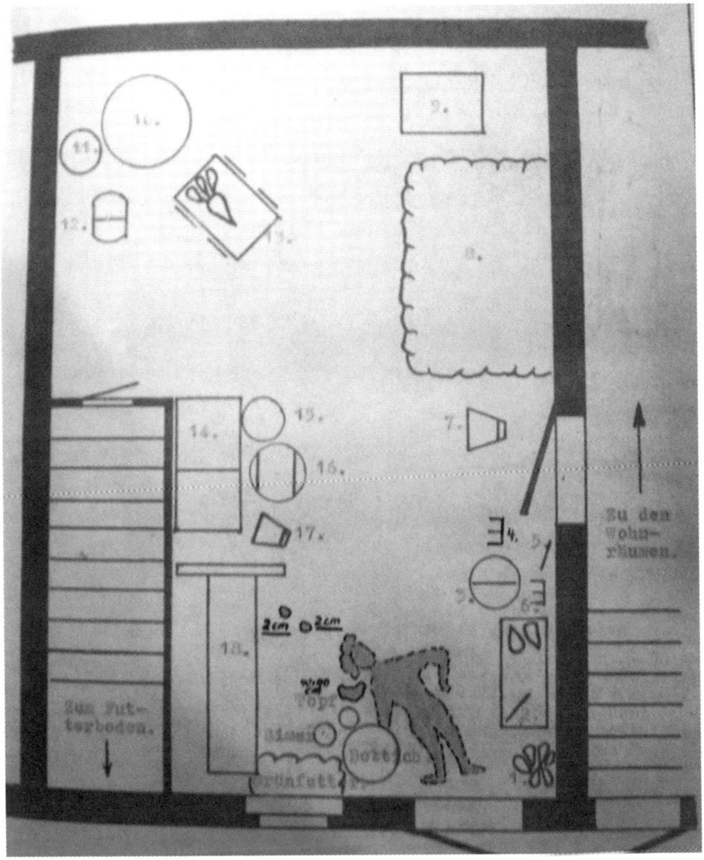

Die Skizze mit Lage der toten Anneliese Sauer im Futterstall

Blutlache. Die Männer tragen die Ermordete aus dem Gefahrenbereich auf das Nachbargrundstück.

Gegen 9.15 Uhr geht bei der Kriminalpolizei in Naumburg die Anzeige von VP-Meister Rödiger ein. Unter dem Aktenzeichen 935/62 wird in wenigen Sätzen der aktuelle Kenntnisstand notiert. Und der Leiter der Abteilung K, Oberleutnant Smorek, schreibt: „Es wurden alle Sofortaufnahmen eingeleitet, die verantwortlichen Stellen benachrichtigt, Einsatzleitung und Arbeitsgruppe zur Aufklärung des Falls festgelegt und die notwendigen Sicherungskräfte eingesetzt." Die Feuerwehr bekämpfe seit 6.32 Uhr den Brand. „Es wurde Alarmstufe V ausgelöst und die Brandbekämpfer aus Bad Kösen eingesetzt." Die Bezirksbehörde der Polizei in Halle sei informiert und eine Sektion der Toten durch die Gerichtsmedizin angefordert worden.

Inzwischen liegt Sauer bereits mit Verbrennungen zweiten und dritten Grades an Kopf, Unterarmen, Händen und Füßen im Kreiskrankenhaus Naumburg. Vor seiner Tür stehen zwei Polizisten des Sonderkommandos.

Wer ist dieser Hugo Sauer, der das Leben von Ehefrau und Schwiegermutter ausgelöscht hat?

Er habe zehn oder zwölf Geschwister gehabt – ganz genau weiß er es allerdings nicht. Nur so viel, dass er lediglich sechs von ihnen kennengelernt hat. Seine Eltern hatten 15 Hektar Land in Possenhain im Burgenland. Die Kinder mussten, wie es in der Landwirtschaft üblich war, früh mit anpacken.

Sauer besuchte die Grundschule bis zur 8. Klasse und war Mitglied im „Jung-Stahlhelm". Doch nachdem die Nachwuchsorganisation des „Bundes der Frontsoldaten" 1933 von der SA übernommen worden war, meldete er sich ab. Danach arbeitete er auf dem Familienhof. Aufgrund seiner Schwerhörigkeit wurde er erst 1942 mit 28 Jahren zur Wehrmacht eingezogen. Nach Kriegsende kam er bei Zittau in sowjetische Gefangenschaft. Nachdem das Lager an Polen übergeben worden war, durchlief er verschiedene polnische Gefangeneneinrichtungen, zuletzt in Warschau. Im März 1949 wurde er entlassen. Er ging zurück nach Possenhain und arbeitete für Kost und Logis bei seinem Bruder, der die Landwirtschaft inzwischen von den Eltern übernommen hatte. 1949 wechselte Sauer zu einem Landwirt, der ihm wöchentlich 25 Mark bezahlte. Doch das Essen war ihm „zu schlecht". Nachdem seine Mutter gestorben war, zahlte ihn sein Bruder mit 1.000 Mark aus. Doch anstatt die Summe anzulegen, um zu heiraten, wie es sich die Mutter gewünscht hatte, trug er es in die Kneipen. 500 Mark wurden

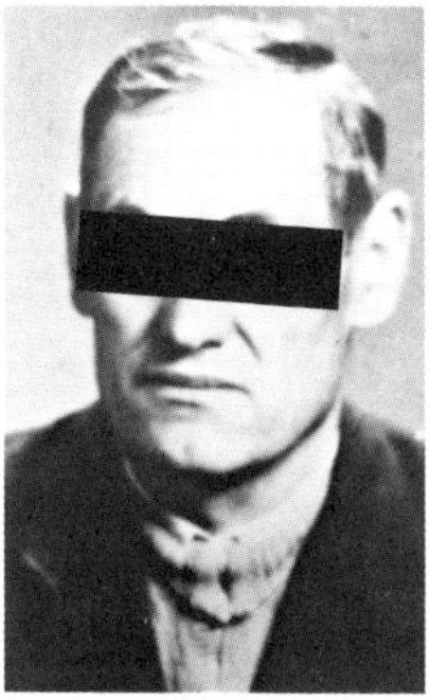

Mörder
Hugo Sauer

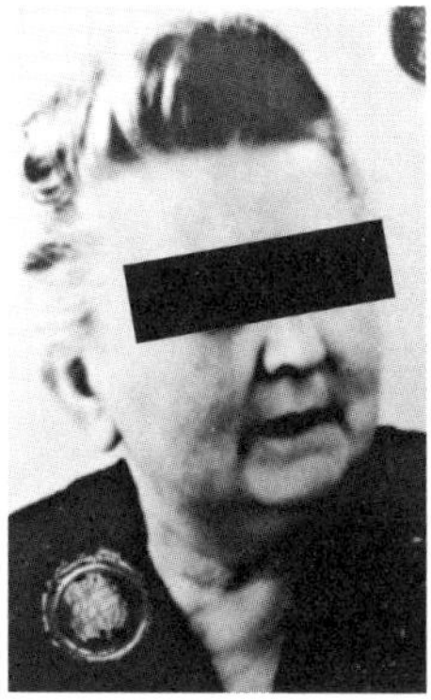

Opfer
Doris Müller

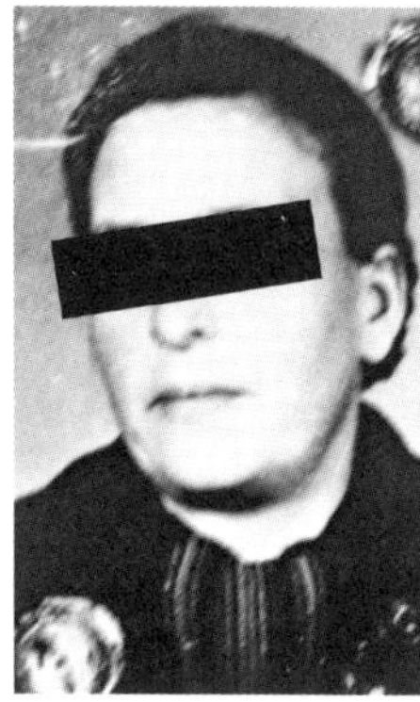

Opfer
Annelise Sauer

ihm von einem Arbeitskollegen gestohlen. 1951 wechselte er deshalb erneut den Hof.

Ein Freund riet ihm, sich endlich eine Frau zu suchen. Auf eine Zeitungsanzeige, die der gute Bekannte für Sauer aufgab, meldeten sich 58 Frauen. Unter ihnen war auch Anneliese Seibt*, deren Mann seit 1944 vermisst wurde. Sie hatte selbst eine Landwirtschaft in Alt-Flemmingen. Die Sache hatte jedoch einen Haken: Anneliese Seibt überschrieb den Hof im selben Jahr, als Sauer dort als Gehilfe anfing, ihrem Sohn Roland. Allerdings mit der Maßgabe, dass er erst 1965 mit dem 25. Lebensjahr darüber verfügen kann.

Im Oktober 1952 verlobten sich Sauer und die Hofbesitzerin. Drei Monate später heiratete das Paar. Obwohl die beiden vier Kinder zusammen hatten, eine Tochter starb im Alter von vier Wochen, war die Ehe alles andere als harmonisch. Von Anfang an kamen Sauer und seine beiden Stiefkinder nicht klar miteinander.

1958 traten die Sauers in die Landwirtschaftliche Produktionsgenossenschaft „Friedenswacht" ein und arbeiten im Feldbau. Doch dass Sauer ein glühender Verfechter der „landwirtschaftlichen Kollektivierung" ist, kann niemand behaupten. Und er selbst sagt während seines ersten Verhörs am 26. Oktober 1962:

„Nur aus Gefälligkeit gegenüber meiner Frau habe ich das eine oder andere Mal an den LPG-Versammlungen teilgenommen. Ich hörte aber gar nicht zu, was da besprochen wurde."

Am 20. September wird ein Ermittlungsverfahren gegen Sauer wegen Mordes in zwei Fällen sowie Brandstiftung eingeleitet und vom Kreisgericht Naumburg Haftbefehl erlassen. Die Kripo ist seit der Tat rund um die Uhr im Dorf unterwegs und befragt die Bewohner. Die Ermittler versuchen sich ein Bild vom Täter zu machen. Und von den meisten der Befragten hören sie: „oberflächlich", „teilweise liederlich", „bei der Arbeit widerwillig", „spricht sehr gerne dem Alkohol zu, aber guter Skatspieler", „schlägt seine Ehefrau, seine Stieftochter Rosi und seinen Stiefsohn Roland zum Teil mit einem Seil". Die Polizisten erfahren, dass Sauer aufgrund seines Benehmens Lokalverbot in der Dorfgaststätte und im „Sperlingsholz" hat.

Lothar Eiche*, der seit seiner Geburt im Dorf lebt, sagt, wenn Sauer betrunken sei, neige er zu Streitigkeiten. „Er ist sehr jähzornig und es gab ständig Krach mit seiner Frau, wenn er betrunken nach Hause kam." Seinen Stiefsohn habe er „mit der Axt bedroht".

Ein anderer Zeuge teilt VP-Leutnant Basse mit, dass Sauer bereits 1960 damit gedroht habe, „die Bude anzubrennen" und „seine Schwägerin, die mit ihrem fünf Jahre alten Sohn aus Westdeutschland zu Besuch war, mit dem Beil totzuschlagen". Curt Onnen* weiter: „Wenige Tage später kam Frau Sauer zu mir und fragte mich, was sie tun solle. Sie wolle sich scheiden lassen, weil sie Angst habe, ihr Mann würde sie totschlagen." Auch dass er Feuer legen wolle, habe sie ihm mitgeteilt, so der 47-jährige Dorfbewohner.

Onnen ist es auch, der berichtet, dass er am Tatmorgen kurz vor halb sieben „merkwürdige, helle Schreie auf dem Hof" der Sauers gehört habe. „Wie Hilferufe. Kurz hintereinander." Er sei schnell zur Hoftür gelaufen. „Ich habe sofort gedacht: ‚Der hat seine Drohung wahr gemacht!'" Als er eine Minute später die Flammen sah, schrie er: „Oh, mein Gott! Die Kinder und Anneliese!" Er lief durch das kleine Hoftor und war erleichtert: Ihm kamen alle drei Kinder entgegen. Zwei waren noch im Nachthemd. „Ich sagte ihnen, sie sollen zu mir nach Hause laufen. Dann rief ich ein paarmal: ‚Anneliese, Anneliese!'" Er habe jedoch keine Antwort bekommen.

Franz Krause*, Nachtwächter der LPG „Friedenswacht", kennt Sauer seit zehn Jahren. Dem 58-Jährigen hat er einen Tag vor der Tat sein Vorhaben angedeutet. „Ich habe ihn in der Naumburger Bierstube getroffen. Wir haben zusammen einen getrunken", sagt er aus, „dabei hat er mir erzählt, dass er wegen der Scheidung eine gerichtliche Ladung gekriegt hat. Dabei hat er gegen seine Brusttasche geklopft." Dann habe sein Gegenüber gesagt: „Ich mache nun mein Endziel und brenne die ganze Bude ab." Dabei habe Sauer eine Bewegung mit der Hand zum Hals gemacht, „wie Aufhängen oder Kehle durchschneiden". Er wolle „alle mitnehmen". Als er ihn nach der Tat in Obhut des ABV gesehen habe, habe Sauer gesagt: „Siehste, Franz, was ich in Naumburg gesagt habe, habe ich jetzt ausgeführt."

Hortnerin Jutta Graue ist dabei, als Unterleutnant Noa den sechs Jahre alten Helmut Sauer befragt. Der Lieblingssohn des Tatverdächtigen ist sehr aufgeregt und antwortet auf die Fragen nur einsilbig. Der Vati habe ihm eine große Zuckertüte zur Einschulung geschenkt und ihm „immer etwas gekauft".

„Hat dir dein Vati etwas übers Feuermachen erzählt?", arbeitet die Hortnerin den zuvor mit der Kripo abgesprochenen Fragenkatalog ab. „Mein Vati wollte im Hof alte Sachen verbrennen", erfahren die beiden Erwachsenen. Ganz nebenbei sagt Helmut dann: „Er hat auch mal was vom Halsdurchschneiden gesagt."

Sieben Tage später wird das Kind erneut gehört, diesmal ist der Direktor der 6. Oberschule in Naumburg dabei. Und der Junge wird etwas konkreter. „Ich habe im Bett gehört, dass sich Papa und Mutti gezankt haben. Sie haben sehr geschimpft. Was sie geschimpft haben, weiß ich nicht. Es war im Futterstall."

Roland Seibt schildert beim Verhör die Auseinandersetzung Sauers mit seiner Stieftochter. Dabei habe ihr Sauer mit den Fäusten ins Gesicht geschlagen. „Er hat gedroht, dass er unser Kind aus dem Fenster werfen würde, weil es immer so unruhig ist.“ Diese Auseinandersetzung habe er auf Tonband aufgenommen. „Das habe ich der Kriminalpolizei übergeben.“

Er wisse, dass seine Mutter sich bereits vor zwei Jahren scheiden lassen wollte. „Sie hat den Antrag bei Gericht dann wohl aber wieder zurückgezogen.“

Im Dorf habe Sauer aufgrund seines Benehmens keine Freunde.

Nachdem sein Stiefvater die Nachricht vom Gericht bekommen habe, dass der Scheidungstermin für den 3. Oktober anberaumt ist, habe er gesagt: „Den warte ich noch ab, dann brenne ich meine Lumpen an und schneide mir die Kehle durch.“ Auf die Frage, ob er sich vorstellen könne, dass seine Mutter ein Messer gegen ihren Mann gerichtet hat, sagt Seibt: „Bei Streitigkeiten hat sich meine Mutter niemals zu Handgreiflichkeiten gegenüber meinem Stiefvater verleiten lassen.“

Nach der Zeugenaussage hört sich das Ermittlerteam den Tonbandmitschnitt an, von dem die Rede war. Die Stimme Sauers: „Wenn ich gehe, geht die Mama mit. Ob Erhängen, Erwürgen oder Halsbrechen, das ist egal. Mama steigt in meinen Dreck. Es kann sein, dass ich die ganze Bude in die Luft jage. Und wenn wir alle hin sind. Es kann sein, dass der Tod noch heute kommt. Ob 14 Tage eher oder nach vier Wochen, das ist egal.“ Und mit Blick auf den Selbstmord seiner Schwiegertochter fügt er später an: „Ein Glück, dass deine Frau, die Fotze, tot ist. Da sei froh.“

Aus einem „Informationsbericht“ des Abschnittsbevollmächtigten, VP-Meister Rödiger vom 20. September geht hervor, dass „der LPG-Bauer Sauer in der nächsten Zeit vom Unterzeichneten des Öfteren kontrolliert wird, um einen eventuellen Selbstmord vorzubeugen. Dazu werden auch VP-Helfer eingesetzt.“ Hintergrund der Mitteilung an die Kripo in Naumburg war der Umstand, dass es sich im Dorf herumgesprochen hatte, dass Sauer gedroht hatte sich umzubringen.

Am 26. Oktober 1962 verhört VP-Hauptmann Jurosch den Doppelmörder und Brandstifter.

„Warum haben Sie Ihre Frau umgebracht?“

„Das kann ich nicht genau sagen. Meine Nerven sind durchgegangen. Meine Frau ist zuerst mit dem Messer auf mich losgegangen.“

„Warum haben Sie ihr das Messer nicht einfach weggenommen. Sie sind ihr doch körperlich weit überlegen?“

„Aufgrund der Auseinandersetzung war ich so ärgerlich, dass ich mich vergessen habe. Ich habe gar nicht mehr überlegt, was ich tat.“

„Warum haben Sie Ihre Schwiegermutter danach ebenfalls umgebracht?“

„Durch den Hass, weil meine Schwiegermutter und meine Stiefkinder meine Frau beeinflusst haben, sich scheiden zu lassen.“

„Warum haben Sie die LPG geschädigt, indem Sie das Stroh abbrannten?“

„Ich wollte mir das Leben nehmen und habe dabei nicht daran gedacht, wen ich schädige.“

Am Ende seiner zweiten Vernehmung am 31. Oktober sagt Sauer mit matter Stimme: „Auf die Frage, warum ich meine Frau und meine Schwiegermutter umgebracht habe, gebe ich keine Antwort mehr. Ich habe alles gesagt. Ich werde auch vor Gericht nichts mehr sagen. Ich werde nur noch die Todesstrafe fordern. Mir ist alles egal.“

Doch damit kommt der Mörder nicht durch. Sieben Tage später wird er aus dem Haftkrankenhaus Leipzig-Meusdorf vorgeführt und muss erneut Rede und Antwort stehen. VP-Hauptmann Jurosch will nun wissen, wann seine Ehefrau Suizidabsichten geäußert habe. Das sei wenige Tage nach dem Selbstmord der Schwiegertochter gewesen, sagt Sauer. Einen Grund habe sie ihm nicht verraten.

Mit der Scheidung sei er deshalb nicht einverstanden gewesen, da er es „als fast Tauber allein im Leben sehr schwer gehabt hätte“. Seine Frau habe er nicht töten wollen. „Wie alles kam, weiß ich nicht. Meiner Schwiegermutter wollte ich nur einen Denkzettel verpassen, weil sie meine Frau immer aufgehetzt hat. Sie sollte nicht sterben.“

Die Mordwaffe

Am 21. November treffen sich die Mordermittler mit dem Bezirksstaatsanwalt Dierl. Es wird ein Fragenkatalog erarbeitet, der abgearbeitet werden soll. Er ist in zwei Hauptpunkte gegliedert. So sollen weitere Zeugen verhört werden, die mit Sauer gesprochen haben und denen er etwas zur „gewaltsamen Lösung seines Familienkonflikts" gesagt hat. Es müsse untermauert werden, dass die Taten „geplant, durchdacht und vorsätzlich" begangen wurden.

Zweitens müsse „nochmals Rücksprache mit der Gerichtsmedizin" gehalten werden, um „das genaue Schnittbild" zu erhalten. Dadurch solle überprüft werden, ob die Aussagen des Täters damit übereinstimmten. Es wird eine Rekonstruktion angeregt. Auch müsse überprüft werden, „in welcher Lage die Schwiegermutter Sauers den ersten Stich empfangen" habe.

Am 12. Januar 1963 wird die Tat rekonstruiert. Rechtsmediziner Oberarzt Dr. Simon lässt sich zuerst von Sauer schildern, wie dieser das Messer geführt hat. Dann gibt er ihm ein Holzmesser, dass der Tatwaffe nachgebildet worden ist.

Sauer bleibt auch diesmal bei seiner Tatschilderung und gibt an, dass seine Frau zuerst auf ihn eingestochen hat. Dann zeigt er, wie er die Stiche abgewehrt haben will, und versucht, das Messer gegen den Hals des Arztes zu führen. Doch das gelingt ihm nicht, obwohl der Versuch mehrmals wiederholt wird und er mehrfach neu ansetzt. „Das kann ja auch nicht klappen", schimpft der Untersuchungshäftling nach einiger Zeit. „So hat sich ja meine Frau gar nicht gewehrt." Darauf antwortet Simon: „So, wie sie es geschildert haben, war es überhaupt nicht möglich, den Hals Ihrer Frau zu treffen." Doch Sauer bleibt stur bei seiner Version.

Inzwischen liegt der Staatsanwaltschaft auch der Branduntersuchungsbericht der Abteilung Feuerwehr vor. Darin wird klar festgestellt, dass „technische Einrichtungen oder biologische Erwärmungsprozesse eindeutig als Verursacher des Brandes ausgeschlossen werden konnten". Allerdings konnte „die Art der Brandlegung und das verwendete Zündmittel", die der Brandstifter verwendet hat, „nicht nachgewiesen werden".

Das nervenärztliche Gutachten der Martin-Luther-Universität Halle-Wittenberg liegt Anfang April 1963 vor. Sauer wird im 49 Seiten langen Untersuchungsbericht eine „niedere Intelligenz jedoch kein Schwachsinn" attestiert. Seine Handlungsweisen seien „stark vom Affekt bestimmt". Durch seine Schwerhörigkeit sei er „sehr misstrauisch". Der Tatverdächtige ist „leicht erregbar, jähzornig und in unangepasster Weise zu aggressiven, brutalen Verhaltensweisen fähig". Die „willentliche Steuerung" erscheine „von jeher gering. In letzter Zeit war seine Labilität und Haltschwäche durch die bevorstehende Scheidung und völlige Isolierung in der Familie und im Ort verstärkt worden."

Den ausschlaggebenden Grund für seinen Alkoholmissbrauch sieht der Gutachter „in seiner ausgeprägten Willensschwäche". Die Rede ist von einer „bis zur Brutalität gesteigerten cholerischen Reaktion".

Allerdings gebe es „keinen Anhalt, dass die strafbaren Handlungen Folge einer wahnhaften Entwicklung gewesen sind. Es finden sich keine Hinweise für eine Geistesstörung."

Der Bericht kommt zum Schluss, dass „die Einsicht in das Strafbare seiner Handlung im Falle des Gattenmordes erheblich vermindert war. Im Hinblick auf die Tötung seiner Schwiegermutter und der Brandstiftung muss allerdings eine erhebliche affektive Erregung angenommen werden." Zu diesem Zeitpunkt sei die Einsicht Sauers, das Strafbare seiner Handlungen zu erkennen, „völlig aufgehoben" gewesen. Erst durch die Schmerzen seiner Verbrennungen sei er wieder Herr seiner Sinne geworden.

Das Fazit: „Er stellt mit seiner Reizbarkeit und seiner Neigung zur brutalen Aggressivität auch weiterhin eine Gefährdung seiner Umwelt dar." Es wird deshalb angeregt, ihn nach Verbüßung seiner Strafe in ein „Krankenhaus für Psychiatrie einzuweisen".

Am 22. Oktober 1963 beginnt vor dem 2. Strafsenat des Bezirksgerichts Halle der Prozess. Damit der Angeklagte der Verhandlung folgen kann, wird ihm der Direktor der Schule für Hörgeschädigte, Preuss, zur Seite gestellt.

Sechs Tage später verkündet Oberrichter Mielich die Entscheidung des Gerichts: „Der Angeklagte wird wegen fortgesetzten Totschlags und wegen vorsätzlicher Brandstiftung zu lebenslangem Zuchthaus verurteilt. Außerdem muss Sauer Schadensersatz von rund 27.000 Mark zahlen."

Pflichtverteidiger Dr. Probst legt umgehend Berufung ein: „Das Urteil wird im gesamten Umfang angefochten." Bereits während des Ermittlungsverfahrens seien hinsichtlich der Schuldfrage zwei grundverschiedene Gutachten vorgelegt worden. Er bezieht sich auf die Aussage von Professor Quandt von der Psychiatrischen Uniklinik in Halle, der davon ausgegangen war, dass die drei Tatkomplexe aufgegliedert werden müssen und das Gutachten von Dr. Wieck, Karl-Marx-Universität Leipzig, der das Tatgeschehen als Einheit gesehen hatte. Das Gericht habe sich lediglich auf die für seinen Mandanten unvorteilhaftere Einschätzung gestützt. Probst hingegen schließt sich dem Quandt-Gutachten an, dass Sauer eingeschränkte Schuldfähigkeit im ersten Fall und Schuldunfähigkeit in den Fällen zwei und drei zubilligt.

Außerdem habe der Prozess nicht zweifelsfrei feststellen können, ob Anneliese Sauer ihren Ehemann zuerst mit dem Messer bedroht hat. Eine Notwehrhandlung sei nicht auszuschließen.

Als weiteren Punkt spricht er die „intellektuelle Leistung“ des Täters an, die „an der Grenze zur Debilität“ liege.

Wenn sich zwei Gutachten in Bezug auf Schuldfähigkeit derart widersprächen, sei vom Grundsatz: „in dubio pro reo“ – im Zweifel für den Angeklagten – auszugehen. „Der Angeklagte hätte mit einer zeitigen Zuchthausstrafe bestraft werden müssen.“

Das Oberste Gericht der DDR weist die Berufung des Anwalts zurück. Das Bezirksgericht habe „den Sachverhalt ausreichend aufgeklärt. Die rechtliche Beurteilung der strafbaren Handlungen sowie die ausgesprochene lebenslange Haftstrafe sind nicht zu beanstanden.“ Der 5. Strafsenat wendet sich gegen die von Gutachter Quandt herangezogene „Aufgliederung der Tatkomplexe“ und der damit verbundenen unterschiedlichen Bewertung der drei Verbrechen. Das Verhalten des Angeklagten vor und während der Tat rechtfertige diese Einschätzung nicht. „Er hat sich schon lange vor seiner Handlung mit dem Gedanken getragen, Selbstmord zu begehen, die anderen ‚mitzunehmen‘ und das Haus in Brand zu stecken.“ Der Angeklagte sei während der Tat „allseitig orientiert“ gewesen und habe seine Taten „bewusst und gewollt“ vorgenommen.

Sauer nicht wegen Mordes zu verurteilen, sei deshalb angebracht gewesen, da „keine Mordmerkmale“ vorlagen, die das Strafgesetzbuch zwingend vorsieht.

Am 14. Januar 1964 wird das Urteil rechtskräftig.

DER HAMMERMORD AM HANSERING

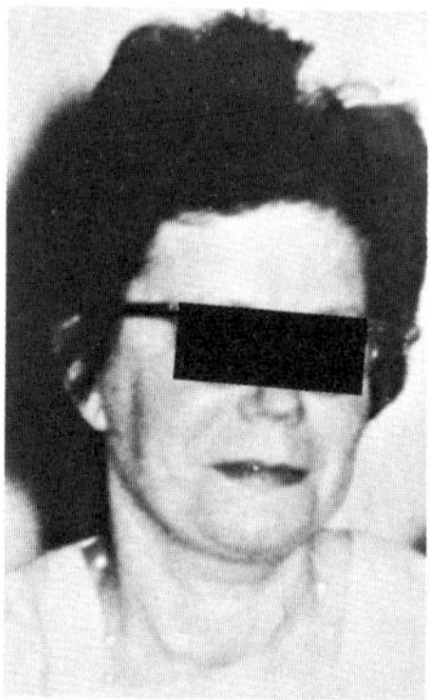

Opfer
Ursula Bär

Am 8. Dezember 1962 steht in Halle die Weihnachtsfeier vom Konsum im Klubhaus der Gewerkschaften an. Marta Porse*, Chefin der Putzfrauen im kulturellen Treffpunkt der Stadt, will es sich nicht nehmen lassen, mit ihren Enkeln Karin (14), Klaus-Dieter (6), Petra (5), Ute (3) und Axel (2) das Weihnachtsmärchen anzuschauen und die Tüten mit Süßigkeiten entgegenzunehmen. Die 59-Jährige will dafür extra ihre Schicht tauschen. Einen Tag vor der Veranstaltung, gegen 15.30 Uhr, geht sie in die HO-Fleischverkaufsstelle am Leipziger Turm. Dort arbeitet ihre Tochter Ursula Bär*. Mit ihr will sie absprechen, wann sie die Kinder abholen kann. Doch dort schüttelt Bärs Kollegin nur den Kopf. Sie schaut auf die Uhr und sagt dann: „Ursel müsste aber schon seit einer Stunde da sein …"

Marta Porse legt die Stirn in Falten: „Hoffentlich ist keines der Kinder krank." Dann geht sie zum Hansering, zur Wohnung ihrer Tochter. Sie klingelt an der Tür im 4. Stock. Doch niemand öffnet. Auch als sie es mit Klopfen versucht, bleibt die Tür geschlossen. Sie legt ihr Ohr an das Holz. Doch sie hört kein Geräusch. Sie geht wieder auf die Straße und schaut nach oben. Dabei fällt ihr auf, dass das Schlafzimmerfenster der Wohnung geschlossen ist. Ganz entgegen der Gepflogenheiten der Familie.

Die 59-Jährige fährt zum Martinsberg, dem Kindergarten von Petra und Ute. Die Sache wird immer mysteriöser. „Die beiden waren heute nicht da", sagt die Erzieherin. Und das flaue

Das Tathaus am Hansering 1; die Ziffern kennzeichnen den Hauseingang (1), die Fenster des Schlafzimmers (2), der Küche (3), des Wohnzimmers (4) und des Kinderzimmers (5)

Gefühl im Magen wird bei Marta Porse immer stärker. Sie versucht es noch einmal am Hansering. Doch wieder erfolglos.

Sie beeilt sich, nach Hause zu kommen. Dort wartet schon die Große, Karin, auf sie. „Ich fahre schnell nochmal hin", sagt sie, nachdem ihr die Oma erzählt hat, dass sie niemanden am Hansering angetroffen hat und sie sich Sorgen macht.

Gegen 17.30 Uhr kommt die 14-Jährige zurück. Sie macht einen verstörten Eindruck. „Ich habe auch bei Nachbarn geklingelt. Die haben gesagt, Vati ist gestern Abend betrunken nach Hause gekommen. Seitdem haben sie keinen mehr gesehen."

„Dann fahren wir noch mal zusammen zur Wohnung", entscheidet die Großmutter und zieht sich den Mantel über. Doch erneut öffnet am Hansering niemand. „Dann versuchen wir es bei den Eltern deines Stiefvaters am Gertraudenfriedhof", sagt Marta Porse. Allerdings können ihr Emil und Anna Bär* auch nicht weiterhelfen.

Karin und ihre Oma fahren zum Marktplatz, wo sie Opa Wilhelm treffen. „Dann ist es wohl das Beste, wenn wir zur Polizei gehen“, sagt er. Kurze Zeit später sitzt Porse im Volkspolizeikreisamt Saalkreis vor VP-Meister Mende. Ihm schildert der Rentner den Fall. „Es muss eigentlich jemand zu Hause sein“, begründet er seine Sorge. Der Polizist greift zum Hörer und verständigt den Operativ-Stab des VPKA. Von dort aus wird gegen 20.30 Uhr die Funkstreifenbesatzung von H61 zum Hansering geschickt, um die Sache zu untersuchen.

Hauptwachtmeister Hach und Hätzold sowie Oberwachtmeister Breitenbach stehen kurze Zeit später vor der Wohnungstür. Sie wissen inzwischen, dass „die Eheverhältnisse der Familie Bär nicht geordnet“ sind und sich die Eltern von Ursula Bär große Sorgen machen, dass etwas passiert sein könnte.

Hätzold klingelt und klopft im 4. Stock. Niemand öffnet. „Sind Sie einverstanden damit, dass die Tür aufgebrochen wird?“, fragt er die Porses. Diese nicken nur. Breitenbach tritt gegen die Tür, die sofort aus dem Schloss gerissen wird und aufspringt. „Warten Sie bitte draußen“, weist der Polizist die Eltern an. Dann betritt er den Wohnungsflur. Aus der Küche kommt leise Radiomusik. Die Lampe ist an. Sofort fällt den Schutzpolizisten ein großer Blutfleck an der Gardine auf.

Die Tür zum Schlafzimmer, das von der Küche abgeht, ist nur angelehnt. Durch den Spalt schimmert Licht. Nachdem Breitenbach die Tür ganz geöffnet hat, fällt sein Blick auf das Ehebett. Er erkennt den Kopf einer Frau, die mit einem Federbett bis zur Brust zugedeckt ist. Er ist blutüberströmt. Der Polizist dreht sich um und sagt zu seinem Kollegen: „Wir gehen nicht weiter. Wegen der Spuren. Da ist wohl sowieso nichts mehr zu machen.“

Im selben Moment hören die Polizisten ein leises Wimmern. In einem Kinderbett hinter der Tür liegt ein kleines Kind. Es ist der kleine Axel. Sie holen Wilhelm Porse herein, der den Zweijährigen aus dem Bett nimmt. Und auch Klaus-Dieter und Petra werden gefunden. Sie sind im Kinderzimmer, das links vom Korridor abgeht – eingeschlossen. Nachdem der Opa auch diese

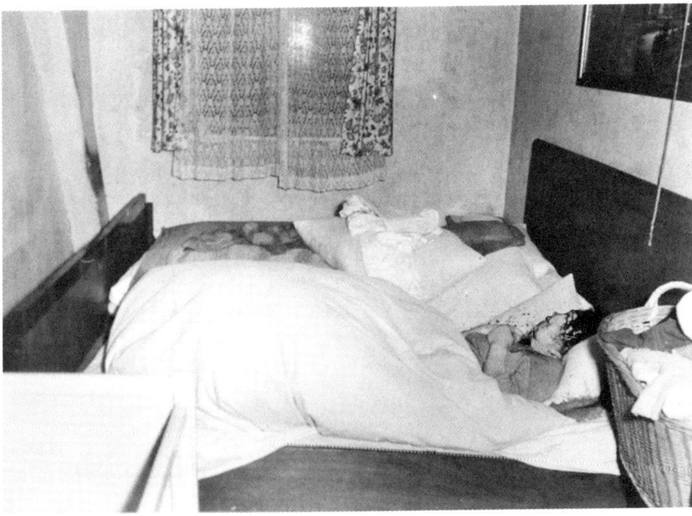

Die tote Ursula Bär im Ehebett, wie sie von der Polizei aufgefunden wurde

beiden Enkel mitgenommen hat, verständigt die Funkstreifenbesatzung das Polizeikreisamt.

Um 23 Uhr geht bei der bezirklichen Morduntersuchungskommission in Halle die Nachricht vom Verbrechen am Hansering ein. MUK-Chef, VP-Oberleutnant Grothe, der Fahndungsleiter Hauptmann Phillipp sowie Kriminaltechniker VP-Meister Hecht brechen umgehend auf und treffen am Tatort auf Stadt-Staatsanwalt Bartlitz, Halles Kripo-Chef VP-Major Hausmann sowie zwei Kriminalisten des VPKA.

Im Wohnzimmer steht alles an seinem Platz. Spuren eines Kampfes gibt es nicht. Auf einer Schlafcouch im Kinderzimmer hingegen finden die Ermittler am Kopfkissen und der Bettdecke Blut. Allerdings stellt sich später heraus, dass diese Flecken keinen Bezug zur Tat haben. Klaus-Dieter, der dort schläft, berichtet, dass er nachts Nasenbluten gehabt habe.

Anders verhält es sich mit einem Wassereimer, der in der Abstellkammer steht, die mit Brettern vom Flur abgetrennt ist. Im

Auf dem Kohleneimer liegt das Tatwerkzeug (Hammer), im Eimer davor befinden sich, in Wasser eingeweicht, ein blutverschmiertes Herrenunter- und ein Oberhemd

mit rosa gefärbtem Wasser gefüllten Behälter findet die Kripo ein blutverschmutztes Herrenunter- und ein Oberhemd. Daneben steht ein zweiter Eimer. Er ist bis zum Rand mit Brikettstücken und zerkleinertem Feuerholz gefüllt. Ganz oben liegt ein 300 Gramm schwerer Hammer. Sofort fällt den Experten das angetrocknete Blut an der Finne und am oberen Teil des Stiels auf. Alles deutet darauf hin, dass versucht wurde, das Blut vom Hammer abzuwaschen.

Bei der intensiven Spurensuche entgehen den Kriminalisten auch die geringen, sogenannten Blutwischer am Lichtschalter des Verschlages nicht. Dasselbe finden sie am Handgriff der Tür des Abstellraums.

Das Telefunken-Radio in der Küche dudelt immer noch, als der Kriminaltechniker diesen Raum näher unter die Lupe nimmt. Auch an der Lehne des Küchenstuhls finden die Ermittler verwischtes Blut. Als sie den Stuhl zur Seite ziehen, stellen sie auf dem Linoleumboden Blut fest, dass jemand wegwischen wollte, was jedoch nicht vollständig gelang. Stecknadelgroße

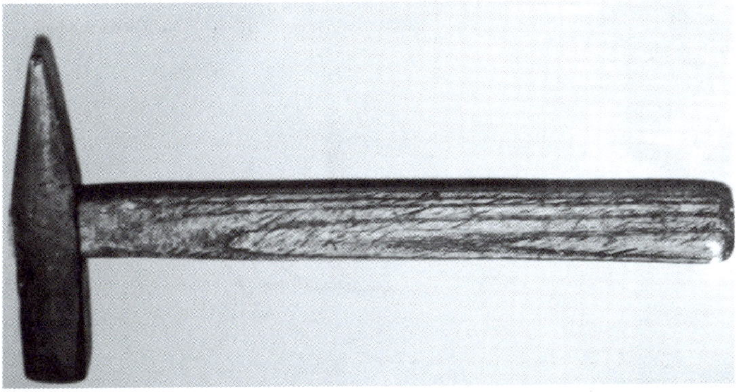

Der Hammer, mit dem Ursula Bär erschlagen wurde

Blutspritzer, von denen einige ebenfalls entfernt wurden, befinden sich am Rahmen des Küchenfensters.

Dann gehen die Kriminalisten ins Schlafzimmer. Oberleutnant Grothe hält am 8. Dezember 1962 im „Tatortbefundbericht“ fest: „Die Leiche, bekleidet mit einem blauen Damenpullover und einem dunkelblau-weiß gestreiften Rock, ist mit dem Federbett bis zur Brusthöhe zugedeckt. Das gesamte Gesicht ist stark mit Blut verschmiert. Über die linke Wangenseite laufen zwei bis zum Ohr reichende Blutbahnen. Eine weitere Blutbahn verläuft über dem linken Jochbein bis zur Höhe des Unterkiefers.“ Zwei Zentimeter über der rechten Augenbraue sei „eine deutlich tief eingeschlagene Verletzung erkennbar“. An der linken Wade der Toten stellen die Kriminalisten „Schleifspuren“ fest. „Daraus kann gefolgert werden, dass die Leiche durch eine andere Person in das Bett getragen und zur Mitte geschoben wurde.“ Aufgrund der Blutspuren gehen die Ermittler davon aus, dass Küche und Schlafzimmer die eigentlichen Tatorte sind. Die Kripo ist sich aufgrund der Spuren sicher, dass das Opfer von der Küche ins Schlafzimmer gezogen wurde.

Die Fahndung nach dem Ehemann, der nach Lage der Dinge als dringend tatverdächtig gilt, läuft auf Hochtouren. Die Polizeidienststellen der DDR sind informiert, einschließlich der

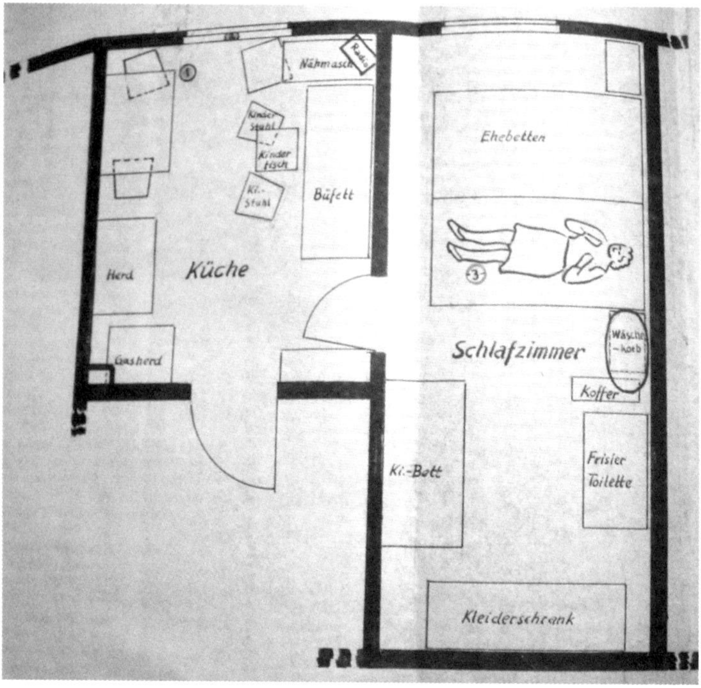

Die Tatortskizze weist auf Haare auf dem Fußboden (1), einen blutigen Lappen und die Lage der Leiche im Bett hin, nachdem die Bettdecke entfernt wurde

Transportpolizei auf den Bahnhöfen. So auch das Trapo-Polizeiamt Leipzig.

Am 8. Dezember sind VP-Meister Boduch und drei weitere Polizisten auf dem Leipziger Hauptbahnhof unterwegs. Sie haben die Personenbeschreibung von Max Bär in der Tasche und kontrollieren Reisende. Als sie sich die Menschen im Wartesaal Ost näher anschauen, fällt ihnen ein Mann auf, der mit dem Kopf auf dem Tisch schläft. Boduch rüttelt den leise Schnarchenden an der Schulter: „Bürger, wachen Sie auf, Transportpolizei Leipzig, bitte weisen Sie sich aus." Der Mann mit Sonnenbrille greift schlaftrunken in seine Manteltasche und reicht Boduch seinen Personalausweis. Er lautet auf den Namen Max Bär, geboren 1925, wohnhaft Halle (Saale), Hansering – Volltreffer.

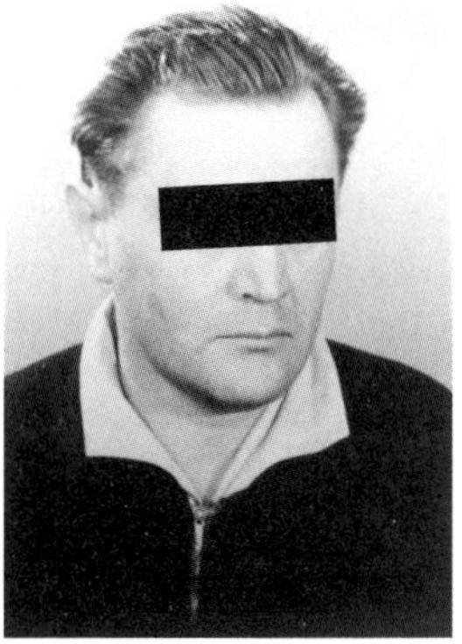

Täter Max Bär

„Bitte begleiten Sie uns zur Bahnhofswache“, sagt der VP-Meister. Auf eine Durchsuchung verzichtet er, weil er im überfüllten Wartesaal kein Aufsehen erregen will. Ein schwerer Fehler, wie sich kurz darauf zeigt. Als die Polizisten mit Bär durch die Windfangtür des Wartesaals gehen, zieht der 36-Jährige ein feststehendes Messer aus der Manteltasche und sticht sich mit der 13 Zentimeter langen, scharf geschliffenen Klinge in die linke Körperseite. Boduch schlägt auf den rechten Arm Bärs. Das Messer fällt zu Boden, und der Tatverdächtige sackt zusammen. Er wird von den vier Polizisten zur Wache getragen.

Die Bahnhofsschwester vom Deutschen Roten Kreuz wird geholt. Sie stellt eine Stichverletzung links neben dem Nabel fest. Mit dem Rettungswagen der Feuerwehr wird Bär gegen 4 Uhr ins Haftkrankenhaus Leipzig-Meusdorf gefahren. Dort diagnostiziert der Polizeiarzt eine „Unterhautfettgewebsverletzung“. Es besteht jedoch keine akute Lebensgefahr.

Um 12.30 Uhr genehmigt der Chefarzt des Haftkrankenhauses Kripo-Oberleutnant Grothe und Leutnant Föckel dem Festgenommenen, der mit einem dicken Verband über dem Bauch im Bett liegt, ein paar Fragen zu stellen.

„Herr Bär, was war in Halle los? Wo ist Ihre Frau?“

„Wir haben uns gezankt. Meine Frau wollte mit den Kindern fort. In der letzten Zeit ging es nicht mehr. Sie wollte sich scheiden lassen.“

Dann schildert Bär das Geschehen: „Meine Frau kam um 19.30 Uhr nach Hause. Wir hatten dann Streit, und ich holte aus dem Tischkasten einen Hammer. Damit habe ich meiner Frau zwei-, dreimal auf den Kopf geschlagen.“

Wo sie gestanden habe, will der Oberleutnant wissen.

Bär: „Meine Frau stand vor dem Küchenfenster, ich am Küchentisch. Sie fiel um, und ich habe sie ins Schlafzimmer transportiert. Sie hat nichts mehr gesagt. Ich habe das Blut weggewischt."

„Und was haben Sie nach der Tat gemacht?"

„Ich bin mit der Straßenbahn kreuz und quer durch Halle gefahren. Dann habe ich eine Fahrkarte nach Leipzig gelöst. Im Wartesaal bin ich eingeschlafen. Das Messer hatte ich mitgenommen, um mir das Leben zu nehmen."

Nach diesen Worten schließt Bär die Augen und seine Gesichtsfarbe wird noch blasser. Er fasst sich an den Bauch und stöhnt. Der Arzt, der beim Verhör dabei ist, sagt: „So, Genossen, das reicht für heute. Wie ich die Sache zurzeit einschätze, können Sie den Beschuldigten am 17. Dezember gründlich verhören."

Noch am selben Tag stellt das Kreisgericht Halle-West den Haftbefehl aus.

An die Lokalredaktion Halle der „Freiheit" geht folgende Meldung: „In den späten Abendstunden des 7. November 1962 wurde die 35-jährige Verkäuferin Ursula B. aus Halle tot in ihrer Wohnung aufgefunden. Die ersten Ermittlungen ergaben, dass sie bereits am Vortage mit einem Hammer in ihrer Wohnung erschlagen worden ist. Die sofort aufgenommenen Ermittlungen erbrachten den dringenden Verdacht, dass ihr Ehemann, der 37-jährige Fleischer Max B., die Tat ausgeführt hat. Zum Zeitpunkt der Feststellung der Tat war der Beschuldigte flüchtig. Da die Tat der Volkspolizei erst nach 24 Stunden zu Kenntnis gelangte, waren die Fahndungsmaßnahmen erschwert. Dennoch gelang durch die Zusammenarbeit sämtlicher Dienstzweige der Volkspolizei, unter tatkräftiger Mitwirkung der Bevölkerung, nach sechsstündiger Fahndung die Festnahme des Flüchtigen durch eine Einsatzgruppe der Transportpolizei im Wartesaal des Hauptbahnhofs Leipzig."

Das Protokoll der gerichtlichen Sektion der Leiche liegt ebenfalls am 8. Dezember vor. Sie ergibt „zwölffache, stumpfkantige

Gewalteinwirkung auf den Kopf“. Das Stirnbein ist zertrümmert, die harte Hirnhaut zerrissen. Weiterhin werden Knocheneindruckbrüche festgestellt mit „Einlagerung von Knochensplittern in der Hirnsubstanz“. Das Stirnhirn ist zerstört und die Rechtsmediziner der Martin-Luther-Universität Halle-Wittenberg fanden „zahlreiche Hirnquetschungen“. Die Todesursache lautet: „Verbluten nach außen und schwere Hirnzerstörungen“.

Die Untersuchungsergebnisse stünden „nicht im Widerspruch zu den Ermittlungen der VP“. Die Schläge seien mit der spitzen Seite eines Hammers, der sogenannten Finne, „mit unterschiedlicher Intensität und aus verschiedenen Richtungen ausgeführt“ worden. Das Opfer müsse nach den Schlägen noch 15 bis 20 Minuten lang gelebt haben, das zeigten die „Unterblutungen der Augenlider“.

Marta Porse, die Mutter der Getöteten, wird von Kripo-Unterleutnant Zabel gefragt, wie das Verhältnis der Eheleute war. Die 59-Jährige drückt mit beiden Händen ein Taschentuch, das sie auf dem Schoß hält. Hin und wieder wischt sie damit ihre Tränen ab. Sie könne es nicht fassen, was da passiert ist, schluchzt sie, und der Vernehmer lässt ihr Zeit, sich ein wenig zu sammeln. Dann gibt sich die Reinigungskraft einen Ruck: „Die Karin, die meiner Tochter außerehelich während ihrer ersten Ehe passiert ist, haben wir zu uns genommen, weil sie der Bär so schlecht behandelt hat. Er hat sie misshandelt und hintenangestellt. Einmal hat er ihr mit dem Besen so auf den Kopf geschlagen, dass sie ein Loch im Kopf hatte.“

„Ja, aber wichtig ist für uns, zu erfahren, wie es mit der Ehe Ihrer Tochter ausgesehen hat?“

„Sehr schlecht. Seit 1957 hat sie ihr Mann viel geschlagen. Er war meistens betrunken.“

„Gibt es Vorfälle, an die Sie sich besonders erinnern?“

Die Frau nickt, besinnt sich einen Augenblick und berichtet: „Es muss 1958 gewesen sein, da hat Karin noch zu Hause gewohnt. Sie kam zu uns gelaufen und hat aufgeregt gesagt: ‚Kommt schnell, Mutti kann nicht mehr.‘“ Sie habe ihre Tochter „völlig aufgelöst mit verweinten Augen vorgefunden. Ich habe ihr vorgehalten: ‚Mädchen, ich kann dir auch nicht helfen. Du hast nicht gehört. Wir haben dich vor der Heirat mit dem Bär gewarnt.'"

Ein anderes Mal habe der kleine Klaus-Dieter geweint: „Wenn es doch mal vorbei wäre. Jetzt nimmt der Vati schon das Messer!" Ihre Tochter habe das bestätigt: „Messer, Gabeln, Scheren muss ich wegschließen. Er geht damit auf mich los. Bis jetzt habe ich vor dem keine Angst gehabt", fuhr sie fort, „aber seit einiger Zeit fürchte ich mich vor ihm. Nachts liege ich wach, weil ich immer denke, er geht auf mich los."

Ende Oktober wollten Marta Porse und Enkelin Karin Ursula Bär im Hansering besuchen. Die 14-Jährige lief vorneweg. Nach ein paar Minuten war sie aber schon wieder auf der Straße und ganz aufgelöst. „Oma, du musst mal sehen, wie Mutti aussieht. Sie ist krank." Marta Porse schildert bei ihrer Aussage: „Ihr Gesicht, vor allem die rechte Seite, war blutunterlaufen, ganz dick." Ihr Schwiegersohn habe in der Stubenecke gesessen. „Was hast du denn schon wieder gemacht?", habe ich den Bär gefragt. Erst hat er nur vor sich hin gestiert und dann geantwortet: „Naja, das brauchte nicht zu sein."

Unmittelbar nach dem Gattenmord sitzen drei Männer beim Rat der Stadt Halle zusammen. Es sind der Vorsitzende der Betriebsgewerkschaftsleitung, der Parteisekretär und der Betriebsleiter des VEB (Kommunale) Stadtreinigung. Sie beraten über Max Bär. Wie üblich will die Kripo wissen, wie sich der Kraftfahrer im Betrieb verhalten hat. Der Betriebsleiter blättert in den Kaderunterlagen des Mannes, der am 11. Oktober gekündigt hat: „Naja, es ist uns ja wohl allen bekannt, dass wir nicht nur einmal Ärger mit ihm hatten. In der Gewerkschaftsgruppe hattet ihr doch auch die eine oder andere harte Auseinandersetzung mit dem Kollegen", spricht er den Gewerkschafts-Chef direkt an. „Alkohol und Arbeitsbummelei", wirft dieser in die Diskussion. Alle Drei nicken.

„Und dann seine Frauengeschichte", erinnert der Parteisekretär. „Das Techtelmechtel mit der Kollegin Junge*, die im selben Kehrbezirk wie er gearbeitet hat, war doch rum im Betrieb.

Wir mussten den Bär vom Kehrbezirk 3 Wasserturm zum Bezirk 1, Franz-Schubert-Straße, versetzen, weil die Kollegen laufend dumme Bemerkungen gemacht haben und der Betriebsfrieden empfindlich gestört war."

Dann pocht der Betriebsleiter mit seinen Fingern auf einen Bericht in der Akte Bär. „Im Januar haben wir zwei Kollegen zu seiner Wohnung geschickt, weil er schon drei Tage lang unentschuldigt gefehlt hat. Sie haben die Ehefrau mit zugeschwollenen Augen angetroffen. Verprügelt. Und die halbe Wohnungseinrichtung war kaputtgeschlagen."

„Und wie war das mit der Kur von Ursula Bär", blättert der Stadtreinigungs-Chef ein paar Seiten weiter. Er liest: „Am 30. Oktober 1962 erschien Frau Bär in unserer Betriebssanitätsstelle. Sie war erneut von ihrem Ehemann geschlagen worden und sagte dort, dass sie die Kur, die sie im November antreten sollte, nicht in Anspruch nehmen kann. Ihr Mann habe ihr Personalausweis und Kurantrag weggenommen." Betriebsschwester Christa habe sofort die Parteileitung des VEB HO Lebensmittel und Konsum der Verkäufer darüber informiert.

Auch der Genossenschaftsverband Konsum des Saalkreises hat etwas zur Charakteristik des geständigen Täters beizutragen. Dabei bekommt auch die „Stadtreinigung" ihr Fett weg. Es sei bekannt, dass Bär in seinem alten Betrieb wiederholt gegen die Arbeitsdisziplin verstoßen habe, schreiben SED-Parteisekretär, Betriebsleiter und Gewerkschafts-Vorsitzender. „Umso unverständlicher ist es, dass die Betriebsparteiorganisation des VEB Stadtreinigung Bär am 16. Mai 1962 als Mitglied in die SED aufgenommen hat."

Das „negative Verhalten" des Kollegen sei auch für den Konsum kein Geheimnis gewesen. „Aber aufgrund eines dringenden Bedarfs an Fleischern, um die Versorgung der Bevölkerung des Saalkreises zu gewährleisten, wurde er eingestellt. Mit dem Hinweis, einen engen Kontakt mit der Parteileitung zu halten, der ihm helfen wird, seine bisherigen Fehler zu überwinden."

Am 12. Dezember befragt VP-Leutnant Föckel die älteste Tochter, Karin. Die Schülerin der 9. Klasse berichtet, dass der

Stiefvater ihre Mutter geschlagen habe. „Auch mich hat er oft verprügelt.". Er sei vielfach betrunken nach Hause gekommen, „dann war er unausstehlich". Einmal habe ihr Stiefvater ihr so lange mit dem Handfeger „auf den Kopf geschlagen, bis das Holz zersplitterte".

Eine Woche später sitzt der Tatverdächtige Föckel gegenüber. Bär spielt seinen Alkoholkonsum herunter. Ja, er habe „ab und zu mal einen getrunken, aber es war nicht so schlimm, wie das andere hinstellen". Und es könne sein. „dass ich meine Frau mal geschlagen habe. Aber es war wirklich nicht so arg".

Dann schildert er, dass er im März 1957 die „Schnauze von der Ehe voll gehabt" habe. „Ich habe meine Frau verlassen und bin illegal nach Westberlin. Dort habe ich 14 Tage bei einer Baufirma gearbeitet und mir die Flugkarte nach Westdeutschland verdient." In Wanne-Eickel habe er als Lokheizer bei der Bundesbahn gearbeitet. „Nach zwei Monaten hat mir meine hochschwangere Frau geschrieben, ich solle zu ihr zurückkommen. Das habe ich dann auch getan."

Während des Verhörs, schiebt er immer wieder die Verantwortung von sich. Seine Ehefrau habe ihm den Geschlechtsverkehr verweigert. Deshalb habe er sich auch ein „außereheliches Verhältnis mit einer Kollegin" gesucht. Zuletzt sei überhaupt kein Auskommen mehr mit seiner Frau möglich gewesen. „Ich trank deshalb immer mehr und kam oft betrunken nach Hause." Dann schildert er das Finale der jahrelangen Ehe-Misere.

Am Nikolaustag 1962 trinkt Bär am Kiosk am Thälmann-Platz eine Flasche Helles. Bevor er nach Hause geht, kauft er dort eine kleine Flasche Weinbrandverschnitt für 3,35 Mark und eine Schachtel Casino. Gegen 16.45 Uhr ist er im Hansering. Er kocht sich Tee und „verfeinert" ihn nach und nach mit dem Weinbrand. Anschließend macht er Abendbrot für die Kinder und bringt sie ins Bett.

Um 20 Uhr hört er hinter sich die Stimme seiner Frau: „Du bist ja noch nicht fertig mit der Hausarbeit." Ursula Bär hatte unbemerkt die Küche betreten. „Ich kann doch nicht hexen", antwortet ihr Ehemann.

Die 35-Jährige geht zum Küchentisch und schnuppert an der Teetasse. Als sie den Schnapsgeruch wahrnimmt, verzieht sie das Gesicht. Wortlos setzt sie sich auf den Stuhl zwischen Herd und Tisch. „Was ist denn nun schon wieder los?“, fragt ihr Mann. Ursula Bär antwortet nicht darauf und fragt ihrerseits: „Du hast wohl kein Geld gekriegt?“

Er: „Wie kommst du denn darauf? Natürlich habe ich Geld bekommen.“

Sie: „Und wieso kriege ich kein Haushaltsgeld von dir?“

Bär geht in den Korridor und holt seine Brieftasche aus dem Mantel. Er legt 150 Mark auf den Küchentisch. Doch seiner Frau ist das zu wenig. „Gib mir die gesamten 200 Mark, die du bekommen hast“, fordert sie. „Du versäufst sie ja doch bloß!“

Max Bär schaltet auf stur: „Dann kriegst du eben überhaupt nichts!“, nimmt er die Scheine wieder vom Küchentisch.

Seine Frau lenkt ein: „Na gut, dann eben die 150 Mark.“

Bär tippt sich mit dem Zeigefinger an die Stirn: „Du weißt auch nicht, was du willst. Du bekommst gar nichts.“

Die Auseinandersetzung wird immer hitziger. „Ich lasse mich scheiden“, sagt die 35-Jährige. „Und die Kinder kommen ins Heim.“

Nach diesen Worten schnappt sich Max Bär seinen Mantel, den er über einen Küchenstuhl gelegt hat und will die Wohnung verlassen. Dabei brüllt er: „Wenn du mir die Kinder nimmst, dann gehst du kaputt. Und wenn wir alle kaputtgehen.“

Doch seine Frau ist noch nicht fertig mit ihm. „Du hast ja schon deine erste Ehefrau wie einen Scheuerlappen behandelt“, schimpft sie. Er hält lautstark dagegen: „Und du hast ein Kind gekriegt und warst nicht verheiratet. Du bist eine Hure.“ Er schlägt ihr ins Gesicht.

Einen Augenblick später sieht er die Schere in der Hand seiner Frau. „Wenn du mir etwas tust, bist du eine Leiche“, schreit sie ihn an.

Bär greift den Hammer, der auf dem Küchenschrank liegt und macht einen Schritt auf seine Frau zu, die am Fenster steht. Ursula Bär schreit vor Angst auf. Da schlägt der 37-Jährige mit ganzer

Kraft gegen den Kopf seiner Ehefrau. Er will sie töten. Doch nach dem Schlag fällt sie nicht um. Sie ruft laut um Hilfe. Bär schlägt ihr erneut auf den Kopf. Ursula Bär bricht zusammen.

Ihr Mann beugt sich zu ihr herunter und zieht sie in eine sitzende Haltung. Dann kniet er sich neben sie und hält sein Ohr an ihren Mund, um festzustellen, ob sie noch atmet. Danach trägt er sie ins Schlafzimmer, legt sie ins Ehebett und bedeckt sie mit einem Federbett.

Als Max Bär am 9. Januar 1963 erneut vernommen wird, schildert er Oberleutnant Grothe und Unterleutnant Becker die Tat anders als einige Tage zuvor. So taucht der „Scherenangriff" gar nicht mehr auf. Den habe er sich nur ausgedacht. Er sagt, dass sein Hass auf seine Frau vor der Tat so groß gewesen sei, dass er den Plan gefasst hatte, sie mit dem Hammer zu erschlagen und sich danach selbst umzubringen. „Ich habe blitzschnell zugeschlagen, als sie am Fenster stand und mir den Rücken zugewandt hatte." Letzteres räumt er allerdings erst ein, nachdem ihm zwei Fotos von den Verletzungen am Hinterkopf seiner Frau vorgelegt werden.

Er habe danach die Spuren verwischen wollen. Die Leiche sollte nicht gleich gefunden werden, wenn jemand die Küche betritt. Deshalb habe er auch die Kinder eingeschlossen. „Ich wollte ihnen den Anblick ersparen. Ich wollte auch Zeit gewinnen, um aus Halle wegzukommen. Deshalb habe ich mit einem Lappen das Blut vom Fußboden, dem Tisch und der Fensterbank weggewischt." Nun gibt er auch zu, im Schlafzimmer mit dem Hammer ebenfalls zugeschlagen zu haben.

Grothe macht Bär auf einen Widerspruch aufmerksam: „Sie sagen, dass Sie von Halle wegwollten, davor haben Sie gesagt, dass Sie sich das Leben nehmen wollten …"

„Ich hatte Angst, mir tatsächlich das Leben zu nehmen."

Gegen 1.30 Uhr sei er mit dem Eilzug nach Leipzig gefahren. „Am Morgen habe ich mir dann eine Sonnenbrille gekauft. Ich wollte noch einmal nach Halle zurück, dort aber nicht gleich erkannt werden." Später sei er „mit der Straßenbahn kreuz und quer durch die Stadt gefahren".

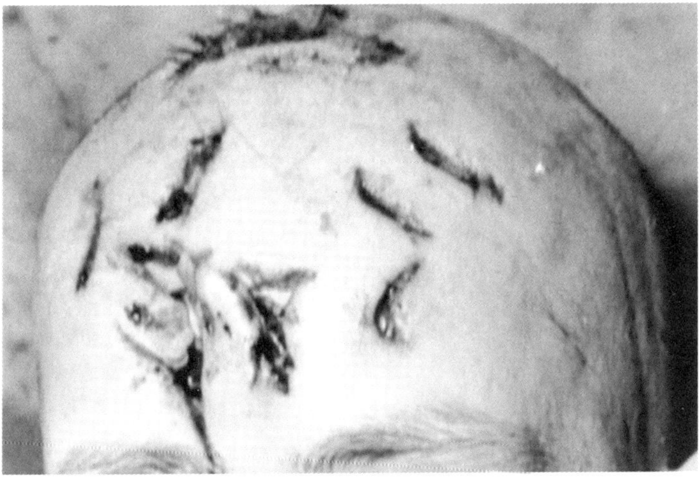

Nachdem die Haare entfernt wurden, sind die Abdrücke des Hammers im Stirnbereich des Opfers zu erkennen

Im Wartesaal habe er danach Kartoffelsalat mit Bockwurst gegessen und eine Limonade getrunken. Weil er die ganze Nacht nicht geschlafen habe, sei er am Tisch eingenickt. „Transportpolizisten haben mich geweckt und meinen Ausweis verlangt. Danach wurde ich aufgefordert mitzukommen." Draußen habe er das Fleischermesser hervorgezogen und es sich in den Leib gerammt.

Am 6. Februar 1963 bringt Bär sein Tatmotiv dann auf den Punkt: „Weil meine Frau mir an diesem Abend gedroht hat, dass sie mich wegen Körperverletzung ins Zuchthaus bringt und die Kinder dann wegbringen will."

Das Gutachten des Nervenarztes der Uni-Klinik für Psychiatrie und Neurologie liegt Ende Mai vor. Das Fazit von Klinikdirektor Professor Rennert: Bär sei eine „primitiv strukturierte, leicht reizbare, affektlabile (durch geringfügige Reize rasche und starke Schwankungen der Grundstimmung), explosible (zu plötzlichen Gewaltanwendungen neigende) Person". Als Ursache für seine „Willensschwäche" sieht der Gutachter „Alkoholmissbrauch, der seine bis zur Brutalität gehende cholerische

Brutalität noch steigern konnte". Empfohlen wird die „Gewährung mildernder Umstände in Anbetracht der charakterlichen und situationsbedingten Besonderheiten".

Mit seiner Reizbarkeit und Neigung zur brutalen Aggressivität dürfte Bär „auch in der Zukunft eine Gefährdung für seine Umwelt darstellen", so Professor Rennert.

Der 2. Strafsenat am Bezirksgericht Halle muss ab dem 16. Juli 1963 über Schuld oder Unschuld des Fleischers Max Bär entscheiden.

Drei Tage später spricht der Vorsitzende Richter Rössner das Urteil: Der Angeklagte wird wegen Totschlags zu lebenslangem Zuchthaus verurteilt.

In seiner Urteilsbegründung richtet Rössner „ernste Worte an die Hausgemeinschaft vom Hansering 1, die es duldete, dass der Angeklagte ständig seine Ehefrau misshandelte und bedrohte. Sein Verhalten war der Hausgemeinschaft zur Genüge bekannt und hätte Veranlassung sein müssen, sich mit ihm im Rahmen des Kollektivs auseinanderzusetzen."

Und an Bär gerichtet: „Der Angeklagte vernichtete ein Menschenleben. Er beging damit eines der schwersten, in unserer Republik dank der sozialistischen Gesellschaftsordnung höchst seltenes, Verbrechen, das letztlich auf seine Trunksucht zurückzuführen ist."

Anklage und der Beschluss zur Eröffnung einer Hauptverhandlung hätten Bär Mord zur Last gelegt, weil er getötet habe, um eine Straftat zu verdecken – nämlich die erhebliche Körperverletzung am 29. Oktober 1962. „Für das Gericht ist es jedoch erwiesen, dass ein Verdeckungsmotiv nicht vorlag, weil die Körperverletzung inzwischen bekannt war, im Betrieb und im Haus, und der Senat davon ausgeht, dass der Angeklagte dieses Motiv nicht im Sinn hatte, als er seine Ehefrau tötete."

Die Rechtsanwälte Kollberg legen Berufung ein. So sei die Tatsache, dass sich der Angeklagte in ärztliche Behandlung begeben habe, um von seiner Alkoholkrankheit wegzukommen, im Urteil nicht genügend berücksichtigt worden. Zudem habe

Bär „nach seiner Tat tiefstes Bedauern empfunden“. Er habe lediglich deshalb nicht Selbstmord begangen, weil ihm dazu der Mut gefehlt habe.

Das Oberste Gericht der DDR weist am 19. August 1963 den Antrag als unbegründet zurück. Die Vorsitzende des 5. Strafsenats, Oberrichterin Heymann, kommt zu dem Schluss: „Es wird die Ansicht vertreten, dass es sich um einen ganz brutalen Tötungsdelikt handelte, der die schwerste, nach dem Gesetz mögliche, Bestrafung nach sich zu ziehen habe. Die vom Bezirksgericht Halle ausgesprochene Strafe sei also zu Recht erfolgt.“

Durch Gnadenentscheid des Staatsrats der DDR vom 30. November 1978 wird der 54 Jahre alte Bär am 28. Februar 1979 aus dem Zuchthaus Brandenburg nach Halle entlassen.

DER MORD DES SCHWEINEPRINZEN

Kurz vor seinem Prozess am Landgericht Halle am 15. November 1963 bittet Klaus-Dieter Brandt* in der Untersuchungshaftanstalt Halle um Papier und Stift. Er bekommt ein unliniertes Schulheft und einen Füllhalter. Im Beisein eines Mitarbeiters des „Vollzugsorgans" schreibt er auf sechseinhalb A4-Seiten sein Geständnis. Es beginnt mit dem Satz: „Als ich am 26.7.1963 früh zur arbeit ging hatte ich noch nicht daran gedacht das ich am Abend den Fuhrmann* töten würde." Dann beschreibt der 22 Jahre alte Viehpfleger der LPG „Neue Zeit" in Roitzsch, Kreis Bitterfeld, wie er am Tattag den 2. Vorsitzenden der Landwirtschaftlichen Produktionsgenossenschaft und Leiter der Viehzuchtbrigade im Schweinestall erstochen hat.

Auf Seite 6 schildert er die letzten Sekunden seiner Tat: „Als Herr Fuhrmann vor mir herging, dachte ich an nichts mehr. In meinem Kopf drehte sich alles durcheinander. Ich sprang im Stall auf ihn und stach zu. Ich merkte nur noch, wie er mir die Kehle zudrückte. In mir wurde alles ganz schwer, und ich stach vor Angst noch einmal zu, und er lief schreiend fort."

Er endet mit: „Ich bitte das Hohe Gericht, meine Strafe nicht zu hoch anzusetzen und mir zu glauben, dass ich die Tat in normalem Zustand nie begangen hätte und dass ich meine Tat wirklich bereue."

Einige Monate zuvor.

Am 26. Juli gegen 20.45 Uhr klingelt beim zuständigen Abschnittsbevollmächtigten der Volkspolizei Roitzsch I das Telefon. Bei Unterleutnant Zabel meldet sich der Vorsitzende der LPG „Neue Zeit". Der Dorfpolizist fragt: „Na, wie steht's denn? Kühe und Schweine gesund? Und wie geht es der Familie?" Aber dem Genossenschaftsbauer ist nicht nach Scherzen zumute.

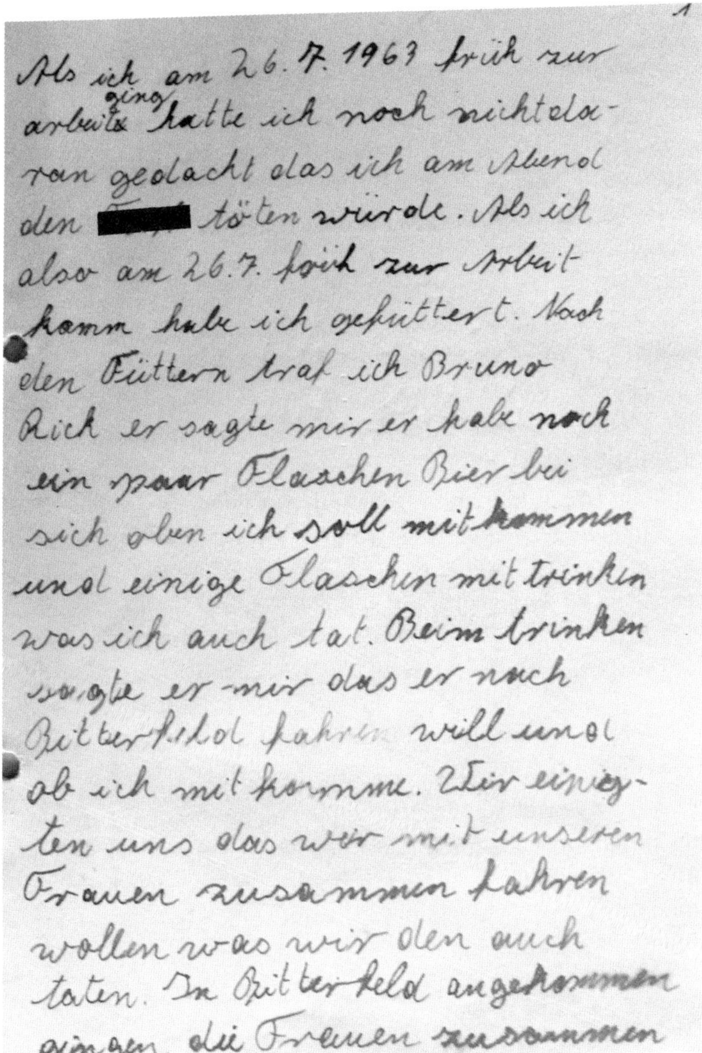

1

Als ich am 26.7.1963 früh zur
arbeit ging hatte ich noch nicht da-
ran gedacht das ich am Abend
den [redacted] töten würde. Als ich
also am 26.7. früh zur Arbeit
kamm habe ich gefüttert. Nach
den Füttern traf ich Bruno
Rich er sagte mir er habe noch
ein paar Flaschen Bier bei
sich oben ich soll mitkommen
und einige Flaschen mit trinken
was ich auch tat. Beim trinken
sagte er mir das er nach
Bitterfeld fahren will und
ob ich mit komme. Wir einig-
ten uns das wir mit unseren
Frauen zusammen fahren
wollen was wir den auch
taten. In Bitterfeld angekommen
gingen die Frauen zusammen

Die erste Seite des Geständnisses, das der Mörder in ein unliniertes Schulheft schrieb

„Lass mal, was ich melden will, ist blutiger Ernst. Auf dem LPG-Hof ist eine große Schweinerei passiert."

„Was ist denn los, was genau?"

Doch Dieter Schulz* brüllt nur in den Hörer: „Mensch, frag doch nicht so viel! Setz dich auf deine Schwalbe und komm zum Hof!"

Ehe Zabel noch etwas erwidern kann, hört er schon das Freizeichen. „Aufgelegt", sagt er zu sich selbst. Er kennt den Vorsitzenden als ruhigen Menschen, den so schnell nichts aus dem Gleichgewicht bringt. Wenn er so neben sich steht, muss es sich um etwas außergewöhnlich Wichtiges handeln. Er ruft seine Dienststelle, das Polizeikreisamt in Bitterfeld, an und informiert den Diensthabenden vom Gespräch mit dem LPG-Vorsitzenden. Dann zieht er sich seine Uniformjacke über und tritt sein Moped an. Fünf Minuten später fährt er auf den LPG-Hof.

Zur selben Zeit ruft Schulz Bürgermeister Heinz Klepzig an: „Du musst zur LPG kommen. Hier gibt es Mord und Totschlag!" Nachdem er aufgelegt hat, geht er auf den Hof und wartet auf den ABV.

„Was ist denn nun los?", fragt Zabel, nachdem er sein Dienstfahrzeug abgestellt hat.

„Meinem Stellvertreter, dem Fuhrmann, ist in den Hals gestochen worden. Er lebt zwar, aber er muss sofort ins Krankenhaus", antwortet Schulz. „Dr. Heine von der Poliklinik ist schon im Haus von Fuhrmann. Und der Krankentransport ist informiert. Wir haben wohl auch schon den Burschen, der das gemacht hat. Der ‚Schweineprinz' stand völlig besoffen am hinteren Stalltor. Seine Hände und sein Hals sind voller Blut. Finke*, Böll* und der Jacobi* passen auf ihn auf. Aber der Brandt ist sowieso dermaßen voll, dass er gar nicht abhauen kann."

Der ABV geht ins LPG-Büro. Dort sitzt Brandt und schläft laut schnarchend, den Kopf weit in den Nacken gelegt. Der Polizist weckt ihn: „Bürger Brandt, Sie sind vorläufig festgenommen! Haben Sie das verstanden?" Und als der Gefragte mit einem Nicken antwortet, durchsucht er ihn. Doch außer 45 Mark in Scheinen, einer angebrochenen Schachtel „Casino", Streichhölzern und einem Schlüsselbund hat er nichts in den Hosentaschen.

Melker Finke berichtet dem Polizisten, was seine Schwiegermutter gesehen hat. „Anna hat so gegen 21.30 Uhr vom Fenster aus gesehen, wie Fuhrmann hinter Brandt her ist – Richtung Schweinestall. Fuhrmann soll stark geblutet haben. Sie sagte, dass sie ihn erst gar nicht erkannt hat. Fuhrmann sei dann aber stehen geblieben, habe sich umgedreht und soll ganz langsam zurückgegangen sein."

Bei ihrer Aussage bei der Polizei ein paar Stunden später fügt die 65-Jährige hinzu, dass Brandt, der als Viehpfleger für die Schweine der LPG zuständig ist, auf den Strohboden über dem Schweinestall klettern wollte. Doch er sei von der Leiter abgerutscht oder gesprungen und unten liegen geblieben. Kurze Zeit später sei Brandt in den Stall getorkelt.

Der ABV ernennt die drei Bauern zu „Hilfssheriffs" und vergattert sie, weiterhin auf Brandt aufzupassen. Er alarmiert inzwischen die freiwilligen Helfer der Volkspolizei und beauftragt sie, nach Bruno Reck* zu suchen. Er hat erfahren, dass Brandt und Reck tagsüber zusammen auf Kneipentour waren. Letzterer war allerdings nicht zu Hause angetroffen worden.

Reck wird kurze Zeit später in der Gaststätte „Stadt Berlin" ausgemacht. Der Unterleutnant gibt den Befehl, die Dorfkneipe im Auge zu behalten und zu verhindern, dass sich der Beobachtete aus dem Staub macht. Als Bruno Reck nach Hause gehen will, wird er von den eifrigen VP-Helfern in die Mitte genommen und „zur Klärung eines Sachverhalts" zum Wirtschaftsgebäude der LPG eskortiert.

Dort sitzt der Bürgermeister in seinem Büro. Er hört lautes Geschrei auf dem Flur und sieht die Männer, die versuchen, Reck in ein Zimmer zu schieben. Doch der wehrt sich mit der Kraft eines Betrunkenen dagegen. „Lasst man, Kollegen", geht Klepzig auf die Gruppe zu. „Was willst 'n du noch?", lallt der Bauer.

„Nun bleib mal stille", versucht das Ortsoberhaupt zu beschwichtigen. „Die Genossen der VP haben nur ein paar Fragen an dich, wegen Brandt."

Doch das besänftigt Reck nicht. „Wenn ich in den Knast gehe, dann gehen noch andere mit.“ Und er nennt drei Namen – darunter auch den von Fuhrmann –, die seiner Meinung nach die Genossenschaft beklaut haben: „Futter für die privaten Kühe.“

Um 21.40 Uhr treffen die Kriminalisten vom Bitterfelder Polizeikreisamt ein. Brandt wird zum Fahrzeug des Einsatzkommandos geführt. Der Verdächtige muss gestützt werden, so sehr schwankt er. Aber er leistet keinerlei Widerstand. Er versuchte sogar, einen Scherz zu machen: „Ich kann nur langsam gehen“, brabbelt er, „weil ich besoffen bin.“ Kurz darauf bringen die Polizisten auch Reck zum Auto.

Inzwischen hat Unterleutnant Heilmann mit der Außenstelle der Poliklinik Bitterfeld in Roitzsch telefoniert und sich nach dem Zustand Fuhrmanns erkundigt. Dr. Heine hatte ihm mitgeteilt, dass der Viehzuchtbrigadier eine Stichverletzung am Hals hat und dadurch die Schlagader verletzt wurde. „Aufgrund der Lebensgefahr wurde nur ein Druckverband angelegt und Fuhrmann sofort ins Krankenhaus gebracht“, lautet die Auskunft des Arztes. Verletzungen am Tatverdächtigen werden später nicht festgestellt.

Gegen 22 Uhr wird Marga Brandt*, die Ehefrau des Mannes, gegen den ein Ermittlungsverfahren wegen Totschlagsverdachts eingeleitet wurde, befragt. Sie schildert den Tagesablauf: „Heute waren mein Mann und ich in Bitterfeld beim Rat des Kreises.“ Zweieinhalb Stunden später seien sie mit dem Zug in Roitzsch zurückgewesen. „Mein Mann ging in den Kuhstall, um auszumisten und zu melken.“ Sie selbst sei mit einer Kollegin in den Schweinestall gegangen, um zu füttern. Nachdem sie gegen 16.30 Uhr mit der Arbeit fertig gewesen sei, habe sie eingekauft und „danach bin ich in den Stall zu meinem Gatten gegangen. Doch er war nicht da.“

Er habe in der „Grünen Tanne“ mit einem Kollegen gesessen. Gemeinsam seien sie nach Hause gegangen. „Ich musste dann zum Zahnarzt. Auf dem Rückweg traf ich einen Kollegen meines

Mannes. Der lud mich auf ein Bier in die Gaststätte ‚Charlottenburg‘ ein.“

Der Schreck sei ihr in die Glieder gefahren, als sie kurze Zeit später in ihrer Wohnung einen Brief ihres Mannes gefunden habe. „Darin stand, dass er sich das Leben nehmen will. Ich habe mir von der Stellwerkerin am Bahnübergang Serbitz ein Fahrrad geborgt, um meinen Mann zu suchen.“

Es ist nicht das erste Mal, dass der Viehpfleger seinen Suizid angekündigt hat. Seine Ehefrau hat schon zweimal dafür gesorgt, dass es nicht zum Selbstmord kam. Einmal holte sie den Lebensmüden von den Schienen der Bahnlinie Berlin–Halle herunter. Beim zweiten Mal hatte er Schlangengiftsalbe geschluckt. Sie hatte einen Arzt aus Roitzsch alarmiert. Als Grund für seine Suizidversuche hatte er seiner Frau genannt, dass er zwar seine Arbeit im Stall gerne mache, aber Brigadier Fuhrmann ständig an ihm herumkritisieren würde.

Sie habe zuerst die Kneipen der Umgebung abgeklappert. „In ‚Zur guten Quelle‘ habe ich ihn gefunden und gesagt, dass er nach Haus kommen soll. Er wollte nur noch mal schnell aufs Klo. Aber er kam nicht wieder.“

Sie sei weiter mit dem Fahrrad herumgefahren. „Nach einer ganzen Weile hat mir eine Bekannte gesagt, dass sie gesehen hat, wie mein Mann in der Wilhelm-Pieck-Straße durch das LPG-Tor gegangen ist. Ich bin hinterher. Auf dem Hof kam mir ganz schnell der Melker Finke entgegengelaufen. Er lief zum LPG-Vorsitzenden. Da habe ich mir schon gedacht, dass etwas passiert ist.“

Kurz darauf habe sie die Tochter des stellvertretenden Vorsitzenden Fuhrmann mit dem Moped vom elterlichen Hof wegfahren sehen. „Sie hat gerufen: ‚Den schlage ich tot!‘ Ich habe gefragt: ‚Wen, meinen Mann?‘ Und sie hat geantwortet: ‚Ja.‘“

Sie sei zur Wohnung der Fuhrmanns gelaufen und habe den Stellvertreter im Flur in den Armen seiner Frau liegen sehen. „Er war blutig am Hals.“

Dann berichtet Marga Brandt über das angespannte Verhältnis zwischen Fuhrmann und sich. So habe er sie öfter unflätig beschimpft, weil er mit ihrer Arbeit nicht zufrieden gewesen sei. Worte wie „du faules Schwein“ und „du Arschloch“ seien gefallen. Auch sei der stellvertretende LPG-Vorsitzende ihr gegenüber unter Zeugen tätlich geworden. „Am 25. Juli dieses Jahr hat er mir mit seinem Finger gegen meine Lippen geschnipst“, sagt die 23-Jährige. „Dann hat er mir mit dem Handrücken auf den Mund geschlagen.“ Am betreffenden Tag sei sie zu ihrem Mann gelaufen, der in der Gaststätte „Stadt Berlin“ gesessen habe. „Erst wollte ich den Vorfall der Kriminalpolizei melden. Doch dann bin ich zum Parteisekretär gegangen. Genosse Siebert hat mir versprochen, das Vorkommnis bei der nächsten Parteiversammlung zur Sprache zu bringen. Doch ich habe davon nichts mehr gehört.“

Trotz der ständigen Auseinandersetzungen mit Fuhrmann und der „Wut“, die ihr Mann deshalb hatte, habe sie „niemals damit gerechnet“, dass er dem 55-Jährigen etwas antun könnte.

Allerdings sagt der Kollege des Verdächtigen, Bruno Racker*, im VPKA Bitterfeld aus, dass Brandt am Tatabend in der „Grünen Tanne“ geäußert habe: „Der Fuhrmann kriegt heute Abend noch etwas ab.“ Er habe ihm entgegnet: „Mensch, Dieter, mach doch keinen Quatsch. Geh nach Hause! Du hast doch den Kanal voll.“ Doch Brandt habe wiederholt: „Der kriegt noch was ab.“

Er sei dann „nach ‚Huth‘ gegangen“ und habe mit der Ehefrau Brandts, die er auf dem Weg zur Kneipe getroffen hatte, ein paar Bier und Schnäpse getrunken. „Eine halbe Stunde, nachdem Marga Brandt gegangen war, kam sie völlig aufgelöst zurück und schrie: ‚Bruno, stell dir mal vor, Dieter hat den Fuhrmann erstochen.‘ Das haben alle in der Gaststätte gehört.“ Er habe geantwortet: „Ach, Marga, mach keinen Quatsch. Es wird schon nicht so schlimm sein.“ Ihre Reaktion sei gewesen: „Doch, doch, es stimmt.“

Ein weiterer Zeuge gibt zu Protokoll, dass er am Abend des 26. Juli in Roitzsch auf der Wilhelm-Pieck-Straße gehört habe, wie Dieter Brandt sagte: „Das lass ich nicht auf mir sitzen, da passiert heute Abend noch was.“

Was sich unmittelbar vor der Messerattacke zugetragen hat, schildert Christa Fuhrmann*, die Tochter des Opfers, einen Tag nach der Tat: „Mein Vater hatte am 25. Juli bis in die späte Nacht Säcke abgeladen. Er war fix und fertig und wollte sich am nächsten Tag früh hinlegen. So gegen 20.30 Uhr stand der Brandt an unserem Zaun und rief nach meinem Vater." Ihre Mutter sei ans Fenster gegangen und habe gefragt, wer da ist, so die 18-Jährige weiter. „Ich habe dann gehört, dass Brandt geantwortet hat: ‚Der Berthold soll schnell in den Stall kommen. Eine Sau ferkelt schlecht.'"

Ihre Mutter habe daraufhin gesagt: „Kannst du das nicht alleine regeln. Ihr müsst doch nicht bei jeder Kleinigkeit meinen Mann holen."

Trotz der Worte ihrer Mutter sei der Vater sofort zum Stall hinübergelaufen. „Nach etwa zehn Minuten habe ich einen Schrei gehört. Ich habe richtig Angst bekommen. Dann habe ich meinen Namen gehört: ‚Christel!'"

Sie sei zum Fenster gegangen, fährt der Lehrling fort, habe aber niemanden gesehen. „Im selben Augenblick sah ich meinen Vater über den Hof laufen. Er war blutüberströmt. Das Blut spritzte aus seinem Hals. Ich bin die Treppe runtergelaufen und mein Vater sagte: ‚Brandt hat mich gestochen.'" Der Vater sei hin und her geschwankt. „Ich habe gleich das Moped genommen und bin zu Dr. Heine gefahren."

Inzwischen liegt auch ein sogenannter Aufklärungsbericht zur Person des Tatverdächtigen vor. Daraus geht hervor, dass Brandt aus „ungeordneten Verhältnissen" stammt. Sein Vater sei „zuerst in die Westzone gegangen", wo er nach der Scheidung wieder heiratete. Seine Mutter habe ebenfalls wieder geheiratet und sei 1956 auch illegal in den Westen gereist. „Brandt musste mit der Mutter mit und pendelte im Westen zwischen Vater und Mutter. Später kam er ins Heim."

In Westdeutschland habe Brandt verschiedene Arbeitsstellen gehabt, es aber nirgendwo lange ausgehalten. Bei seinen Kollegen habe er sich gebrüstet: „Den Westen kenne ich vom Norden bis zum Süden." In der Westzone wurde er wegen schweren Diebstahls zu sieben Monaten Haft verurteilt.

Bei seinem Aufenthalt in der BRD habe er seine Ehefrau Marga kennengelernt, „die die DDR ebenfalls illegal verlassen hatte". Im April 1962 sei er mit ihr in die DDR zurückgekommen. Er habe in der LPG Roitzsch eine Stelle als Aushilfe im Kuhstall bekommen, danach sei er als Schweinepfleger eingesetzt worden. Er wechselte zur Futterbrigade und dann zum Feldbau. Auf Wunsch des Viehzuchtbrigadiers Fuhrmann habe er ab Februar 1963 wieder im Schweinestall gearbeitet. „Seine Leistungen haben weit unter dem Durchschnitt gelegen", heißt es im Bericht des Kommandos Aufklärung der Kriminalpolizei. „Er hatte keine Lust zur Arbeit und bummelte oft. Unter seiner Verantwortlichkeit war eine hohe Ferkelsterblichkeit zu verzeichnen."

Der schwerste Vorwurf lautet: „Brandt habe Ferkel der LPG auf eigene Rechnung verkauft." Deshalb sollte ein Ermittlungsverfahren wegen Diebstahls gegen ihn eingeleitet werden. „Seine Einstellung zu unserem Staat war ablehnend. In der Gaststätte äußerte er sich so, dass es in der DDR nur Lumpen gibt."

Was war nun am 26. Juli tatsächlich geschehen?

An jenem Tag ist Brandt gegen 7 Uhr an seinem Arbeitsplatz. Er füttert die Schweine. Danach fahren er, seine Ehefrau Marga sowie vier Kollegen aus dem LPG-Kuhstall nach Bitterfeld. Die Frauen machen einen Geschäftebummel und die drei Männer trinken inzwischen ein paar Bier. Kurz vor 12 Uhr treffen sich alle am Bahnhof und bestellen vor Abfahrt des Zuges noch jeder zwei Gläser. Wieder in Roitzsch geht es in die „Grüne Tanne". Und da der Tag noch jung ist, wird weitergetrunken. Brandt bestellt bis 13.30 Uhr zwei Schnäpse und fünf Bier. Dann gehen die Männer in den Kulturraum der LPG und schalten den Fernseher ein. Nachschub ist da: zwölf Flaschen Bier.

Um 15 Uhr ruft die Arbeit. Doch Bruno Reck ist kaum noch in der Lage zu laufen. Er lallt nur noch: „Ick bin voll. Du musst mir im Stall helfen." Brandt nickt nur und geht in den Kuhstall. Gegen 18 Uhr ist der Trinkfeste fertig und lenkt seinen Schritt

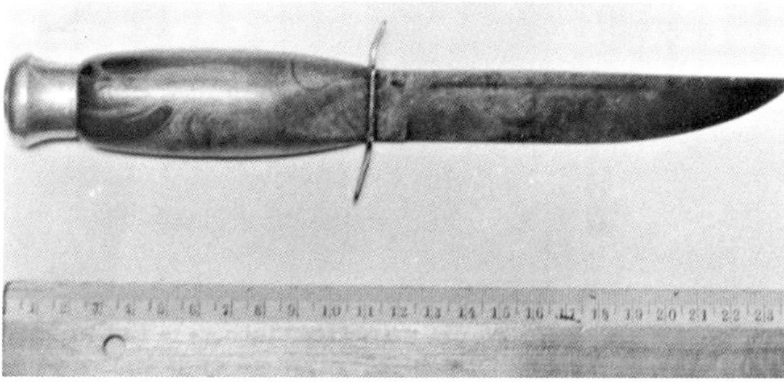

Das Tatmesser: Klingenlänge 13 Zentimeter

direkt wieder in die „Tanne“. Dort sitzt bereits Reck. Brandt trinkt vier Flaschen Bier.

Die Feierlaune wird nur dadurch unterbrochen, dass Brandts Ehefrau an den Kneipentisch kommt und ihn auffordert, mit seinem Kind nach Hause zu gehen, weil sie noch einen Zahnarzttermin hat. Murrend nimmt er seinen Sohn an die Hand und geht in die Wohnung. Dort legt er Uwe gegen 19 Uhr schlafen.

Er geht zum Kleiderschrank und nimmt 50 Mark aus dem vorderen Fach. Dann setzt er sich an den Tisch und denkt nach. Plötzlich kommt ihm alles so sinnlos vor: seine Arbeit, sein ewiger Streit mit dem Brigadier. Als er daran denkt, dass Fuhrmann seine Frau geschlagen hat, wird ihm vor Wut beinahe schwarz vor Augen. „Damit kommst du nicht durch“, knirscht er mit den Zähnen. „Mein Leben besteht doch eigentlich nur aus arbeiten, essen und trinken“, ist er unzufrieden.

Er schneidet von einem Brief, den er vom Bitterfelder Rechtsanwalt Boeck am 16. Juli 1963 bekommen hat, die obere Hälfte ab und schreibt mit krakeligen Buchstaben: „Meine einzige geliebte Marga u. mein Herzallergeliebtes Uwilein. Ich nehme Heute Rache für euch alle erzähle nie was ich für ein Schwein war die letzten grüße meiner immer Geliebten Marga und Uwe. Erzähle dem Kleinen nie was sein Vater für ein Schwein war in ewiger Liebe Dieter“ Dann reißt er von Seite 31 der „Deutschen Bauern Zeitung“, Ausgabe Nr. 29, den unteren Rand ab, krakelt noch ein paar fast unleserliche Zeilen darauf. Auch den Briefumschlag des Rechtsanwalt beschreibt er: „In was für lage du auch bist denke immer an mich den ich habe dich immer geliebt dein Dieter Brandt.“ Und auf der Rückseite: „Das Geld ist in meiner Tasche.“ Dann steckt er die beiden Schriftstücke in das Couvert.

Er geht zum Kocher. Dort liegt ein großes Fahrtenmesser, das als Büchsenöffner dient. Nun ist er sich ganz sicher, was er tun will. „Ich wische dem Fuhrmann eins aus! Ich steche das Schwein ab!“ Er steckt die scharfe Klinge ein und macht sich auf den Weg zur „Quelle“. Er will sich noch etwas Mut antrinken, bevor er zur Tat schreitet. Er setzt sich an den Tisch gleich neben der Theke und trinkt für fünf Mark Bier. Nach kurzer Zeit stürmt seine Frau ins Lokal. „Komm mit nach Hause!“, sagt sie, und Brandt, dem das Institut für gerichtliche Medizin und Kriminalistik der Martin-Luther-Universität später „erhebliche Alkoholbeeinflussung“ (1,5 Promille) attestiert, sieht ihr die Erleichterung an, ihn gefunden zu haben. „Ich will nur noch schnell aufs Klo“, sagt der „Schweineprinz“, wie er im Dorf genannt wird, in der Gaststube. „Warte hier!“ Doch tatsächlich geht er hinten raus und schlägt den Weg zur LPG ein. Am Hoftor ruft er nach Fuhrmann: „Brigadier, kommen Sie mal runter!“ Adeline Fuhrmann* erscheint am Fenster und fragt, was es gebe. „Im Schweinestall ist was los. Er soll mal runterkommen.“

Brandt hat sich vorgenommen, den gehassten Mann im Stall zu überfallen, weil er seine Frau geschlagen hat. Der „Schweineprinz“ wartet etwa fünf Minuten vor dem Hoftor. Nachdem Fuhrmann die Treppe heruntergekommen ist, fragt er: „Im großen oder im kleinen Stall?“

„Im großen“, antwortet Brandt. Dann gehen beide schweigend zu den 150 Meter entfernten Ställen. Brandt hat das Messer in der rechten Hosentasche und folgt seinem Chef im Abstand von zwei, drei Schritten.

Brandt öffnet mit beiden Händen das schwere Rolltor gerade so weit, dass sie hindurchkommen, und betritt hinter Fuhrmann den Sauenstall. Er schaltet das Licht ein. Unmittelbar danach greift er in seine Hosentasche und zieht das Fahrtenmesser he-

Der Eingang zum Schweinestall (3); die Zeichen auf der Erde bezeichnen eingetrocknete Blutstropfen

raus. Fuhrmann, der mit dem Rücken zu ihm steht, dreht sich nach links um. Er will etwas sagen. Doch dazu kommt er nicht mehr. Der Viehpfleger holt aus und sticht ihm kräftig gegen die Hüfte. Der völlig überraschte LPG-Vize starrt sein Gegenüber mit weit aufgerissenen Augen an und murmelt: „Ein Messer.“ Er greift dem Angreifer mit beiden Händen an den Hals und würgt ihn. Brandt holt erneut aus und sticht zu. Diesmal trifft er die linke Halsseite seines Opfers. Fuhrmann schreit laut auf und läuft aus dem Stall.

Brandt rennt zum zweiten Schweinestall nebenan, ohne sich weiter um den Schwerverletzten zu kümmern. „Wenn der noch laufen kann, wird es wohl nicht so schlimm sein“, schießt es ihm durch den Kopf. Dass sein Opfer wenige Stunden später tot sein wird, ahnt der Messerstecher da noch nicht.

Später, als Brandt und sein Kollege Reck im Auto des Schnellkommandos zur Alkoholkontrolle ins Kreiskrankenhaus Bitterfeld gefahren werden, schimpft Reck: „Wie kannste bloß solchen Blödsinn machen und den Fuhrmann mit dem Messer stechen.“

Der Tatort, links an der Wand befinden sich zahlreiche Blutspritzer

Brandt antwortet: „Schade, dass ich ihn nicht ganz erstochen habe."

Dann wendet sich Reck an seinen Bewacher Unterleutnant Hoffmann: „Ihr könnt mich ja sowieso nicht länger als 24 Stunden dabehalten. Ich habe mit der ganzen Sache nichts zu tun."

Brandt schreit ihn an: „Mensch, halt doch deine Schnauze! Ich verstehe auch nicht, warum die dich mitgenommen haben."

Die Kriminalpolizei bekommt ein paar Stunden später die Ablichtung der „Unfallkarteikarte" vom Arzt. Darauf bescheinigt Dr. Köstler, dass sich an der linken Halsseite Fuhrmanns eine zwei Zentimeter lange, unscharf begrenzte Schnittwunde befindet. Die Blutung sei zum Stillstand gekommen. Unter Lokalanästhesie habe man dann mit dem Eingriff an der Schlagader begonnen. Doch dabei habe sich der Zustand des Patienten durch Erstickungsanfälle verschlechtert. Die Versorgung der Schlagader sei deshalb unterbrochen und ein Luftröhrenschnitt durchgeführt worden. Die Atmung habe sich stabilisiert. Der Patient sei wieder zu Bewusstsein gekommen. Im weiteren Verlauf der Notoperation wurde die Halsschlagader freigelegt. Als der Nervus vagus, der zehnte Hirnnerv, seitlich von der Körpermitte abgehalten wurde, sei es zum plötzlichen Reflextod des 54 Jahre alten Patienten gekommen.

Vorerst wird wegen Totschlags ermittelt. Das Kreisgericht Bitterfeld erlässt Haftbefehl. Brandt wird in die Haftanstalt der Volkspolizei in Halle gebracht. Auf dem Einlieferungsschein wird vermerkt: „Vorsicht! – gewalttätig."

Das Institut für gerichtliche Medizin stellt bei der Leichenöffnung fest, dass der nach vorn verlaufende Ast der großen gemeinsamen linksseitigen Halsschlagader vollständig abgetrennt ist. „Verblutung nach außen, reflektorisches Herzversagen infolge Stichverletzung der linken Halsschlagader", lautet die Todesursache.

Inzwischen kümmert sich die Kripo, wie es bei jedem Ermittlungsverfahren der DDR üblich war, auch um die politische Einstellung des Tatverdächtigen. Paul Kramer*, Schweinemeister in der LPG „Neue Zeit" Roitzsch, sagt, dass er „nie feststellen konn-

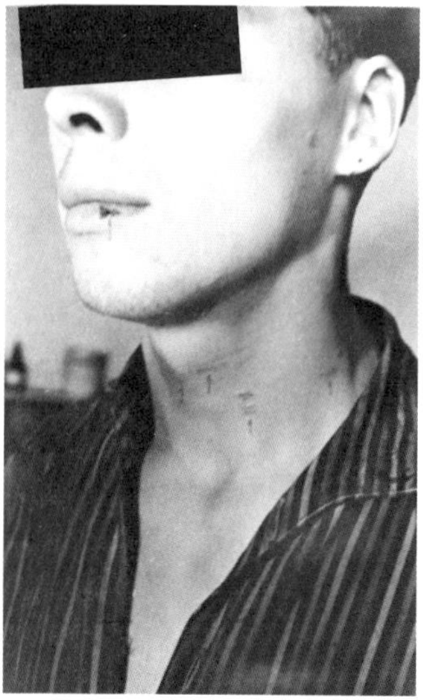

Kratzwunden am Hals des Täters (Pfeile)

te, dass er uns oder dem Staat gegenüber feindlich eingestellt war". Als Grund dafür, dass er von Westdeutschland zurückgekommen ist, gab er an, dass er drüben nicht Soldat werden wollte. Doch als er dann in der DDR für die Volksarmee gemustert wurde, sagte er: „Hätte ich das gewusst, wäre ich im Westen geblieben."

Hervorgekehrt habe er des Öfteren, dass es „in Westdeutschland mehr zu kaufen gibt. Die Schaufenster sind voll und man kann alles auf Kredit kaufen. Einen Fernseher braucht man nur anzuzahlen, und er wird nach Hause geliefert." Eine ständige Aussage Brandts sei gewesen, dass die DDR besser daran getan hätte, die Einzelbauernwirtschaften nicht abzuschaffen. Er meinte, dass bei der Bildung der Produktionsgenossenschaften „nichts herausgekommen ist". „Ich habe geantwortet, dass mit solchen Faulpelzen wie ihm natürlich kein Blumentopf zu gewinnen ist." Brandt habe dann immer den letzten Großbauern im Dorf als Beispiel genannt und gesagt, dass der wirtschaftlich viel besser dastünde, als die LPG.

Am 27. August 1963 sitzt Brandt zum zweiten Mal seinen Vernehmern VP-Leutnant Becker und VP-Hauptmann Grieß gegenüber. „Ich habe den Fuhrmann hauptsächlich deshalb erstochen, weil er laufend an meiner Arbeit herumgemeckert hat", gibt er nun als Grund für seine Tat an. Und Tätlichkeiten gegenüber seiner Ehefrau rückt er in ein anderes Licht: „Ich war es selbst, der meine Frau des Öfteren mit der Hand ins Gesicht geschlagen hat. Aber dafür hatte ich auch immer Grund, da meine Frau körperlich nicht sehr sauber war und auch den Haushalt nicht so in Ordnung hielt, wie ich es wollte. Ich regte mich sehr darüber auf, dass Fuhrmann meine Frau geschlagen hat. Ich bin der Meinung, dass nur ich sie schlagen darf." Doch der Schlag, den Fuhrmann ausgeteilt habe, sei „nur der Funke ins Pulverfass gewesen".

Nun räumt er auch ein, zwei Schweine der LPG gestohlen zu haben. Er habe eigene kleine Schweine, jedes um die zehn Kilo schwer, gegen zwei größere, fast doppelt so schwere LPG-Tiere ausgetauscht. Die Schweine habe er später an einen Kollegen für 320 Mark verkauft. Der Diebstahl, den Fuhrmann später entdeckt hatte, sei auch der Grund für den Streit zwischen dem Schweinemeister und seiner Frau sowie für die Ohrfeige gewesen.

„War das der einzige Diebstahl, den Sie in der LPG begangen haben?", will Becker wissen.

„Ich habe noch zwei weitere Schweine gestohlen", gibt Brandt zu. „Das eine hat sechs Kilo gewogen. Ich habe es für zehn Mark verkauft. Nachdem die Sache aufgeflogen ist, musste ich 32 Mark an die Genossenschaft bezahlen. Das andere Schwein habe ich großgefüttert und dann für 200 Mark verkauft."

Im Dorf ist man sich einig, dass der Täter streng bestraft werden muss. Gemeinderatsmitglied Heinz Dassau* sagt bei seiner Aussage vor der Morduntersuchungskommission des Bezirks Halle: „Die Meinung ist, dass der Brandt mit lebenslangem oder 25 Jahren Zuchthaus bestraft werden müsste. Ich habe noch keine Person gehört, welche die Handlung des Brandt bemäntelt oder verniedlicht." Er sei bereit, vor Gericht die Funktion des „gesellschaftlichen Anklägers" zu übernehmen, so der Mitarbeiter des Rates des Bezirkes.

Am 14. November 1963 beginnt vor dem 2. Strafsenat des Bezirksgerichts Halle die Hauptverhandlung gegen Brandt. Zwei Prozesstage später, am 18. November, verkündet Oberrichter Mielich die Entscheidung: „Der Angeklagte wird wegen Mordes zu lebenslangem Zuchthaus verurteilt." Damit entspricht das Gericht dem Antrag von Staatsanwalt Trautmann, der, anders als im Ermittlungsverfahren, nicht auf Totschlag, sondern auf Mord plädiert hatte.

„Der Angeklagte hat eines der schwersten Verbrechen begangen, die im Gegensatz zu Westdeutschland in unserer sozialistischen Gesellschaft kaum noch in Erscheinung treten, da bei uns die Beziehungen zwischen den Menschen durch kameradschaftliche Hilfe und gegenseitige Achtung bestimmt werden", verkündet Mielich die propagierte Staatsdoktrin. „Das vom Angeklagten begangene Verbrechen hat die Wurzel in seiner, ihm noch aus Westdeutschland anhaftenden imperialistischen Ideologie, der die Menschenverachtung und Menschenvernichtung zugrunde liegt."

Der Verurteilte sitzt 16 Jahre hinter Gittern. Am 1. Dezember 1979 wird Brandt nach Gnadenentscheidung des DDR-Staatsrats aus dem Gefängnis Brandenburg in den Bezirk Halle entlassen.

DER TOD KAM MIT DEM VATER

Am 29. Mai 1963 gegen 18.10 Uhr läutet beim Diensthabenden des Volkspolizeikreisamtes Wittenberg das Telefon. Am anderen Ende der Leitung ist der Chef der Minol-Tankstelle in der Dresdener Straße. Und der Polizist muss Heini Fritz* mehrfach bitten, etwas langsamer zu sprechen. Erst beim dritten Anlauf versteht er, worum es geht: „Vor ein paar Minuten ist meine Kollegin Ursula Gercke* zur Tankstelle gekommen. Ich kann es kaum glauben, aber sie hat mir unter Tränen und fast von Sinnen erzählt, dass ihr geschiedener Ehemann den gemeinsamen Sohn umgebracht hat. Sie wollte, dass ich bei der Polizei anrufe, weil sie dazu nicht in der Lage ist."

Eigentlich habe Ursula Gercke noch bis 21.30 Uhr Schicht gehabt, „aber sie hatte sich bei mir abgemeldet, weil sie kurz nach Hause fahren wollte. Der Otto, was ihr Geschiedener ist, war kurz zuvor hier vorbeigekommen und hatte Ursel den Hausschlüssel gebracht. Meine Kollegin war danach so unruhig. Sie hatte das Gefühl, dass etwas passiert ist und wollte nachsehen."

Sieben Minuten später gehen Polizeioberleutnant Mentz, Polizeileutnant Richter und Polizeiunterleutnant Hessler in der Dresdener Straße durch die mit einem kleinen, zweiflügeligen Holztor verschlossene Hauslücke zwischen dem Grundstück 8 und 9 auf den Hinterhof. Vorbei an einem langgezogenen, flachen Gebäude auf der rechten Seite, in dem sich Waschküche und Ställe befinden, steigen die Polizisten die 14 Holzstufen bis in die obere Etage hinauf. Rechts von der Treppe ist die Wohnung von Familie Gercke. Sie betreten die Küche mit der Wasserbank, auf der zwei gefüllte Eimer stehen. Daneben befinden sich der Herd und ein Schuhschrank, ein Tisch, auf dem Lebensmittel und Zitronen liegen. Um den Tisch herum stehen drei Stühle. „Alles ist ordentlich und aufgeräumt", notiert Hessler.

Der Durchgang zum Hinterhof (Pfeil), in der sich die Tatwohnung befindet

Eingang auf dem Hinterhof zur Tatwohnung (Pfeil)

Gegenüber der Wohnungstür befindet sich der Durchgang zum Wohnzimmer. Davor hängt ein Vorhang. In der Stube hockt Ursula Gercke auf der Lehne eines der beiden Sessel, die um den kleinen Rauchtisch stehen. Neben dem dreiecksgemusterten Kissen liegt ein Plüschteddy. Ursula Gercke hält die Hände vors Gesicht, sie zittert am ganzen Körper. Ihre Nachbarin Marta Behrens* streicht der Frau durch die Haare und versucht, sie ein wenig zu beruhigen. Allerdings ohne Erfolg. Auch der Hauswirt Karl Gummert* und Gaststättenleiterin Ilse Edel* sowie Charlotte Berndt* und ihr Ehemann, die auf derselben Etage wohnen, befinden sich im Raum. Sie sitzen um den Stubentisch herum.

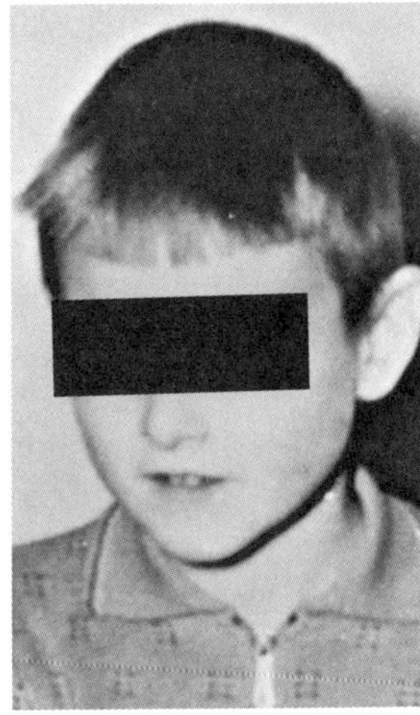

Vom eigenen Vater erwürgt: der neunjährige Gerald

Neben dem Sessel steht eine Couch. Auf der halb ausgebreiteten, gestreiften Tagesdecke liegt ein totes Kind, bekleidet mit einem grün-weißen Hemd und einer grauen Stoffhose.

Unterleutnant Hessler wendet sich leise an Charlotte Berndt: „Wissen Sie, ob etwas am Tatort verändert wurde?" Die Gefragte nickt. „Geralds Mama hat den Jungen in den Arm genommen. Danach hat sie das Kind aber gleich wieder auf die Couch gelegt."

Hessler nickt nur und wendet sich dann an die fünf Nachbarn: „Bitte verlassen Sie den Tatort." Dann beugt sich Polizeioberleutnant Mentz zur fassungslosen Mutter des toten Jungen herunter und sagt so einfühlsam er kann: „Frau Gercke, ich weiß es ist ein schlimmer Augenblick für Sie. Aber ich muss Ihnen einige Fragen stellen. Sind Sie in der Lage, mir zu antworten?"

Die Frau dreht sich zum Polizisten um und schaut ihn an, als wüsste sie gar nicht, wer dort vor ihr steht. Ein Schleier liegt über ihren Augen. Aber nach ein paar Sekunden sagt sie kaum vernehmbar: „Was wollen Sie wissen?"

„Wie war das Verhältnis zwischen Ihnen und Ihrem Mann?"

„Wir haben uns gestritten. Immer und immer wieder. Mein Mann hat viel getrunken. Das war dann auch meistens der Anlass für Streitigkeiten. Auch heute hat er wieder getrunken und ist nicht zur Arbeit ins Gummiwerk gegangen."

„Obwohl Sie geschieden sind, haben Sie noch in ein und derselben Wohnung gelebt?"

„Ja, sie wissen doch, es ist nicht so einfach, eine Wohnung zu kriegen. Aber ich habe mich vor einiger Zeit darum gekümmert, dass Otto etwas bekommt. Und gerade heute sollte er in ein zugewiesenes Zimmer in der Katharinenstraße 12 ziehen."

„Ihr geschiedener Mann hat Sie vor ein paar Stunden in der Tankstelle aufgesucht?"

„Ja. Er hat mir den Schlüssel zu unserer Wohnung gebracht. Er hat gesagt: ‚Den brauche ich nicht mehr. Geh du mal nach Hause. Da wirst du schon sehen, was passiert ist. Ich mache auch Schluss.' Ich bin dann sofort mit dem Fahrrad nach Hause gefahren. Gerald hat tot auf der Couch gelegen."

Dabei lässt es Hessler erst einmal bewenden. Er merkt, dass Ursula Gercke am Ende ihrer Kräfte ist. Er fragt nach einem Foto von Otto Gercke und die 30-Jährige beschreibt, was ihr Ex-Mann angehabt hat, als er zur Tankstelle kam.

Eine Funkstreife wird zur Katharinenstraße geschickt. Der Auftrag lautet, nachzuschauen, ob der Tatverdächtige dort ist, und ihn vorläufig festzunehmen. Im Auto sitzt auch seine geschiedene Frau, die mitgefahren ist, um ihren Ex-Mann zu identifizieren.

Doch noch bevor die Polizisten aus dem Fahrzeug aussteigen, sehen sie einen Mann, auf den die Beschreibung passt, aus Richtung „Straße der Deutsch-Sowjetischen-Freundschaft" kommen. Aber auch Gercke hat den grünen Wartburg gesehen und versucht in einen Hauseingang zu flüchten. Doch er hat Pech: Das Eingangstor ist verschlossen und die Schutzpolizisten stellen ihn.

Bei der Durchsuchung an Ort und Stelle finden die Uniformierten neben einer Schachtel Zigaretten und einem Feuerzeug in der rechten Sakkotasche einen Strick. „Ich habe meinen Sohn erwürgt und wollte mich in meinem Zimmer aufhängen", räumt der Festgenommene sofort ein. Gercke wird zum Pfört-

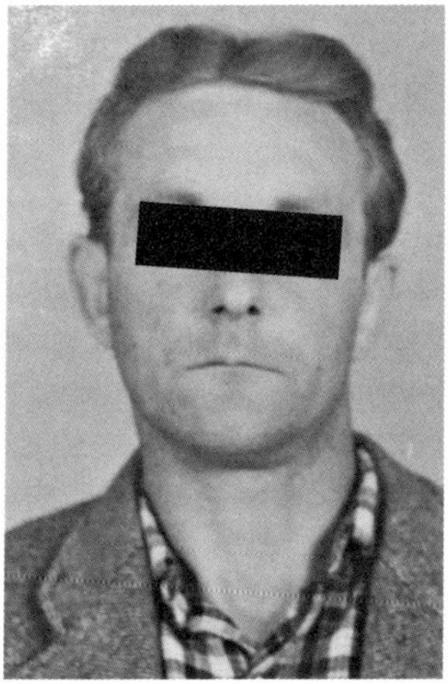

Täter Otto Gercke

ner des Ernst-Thälmann-Heimes gebracht und dort bewacht, bis ein weiterer Streifenwagen eintrifft, der ihn zum Kreisamt bringt. Auf dem Weg dahin bittet er seine Bewacher mehrmals, ihm den Strick zu geben, damit er sich umbringen kann. Dann erklärt der Betrunkene weinerlich, dass er zwar geschieden sei, seine Frau aber immer noch liebe. „Nur weil sie einen anderen hat und nichts mehr von mir wissen will, habe ich unseren Sohn mit meinen eigenen Händen erwürgt."

Kriminalisten haben inzwischen auch das sogenannte Tatschreiben gefunden. Es lag auf dem Wohnzimmertisch der Mordwohnung. Auf dem unlinierten A4-Bogen, den Gercke unterschrieben hat, räumt er ein, seinen Sohn getötet zu haben. Das Geständnis beginnt: „Liebe Ursela! Ich möchte Dir noch einmal kurz mein Leidensweg zeigen, denn ich habe keine Lust mehr weiter zu leben ohne Dich. Ich beendige heute mit meinem Sohn mein Leben …" Der erste Abschnitt schließt mit dem Satz: „Ich wünsche Dir alles Gute. Lebe wohl." Darunter die Unterschrift „Otti" und in Kinderschrift „Gerald".

Ursula Zirrgiebel* und Otto Gercke hatten 1953 geheiratet. Doch bereits nach einem Jahr begann es in der Ehe zu kriseln. Otto Gercke kam immer häufiger erst spät oder gar nicht nach Hause. Weil er ihr kaum Wirtschaftsgeld gab, nahm Ursula Gercke Heimarbeit an. Sie nähte Bleistifttaschen. Doch auch davon sah sie nicht viel, weil ihr Mann im Betrieb auftauchte und dort ihren Verdienst abholte. Wenn er betrunken nach Hause kam, suchte Gercke Streit. Zuletzt wurde er immer öfter handgreiflich. Er schlug sie mit der Faust. Einmal musste sie sogar für acht Tage krankgeschrieben werden, so hatte er sie zugerichtet. In

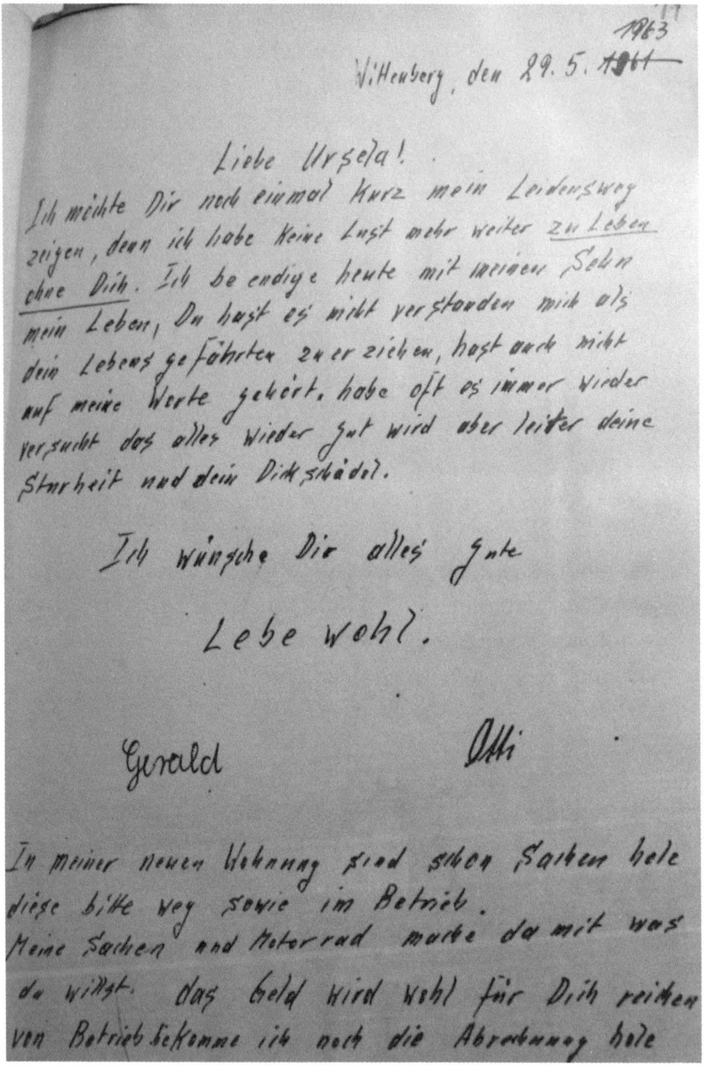
Wittenberg, den 29. 5. ~~1961~~ 1963

Liebe Ursela!
Ich möchte Dir noch einmal kurz mein Leidensweg zeigen, denn ich habe keine Lust mehr weiter zu Leben ohne Dich. Ich beendige heute mit meinen Sohn mein Leben, Du hast es nicht verstanden mich als dein Lebensgefährten zu erziehen, hast auch nicht auf meine Worte gehört. habe oft es immer wieder versucht das alles wieder gut wird aber leider deine Sturheit und dein Dickschädel.

Ich wünsche Dir alles Gute

Lebe wohl.

Gerald   Otti

In meiner neuen Wohnung sind schon Sachen hole diese bitte weg sowie im Betrieb.
Meine Sachen und Motorrad mache damit was du willst. das Geld wird wohl für Dich reichen von Betrieb bekomme ich noch die Abrechnung hole

Der Abschiedsbrief, den der Mörder am 29. Mai 1963 an seine Frau schrieb diesem Fall hatte sie die Polizei zu Hilfe gerufen. Wenn er betrunken war, kam es vor, dass er den Teller mit Essen nach ihr warf und schrie: „Solchen aufgewärmten Fraß will ich nicht!“

„Wenn er nüchtern war, sah mein Mann ein, dass er falsch gehandelt hat, und sagte, dass er einen schlechten Charakter hat. Er versprach, es nicht wieder zu tun“, schildert die 30-Jährige bei ihrer Zeugenvernehmung am späten Abend des 29. Mai ihre häusliche Situation. „Doch wenn er getrunken hatte, waren seine Vorsätze vergessen.“

Weil Gercke einen Pförtner gewürgt hatte und nur deshalb Schlimmeres verhindert wurde, weil ein Kollege eingriff, flog er beim Theater raus, und weil er betrunken ein Auto kaputtgefahren hatte, wurde er 1954 zu drei Monaten Haft verurteilt. Da er auch in den folgenden Jahren sein Verhalten nicht änderte, reichte die Ehefrau im November 1962 die Scheidung ein. Der letzte Tropfen, der das Fass zum Überlaufen gebracht hatte, war, dass er am 20. September 1962 angetrunken bei der Tankstelle erschienen war und seine Frau zusammengeschlagen hatte. Im Januar 1963 war das Urteil rechtskräftig geworden. Das Sorgerecht übertrug das Kreisgericht Wittenberg der Mutter. Seitdem schlief Ursula Gercke in der Stube, Otto Gercke im Schlafzimmer. Gerald schlief meistens bei der Nachbarin Lucie Keune*, damit er die fast täglichen Szenen mit dem betrunken nach Hause kommenden Vater nicht mitbekam. Auch Ursula Gercke floh öfter über Nacht zur Nachbarin, ins Sportlerheim oder zu ihrer Schwester.

In der Nacht zum 29. Mai hatte Ursula Gercke bei ihrer Schwägerin geschlafen, Gerald bei der Nachbarin. „Als ich am Morgen gegen 8.15 Uhr in meine Wohnung ging, hat mich Frau Keune schon gewarnt: ‚Geh lieber nicht rein. Der Otto hat die ganze Nacht über getobt und der ist noch in der Wohnung‘“, sagt die 30-Jährige bei der Polizei aus. „Ich bin zum Polizeikreisamt gegangen und habe verlangt, dass die VP Otto aus der Wohnung wirft.“

Zu diesem Vorfall wird später auch der Polizist, der für das Wohngebiet der Gerckes zuständig ist, als Zeuge vernommen.

Alois Haumer sagt aus, dass er sich am betreffenden Tag von Gercke die Zuweisung für sein Zimmer zeigen ließ. „Ich habe gesehen, dass das amtliche Papier vom Wohnungsamt schon im April ausgestellt worden war. Der Bürger Gercke hat mir mitgeteilt, dass er nicht vor dem 1. Juni aus der ehemaligen ehelichen Wohnung ausziehen will. Ich habe ihm gesagt, dass er die Wohnung innerhalb einer Stunde zu räumen und den Schlüssel seiner geschiedenen Frau zu übergeben hat." Letztlich sei man übereingekommen, dass er bis 16 Uhr Zeit hat, weil ein Bekannter erst dann mit einem Transporter vorbeikommen könne. „Die Ehefrau war mit dieser Verfahrensweise einverstanden."

Das bestätigt Ursula Gercke. Nach dem Gespräch mit dem ABV sei sie dann zur Nachmittagsschicht gefahren. Gegen 17.30 Uhr habe Otto ihr den Schlüsselbund gebracht. Sie habe gefragt, was das für ein fremder Schlüssel sei, der daran hing. „Otto hat gesagt: ‚Den brauche ich nicht mehr. Der ist von meinem neuen Zimmer.' Und dass ich schnell nach Hause fahren soll, ehe es zu spät ist. Ich soll mir überlegen, was ich mache. Dabei hat er geweint."

Sie sei sofort zur Wohnung gefahren und habe einen Zettel auf dem Küchentisch gefunden. „Was genau darauf stand, kann ich nicht sagen. Nur, dass er mit dem Jungen aus dem Leben gehen will." Das habe sie wie ein Blitzschlag getroffen und ihr sei erst jetzt aufgefallen, dass Gerald nicht unten gespielt hatte. „Als ich mich umdrehte, sah ich meinen Jungen auf der Couch liegen. Er war mit einer Decke vollkommen zugedeckt. Ich habe die Decke weggezogen und habe Gerald hochgerissen. Ich habe nur noch geschrien. Nach einiger Zeit habe ich ihn wieder hingelegt und bin nach unten gerannt. Ich habe gerufen, dass mein Mann Gerald totgemacht hat. Dann bin ich zur Tankstelle zurückgefahren."

Als Leutnant Weiss Ursula Gercke fragt, wie das Verhältnis zwischen ihrem Mann und dem Sohn gewesen war, ist die Frau erneut einem Zusammenbruch nahe. Dann fasst sie sich wieder ein wenig und sagt tonlos: „Er war immer gut zu Gerald. Er hing sehr an ihm. Ich hätte niemals damit gerechnet, dass er dem Kind etwas antut." Und nach einer kurzen Pause: „Eher noch mir."

In den vergangenen Tagen habe ihr Geschiedener versucht, wieder Kontakt mit ihr aufzunehmen. „Aber ich habe ihm gesagt, dass das keinen Zweck hat.“ Das sind die letzten Worte, die Ursula Gercke an diesem Abend sprechen kann. Sie bricht völlig zusammen. Erst am 10. Juni ist die 30-Jährige so weit wiederhergestellt, dass sie ausführlich über ihr eheliches Verhältnis sprechen kann. In ihrer Aussage gibt sie an, dass ihr geschiedener Mann keinen Versuch unternommen habe, selbst das Sorgerecht zu bekommen. „Später sind wir dann übereingekommen, dass Otto den Jungen ab und zu haben kann.“

Sie verstehe bis heute nicht, so die Mutter des ermordeten Jungen, dass ihr geschiedener Mann nach der Tat noch so ruhig die Wohnung verlassen konnte. „Wenn er sagt, dass er dort keine Möglichkeit gehabt hat, sich das Leben zu nehmen, muss ich dem widersprechen. Ich glaube eher, dass er zu feige war, diesen Schritt zu gehen und er zu wenig Ehrgefühl hatte, das zu tun.“

Otto Gercke schildert den Grund für die Streitigkeiten mit seiner Frau völlig anders. Er sei aufgrund seiner Schichtarbeit als Kraftfahrer nicht in der Lage gewesen, seinen „ehelichen Pflichten nachzukommen. Meine Frau nahm daher an, dass ich mich mit anderen Frauen einlasse, obwohl sie zu dieser Annahme keinen Grund hatte.“ Er führe das Misstrauen darauf zurück, dass seine Frau an der Tankstelle mit anderen Fahrern des Kraftverkehrs zusammenkam. „Die haben ihr wohl erzählt, was es für Verhältnisse in dem Betrieb gibt. Ursel warf mir vor, mich nächtelang herumzutreiben und zu trinken.“

Nach der Scheidung habe er versucht, auf seine Frau „einzuwirken“, dass sie die Trennung zurücknimmt. Sie hätten gemeinsam das Schlafzimmer genutzt.

Dann schildert der 36-Jährige, was sich am 28. Mai zugetragen hat …

… Gegen 14.30 Uhr kommt Gercke aus der Frühschicht nach Hause. Auf dem Küchentisch liegt ein Zettel seiner Frau. Sie teilt ihm mit, dass nun endlich das Zimmer frei sei, das ihm zugewiesen wurde. „Du kannst einziehen. Wenn du das nicht tust, wirst du zwangsweise geräumt." Wut kriecht in ihm hoch. „Jetzt droht mir Ursel schon, mich von der Polizei rauswerfen zu lassen. Aber darüber ist noch nicht das letzte Wort gesprochen", schimpft er vor sich hin.

Gercke will gerade nach unten gehen, um nachzusehen, wo sein Sohn ist, da hört er, wie Gerald aus der Keune-Wohnung kommt. „Musst du immer bei fremden Leuten sein?", fragt er das Kind vorwurfsvoll. „Du kommst jetzt mit hoch, und du kannst gleich mal drei Flaschen Helles und zwei Flaschen Brause vom Konsum in der Schäferstraße holen."

Während Gerald fort ist, beginnt Gercke damit, die Fernsehantenne auf dem Dach des Hauses abzubauen. „Das ist meine. Wenn Ursel fernsehen will, kann sie sich ja eine neue besorgen."

Am Nachmittag schickt er seinen Sohn erneut zum Bierholen. Diesmal soll der Schüler der Geschwister-Scholl-Oberschule in der ehemaligen Gaststätte „Urban" vier Flaschen Helles kaufen. Nachdem er zwei Flaschen getrunken hat, macht er Abendbrot für den Neunjährigen. Nach dem Essen soll er schlafen gehen. Doch das Kind kommt nicht zur Ruhe und weint. Der Vater ahnt, woran das liegt. Ein paar Tage zuvor hat er Gerald gefragt, was er tun will, wenn er wegziehe. Das Kind hatte dem Vater über den Arm gestrichen und gesagt: „Ich spreche noch mal mit Mutti, dass sie sich wieder mit dir vertragen soll." Gercke hatte daraufhin nur mit den Achseln gezuckt und gemeint: „Das hat wohl keinen Zweck." Und als er sah, dass sein Junge kaum die Tränen zurückhalten konnte, hatte er versucht, ihn zu trösten: „Aber du kannst mich besuchen und dann gehen wir etwas für dich einkaufen."

Gercke schreibt den Abschiedsbrief. Gerald sitzt im Sessel und fragt seinen Vater: „Was schreibst du denn da?"

Der 36-Jährige blickt kurz auf und sagt: „Du wirst mich nie mehr sehen. Und du musst jetzt auch unterschreiben." Der Junge setzt seinen Namen unter das Schreiben. Dann liest er es durch. Wieder schießen ihm Tränen in die Augen. Ein Schriftsachverständiger wird am 11. Juli des Jahres unzweifelhaft feststellen, dass der Namenszug von Gerald stammt. Die „gesamte Bewegungsführung“ und insbesondere die Schreibunterbrechung zwischen den Buchstaben „e“ und „r“ seien auffällig.

Der Vater legt 280 Mark und etwas Hartgeld aus seinem Portemonnaie neben den Brief. Dann bindet er seine Armbanduhr ab und legt sie daneben, ebenso die Kassette mit persönlichen Unterlagen. Dann begibt sich Gercke aufs Sofa und ruft seinen Sohn: „Gerald, komm mal zu mir!“ Der Junge legt sich rechts neben seinen Vater. Dieser streichelt ihm mit der Hand über den Kopf und küsst ihn, drückt ihn fest an sich. Er will nicht, dass Gerald merkt, was gleich geschieht. Dann presst er mit einer Hand den Hals des Jungen zu. Danach wechselt er die Hand. Er setzt das durch, was ihm bereits seit mehr als einer Woche Tag für Tag durch den Kopf gegangen war: Nach der Scheidung soll Ursula das Kind nicht bekommen.

Gerald liegt ganz still auf dem Sofa. Der Mörder raucht mehrere Zigaretten und breitet danach eine Decke über ihn aus. Er ergreift die Hände des Toten und spürt, dass sie langsam kalt werden. Gercke holt einen Strick, den er zuvor von der Wäscheleine abgeschnitten hat, aus dem Küchenschrank. Er will sich erhängen, sieht aber keine Möglichkeit, das in der Wohnung zu tun. Er fährt zur Tankstelle und übergibt seiner Frau die Schlüssel mit den Worten: „Fahr zur Wohnung. Hoffentlich ist es noch nicht zu spät.“

Er kehrt in der Gaststätte „Zur Eisenbahn“ ein und trinkt zwei Glas Bier. Anschließend geht er zur Katharinenstraße, um seiner Vermieterin mitzuteilen, dass sie die Zuweisung für das Zimmer wieder beim Wohnungsamt abgeben kann. „Ich wusste genau, was ich getan hatte, und war auch nicht betrunken. Mir war klar, was mich erwartet“, sagt Gercke später.

Am 30. Mai 1963 erlässt das Kreisgericht Wittenberg „aufgrund der Höhe der zu erwartenden Strafe und des darauf fußenden Fluchtverdachts“ Haftbefehl. Gercke wird in die Untersuchungshaftanstalt Dessau gebracht.

Das Institut für gerichtliche Medizin und Kriminalistik der Martin-Luther-Universität Halle-Wittenberg stellt „Erwürgen“

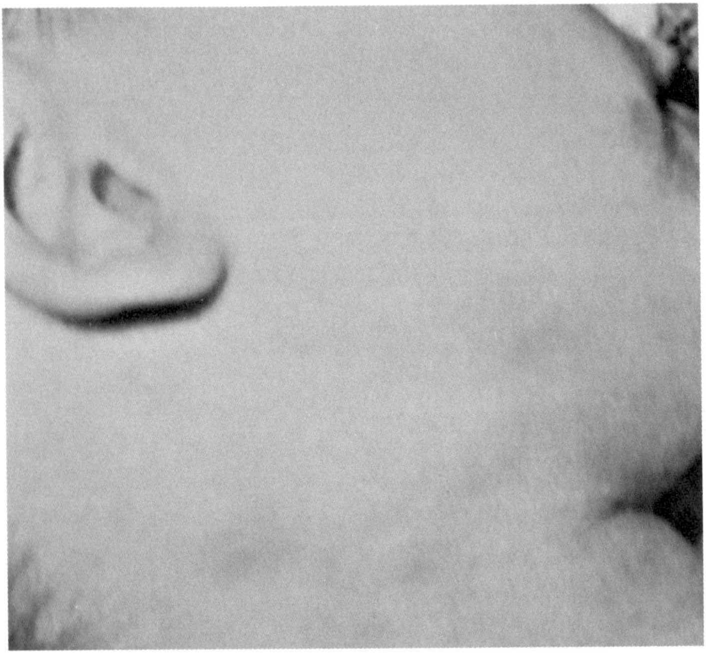

Bei den dunklen Stellen auf der rechten Halsseite und am Unterkiefer handelt es sich um Würgemale

als Todesursache fest. Professor Vamosi schreibt: „An beiden Halsseiten unterhalb des Unterkiefers, besonders rechts, angeordnet bis 2 : 1,5 Zentimeter messende blassrosafarbene Druckstellen der Haut." Alle Obduktionsergebnisse bestätigten den Ablauf der Tat. Dass dem Jungen Alkohol oder eine giftige Substanz beigebracht wurde, sei nach der Blutuntersuchung auszuschließen.

Bei seiner zweiten Vernehmung wird Gercke vom Kripo-Hauptmann Grothe unter anderem gefragt, warum er sich bei der Trennung von seiner Frau nicht bemüht habe, das Sorgerecht für Gerald zu bekommen, da er doch so ein tiefes Verhältnis zu seinem Sohn gehabt habe. „Ich war der Meinung, dass der Vater nie das Sorgerecht bekommt und Kinder immer der Mutter zugesprochen werden."

Am 9. Juli 1963 wird die Tat im VEB Kraftverkehr ausgewertet. Eine übliche Vorgehensweise in der DDR, um aus den Reihen des engsten Kollegenkreises eines Tatverdächtigen den sogenannten gesellschaftlichen Ankläger auszuwählen. Diese Person hatte vor Gericht eine Charakterisierung des Angeklagten sowie eine Einschätzung der Tat aus Sicht des Kollektivs im Sinne der Anklage vorzutragen. Er hatte das Recht, Akteneinsicht zu nehmen, Zeugen und Sachverständige zu befragen und selbständig Anträge zu stellen.

Im Falle des Wittenberger Kindermörders werden die Kollegen des Meisterbereichs eingeladen, in dem Gercke gearbeitet hat. Die Meinungen sind einhellig. „Es ist zwecklos, über solch einen noch zu sprechen“, sagt ein Busfahrer. „Uns ist es eiskalt über den Rücken gelaufen, als wir von dem Mord gehört haben.“

Ein anderer fordert „die Kollegen auf, die direkt mit ihm zusammengearbeitet haben, Stellung zu nehmen“.

Der Parteisekretär charakterisiert Gerecke als „jähzornig“. Er habe schon immer „befürchtet, dass im Betrieb oder bei ihm zu Hause mal etwas passieren kann“. Für Gercke komme nur „die härteste Strafe infrage“.

Ein Kollege weiß, dass Gercke „schon immer etwas gegen seinen Vorgesetzten gehabt hat“.

Hinterfragt wird auch, „welche Gedanken der Mörder im Kopf gehabt hat, als er die Tat ausführte“.

Eine Busschaffnerin, die einige Zeit mit Gercke zusammengearbeitet hat, bezeichnet den Fahrer als „unhöflich zu den Fahrgästen“.

Dass er nicht wusste, was er tat, schließen alle Anwesende aus. Gercke sei „sehr wohl geistig auf der Höhe gewesen“. Als die Nachricht von der Tat im Betrieb bekannt geworden sei, „hätte man ihn zu uns hinbringen müssen. Dann wäre Gercke gelyncht worden, solche Wut hatten die Kollegen auf ihn.“

„Wenn es bei uns für eine solche Tat noch die Todesstrafe gibt, so ist die noch zu human für Gercke“, meint ein weiterer Mitarbeiter des Kraftverkehrbereichs. Vielmehr plädiere er für lebenslange Haft und „jeden Tag hinter Gittern muss Gercke an seine Tat erinnert werden, damit er weiß, was er getan hat".

Die überwiegende Mehrheit der Anwesenden verlangt, dass der Prozess nicht vor dem Bezirksgericht in Halle stattfinden solle, sondern in Wittenberg. Denn die Einwohner der Stadt würden großen Anteil an der Sache nehmen und Interesse daran haben, am Prozess teilzunehmen. Es wird vorgeschlagen, die Tat in einem großen Saal zu verhandeln, damit möglichst viele Menschen anwesend sein können.

Als gesellschaftlicher Ankläger wird Kraftfahrer Walter Klimke* gewählt.

Das nervenärztliche Gutachten der Poliklinik für Psychiatrie und Neurologie an der Martin-Luther-Universität geht davon aus, dass Gercke zur Tatzeit einen Alkoholspiegel von 1,6 Promille hatte. Was gleichzusetzen sei mit „mittelschwerer Trunkenheit". Diese Alkoholisierung habe ausgereicht „Hemmungen zu beseitigen". Der Alkoholpegel habe „die Einsicht Gerckes, die Strafbarkeit seines Handelns zu erkennen beziehungsweise die Fähigkeit, nach dieser Einsicht zu handeln, eingeschränkt". Allerdings liege der tiefere Grund für die Tat in der „charakterlichen Fehlhaltung" des Täters.

Am 24. März 1964 wird Otto Gercke von der U-Haft-Anstalt Halle zum Prozess vor dem 2. Strafsenat des Bezirksgerichts Halle vorgeführt. Im Protokoll ist vermerkt: „Ein Journalist der Presse ‚Freiheit', Wittenberg, erhält die Erlaubnis, bei dem Termin mitzuschreiben."

Bereits am zweiten Verhandlungstag, dem 26. März, verkündet die Vorsitzende Richterin Urmann das Urteil: „Der Angeklagte Gercke wird wegen Mordes zu lebenslangem Zuchthaus verurteilt."

In der Urteilsverkündung hebt das Gericht hervor, dass der inzwischen 36-Jährige in seinem Betrieb als Kandidat für die SED aufgenommen worden war. Allerdings sei er bereits nach drei Monaten wieder gestrichen worden, „weil er sich nicht am gesellschaftlichen Leben seiner Grundorganisation beteiligt hatte".

Zur Tat selbst sagt die Richterin, dass der Vater das Vertrauen seines Sohnes ausgenutzt habe „und die Tötung des Jungen heimtückisch vorgenommen hat. Die heimtückische Begehungsweise wird weiterhin dadurch charakterisiert, dass der Angeklagte das von dem Kind entgegengebrachte Vertrauen noch dadurch stärkte, dass er den Jungen auf der Couch zärtlich an sich drückte, ihn küsste und streichelte, sodass der Junge völlig arglos war und der Angeklagte seinen grausamen Vorsatz verwirklichen konnte. Wer einen Menschen heimtückisch tötet, wird als Mörder bestraft."

Zur Frage der Schuldfähigkeit stützte sich der 2. Strafsenat auf das Gutachten der Martin-Luther-Universität. Die „willensschwache, zu haltlosem Lebenswandel neigende Persönlichkeit, die in zunehmenden Maße dem Alkohol verfallen war", habe sich in einem „psychologischen Verstimmungszustand" befunden. Allerdings sei Gerckes Zurechnungsfähigkeit im juristischen Sinne nicht erheblich vermindert gewesen. Er sei somit voll verantwortlich für seine Tat.

Dann wendet sich die Vorsitzende direkt an den Angeklagten: „Sie haben eines der scheußlichsten Verbrechen begangen, das es überhaupt in unserem sozialistischen Staat geben kann. Solcherart Verbrechen tragen einen außerordentlich hohen Grad an Gesellschaftsgefährlichkeit in sich. In unserem Staat der Arbeiter und Bauern richten sich die Bemühungen der Regierung und aller gesellschaftlicher Kräfte darauf, alles Mögliche für die Erhaltung des Lebens und für den Schutz des Lebens zu garantieren. Jeder, der die humanistischen Prinzipien, die sich aus der Achtung vor dem Leben ergeben, stört, muss daher hart bestraft werden."

Das Gesetz schriebe vor, dass ein Mörder mit dem Tode bestraft wird. „Gemäß Absatz 3, des Paragraphen 211 Strafgesetzbuch ist in besonderen Ausnahmefällen die Strafe lebenslanges Zuchthaus auszusprechen." Solch ein Ausnahmefall liege hier vor, da sich das Tötungsverbrechen nicht gegen die Interessen der Gesamtheit der Menschen richtet, sondern nur gegen das einzelne Leben.

Gercke wird auf Antrag der Staatsanwaltschaft in die Kategorie I des Strafvollzugs eingewiesen.

Für den Rat der Lutherstadt Wittenberg hat der Fall ein Nachspiel. Das Gericht erlässt einen sogenannten Kritikbeschluss, eine Möglichkeit nach dem „Gesetz zur Änderung und Ergänzung strafrechtlicher Maßnahmen“. Darin wird kritisiert, dass das geschiedene Paar lange Zeit in derselben Wohnung leben musste, obwohl den zuständigen Stellen bekannt war, dass Gercke seine Ehefrau während der Ehe und noch nach der Scheidung körperlich misshandelte. Ursula Gercke habe sich mehrfach an den Rat der Stadt gewandt, mit der dringenden Bitte, ihrem Mann ein Zimmer zuzuweisen, da sie und das Kind sich nicht mehr sicher fühlten. Zwar verweist der Strafsenat auf die „angespannte Wohnraumlage“, im vorliegenden Fall sei jedoch geduldet worden, dass Gercke das Angebot der Wohnraumlenkung lange Zeit ablehnte. Wenn die Stadt ihrer Verantwortung gerecht geworden wäre und Gercke, wenn nötig auch mit Zwangsmaßnahmen, aus der vormals ehelichen Wohnung geworfen hätte, wäre es womöglich nicht zu dem Verbrechen gekommen.

Am 30. November 1978 wird der Kindermörder nach 14 Jahren Haft aus dem Zuchthaus Brandenburg nach Wittenberg entlassen.

ENDSTATION SCHWERTMASCHINE

Joachim Säume wird in der Nacht zum 8. Juli 1964 von der Untersuchungshaftanstalt Halle nach Leipzig-Süd gefahren. Der vergitterte Wagen hält nach einer knappen Stunde im Hof der Arndtstraße 48, der Adresse des einstigen Königlichen Landgerichts, wo sich seit 1960 eines der bestgehüteten Geheimnisse der DDR befindet – die zentrale Hinrichtungsstätte der Republik.

Der 26-jährige Kindermörder wird gefesselt in eine sogenannte Verwahrzelle gebracht. Dort hört er wenig später die Worte, vor denen er sich seit seiner Verurteilung am 17. April des Jahres gefürchtet hat. Die ihn nachts nicht schlafen ließen. Die ihm kalten Schweiß auf die Stirn und Zittern in die Glieder getrieben haben. Die ihn in ein schwarzes Loch blicken ließen, dass ihn einzusaugen drohte: „Das Urteil gegen Sie wird heute um 3 Uhr vollstreckt!“

Nebel. Dick wie Watte. „Haben Sie verstanden, was ich gesagt habe?“, fragt der Staatsanwalt.

Säume nickt.

„Sie können noch einen Brief an Ihre Angehörigen schreiben“, wird ihm verkündet. Was Säume nicht weiß, ist, dass die Zeilen seine Eltern nie erreichen werden. Wie bei allen Exekutionen verschwinden die Abschiedsgedanken der Todeskandidaten in den Akten.

„Haben Sie einen letzten Wunsch?“, fragt ein Leutnant des Strafvollzugs.

Der Verurteilte lässt sich zwei Zigaretten geben.

Der Häftling ist nicht der Einzige, der an diesem Tag hingerichtet werden soll. Das Bezirksgericht Halle hat sieben Tage, bevor Säumes Urteil verkündet worden war, Siegfried Rogge, ebenfalls wegen Sexualmordes, zum Tode verurteilt.

Zwischen der Gründung der DDR 1949 und dem Jahr 1981 wurden mindestens 166 Menschen hingerichtet. Bis 1968 durch das Fallbeil, danach durch einen „unerwarteten Nahschuss" in den Hinterkopf. Der Grund für den Wechsel: Nachdem die Guillotine mehrfach ihren Dienst versagt hatte und es zwei oder drei Anläufe brauchte, ehe der Delinquent tatsächlich tot war, ging man dazu über, die sowjetische Methode anzuwenden. Aufgrund von Urteilen des Bezirksgerichts Halle wurden drei Männer und eine Frau exekutiert. Das Bezirksgericht Magdeburg sprach zwei Todesurteile aus, die vollstreckt wurden.

Es ist 2.45 Uhr. Die Tür zum vergitterten Haftraum wird geöffnet. „Nein, nein, nicht ...", schreit es in Säume und aus ihm heraus. Doch er kommt gar nicht dazu, sich gegen die schnellen, geübten Griffe der Männer in den dunkelblau-grauen Uniformen zu wehren. Seine Hände werden auf dem Rücken gefesselt, und er wird zum Hinrichtungsraum geführt.

Der Todestrakt ist eine ehemalige Hausmeisterwohnung. Im einstigen Wohnzimmer hat der Henker sein Büro, ausgestattet mit Telefon und Schreibmaschine. In einer kleinen Kammer, neben dem Warteraum für die Verurteilten, steht schon ein einfacher Kiefernsarg bereit. Die Tür ist verschlossen, um die Delinquenten bei ihren letzten Schritten nicht zusätzlich in Panik zu versetzen.

Der eigentliche Hinrichtungsraum ist das ehemalige Kinderzimmer. In der Mitte steht die sogenannte Fallschwertmaschine: 2,32 Meter hoch und 500 Kilogramm schwer.

Neben der Guillotine warten der Leiter der Strafvollzugseinrichtung, ein Staatsanwalt, der Leiter des Haftkrankenhauses Leipzig-Meusdorf als Arzt, der Scharfrichter – bis Ende der 1960er Jahre Walter Böttcher, der zwischen Leipzig und Berlin pendelte –, zwei Gehilfen sowie in der Regel ein Offizier des Ministeriums für Staatssicherheit.

Säume wird noch einmal angekündigt, dass das Todesurteil nun vollstreckt wird. Dann schnallen die Gehilfen den 26-Jährigen auf ein bewegliches Brett, das nach vorn geschoben wird, bis sich sein Genick unter dem Fallbeil befindet. Böttcher ent-

Das Fallbeil am Münchner Platz im ehemaligen Richthof des Landgerichts, Dresden-Südvorstadt; es handelt sich um ein baugleiches Tötungsgerät, wie es im Fall Säume angewandt wurde (Foto: Helmut Seifert)

riegelt das schwere Stahlbeil, das krachend nach unten rutscht. Die Zuschauer von Amtswegen verlassen den Hinrichtungsort. Lediglich die zwei Gehilfen haben noch zu tun. Sie fassen den Körper an den Beinen und lassen ihn ausbluten. Dann wird er zusammen mit dem abgetrennten Kopf in den Sarg gelegt. Auf dem Totenschein wird wie üblich „Herzversagen“ vermerkt.

21. August 1963

Elf Monate zuvor, am 21. August 1963, ist das gesamte Waldgebiet zwischen dem Rischebach und dem Neumühlenweg in Wittenberg von Polizisten mit Hunden weiträumig abgesperrt. Gegen 9 Uhr hält der Pkw der Morduntersuchungskommission Halle in der Vorstadtsiedlung – zwanzig Meter hinter der Rischebach-Brücke. Auf der Fahrt hat Joachim Säume um eine Zigarette gebeten, ansonsten geschwiegen.

Säume trägt gelbe Streifen an den Jackenärmeln, seine Hände sind gefesselt. Bevor er, begleitet von Kripo-Leutnant Becker und Oberleutnant Zedler, den Wald betritt, wird er belehrt: „Durch einen Fluchtversuch verbessern Sie Ihre Lage nicht.“ Der Untersuchungshäftling nickt. Dann fragt er: „Ist hier auch keiner aus dem Wohngebiet. Ich komme ja selbst von hier, und ich würde mich schämen, wenn mich einer erkennt.“ Das Gebiet sei abgesperrt, beruhigt ihn Becker. Der 25-Jährige ist sichtlich erleichtert.

„Sie können sich im Wald frei bewegen. Führen Sie uns ohne Hast zu der Stelle, an der die Leiche liegt“, ermuntert Zedler den jungen Mann.

Säume geht langsam den Waldweg flussabwärts entlang, der parallel zum Bach verläuft. Dreißig Meter weiter war eine Kindersandalette aus dem Wasser gefischt worden. Dann lenkt er seine Schritte in Richtung Unterholz. Dabei schaut er sich immer wieder ängstlich um. Die Kriminalisten haben den Eindruck, dass der 25-Jährige mit sich ringt, ob er die Ermittler, die etwa fünf Meter hinter ihm laufen, wirklich an den Ort führen soll, an dem die tote Christa liegt.

Nach 160 Metern verlangsamt Säume seine Schritte. Er schaut unruhig in den Wald rechts vom Weg. An einem schmalen Waldweg, der nach rechts, in Richtung Neumühlenweg führt, spricht ihn Becker ruhig an: „Nun, was ist? Gehen Sie zum Versteck der Leiche weiter!" Säume nickt nur. Und zeigt mit einer Kopfbewegung zum Neumühlenweg. Man sieht ihm die Angst an. Seine Augen wandern aufgeregt hin und her. Dann schüttelt er den Kopf. Becker und Zedler verstehen: Der Mordverdächtige will nicht weitergehen.

Leutnant Becker spricht Säume Mut zu: „Sie müssen sich nicht fürchten. Ihnen wird hier niemand etwas antun. Sie sind vor der Wut der Bevölkerung sicher."

„Ich schäme mich so", haucht der junge Mann daraufhin, biegt aber langsam in den Waldpfad ein. Nach 14 Metern steht er vor kleinen Bäumen, die aneinandergebunden sind.

Becker sagt, dass Säume um das Hindernis herumgehen soll, und fragt vorerst nicht, ob der Beschuldigte diese Sperre errichtet hat. Widerwillig kommt der 25-Jährige der Anweisung nach. Unmittelbar hinter den Bäumen sinkt sein Kinn auf die Brust, und er schweigt. Der Leutnant fragt erneut: „Wo befindet sich das Versteck mit der Leiche?" Den Rischebach im Rücken deutet Säume mit dem Kopf nach halblinks zum Wald. „Gehen Sie jetzt direkt zu dem Versteck", so der Polizist. Der Aufgeforderte macht noch einige Schritte in Richtung Neumühlenweg und schüttelt dann erneut den Kopf, geht dann aber doch zögerlich weiter.

Nach 17 Metern zeigt er zum Waldboden unmittelbar vor seinen Füßen. Vorerst können die Kriminalisten an diesem Ort nichts Auffälliges feststellen. Lediglich ein bereits vor längerer Zeit herausgerissener, vertrockneter Strauch liegt dort.

Becker: „Ist das hier das Versteck?"

Säume zeigt mit abgewandtem Gesicht auf den Strauch.

„Ist die Stelle tatsächlich hier?"

Ein kaum vernehmbares: „Ja."

Säume wird zum Hauptweg zurückgebracht.

Kriminaltechniker machen Fotos. Dann beginnen die Ermittler damit, Erde, Laub und Geäst, das über einer kleinen Senke

Die Stelle, wo der Mörder das tote Mädchen unter einem Strauch verscharrt hat

liegt, wegzuräumen. Nach kurzer Zeit stoßen sie auf ein Stück erdbeerfarbenen Kleiderstoff mit blauem Kirschmuster. Nachdem weitere Erde entfernt wurde, finden die Kriminalisten die Kinderleiche. Die Bekleidung der Toten ist nach oben gestreift. Aufgrund des kirschgemusterten Leinenröckchens und der rot-weiß-blau karierten Bluse besteht für die Ermittler kein Zweifel daran, dass es sich um die seit dem 17. August 1963 verschwundene Christa Wörner* aus Wittenberg handelt. Ihre Mutter hatte das Kleidungsstück bei der Vermisstenanzeige vier Tage zuvor beschrieben.

Nachdem die tote Fünfjährige zur Gerichtsmedizin gebracht wurde, wird der Fundort gründlicher untersucht. Doch die Unterhose und die zweite Sandalette des Opfers werden nicht gefunden. Festgestellt wird hingegen, dass es sich bei dem Versteck tatsächlich um eine 1,30 Meter lange und 30 Zentimeter tiefe, natürliche Bodensenke handelt.

Säume wird erneut zum Fundort gebracht. „Zeigen Sie uns nun den Tatort", spricht ihn Becker an. Der 25-Jährige sagt, dass die Stelle ein paar Meter weiter bachabwärts liegt. Allerdings sind sich die Kriminalisten nicht sicher, ob es sich wirklich um den Ort des schrecklichen Geschehens handelt, den ihnen Säume kurz darauf zeigt. An der Grasböschung des Rischebachs finden die Polizisten vorerst keinen Hinweis darauf, dass der Mord dort begangen wurde.

Für den Tiefbauer ist der Lokaltermin noch nicht zu Ende, obwohl ihm deutlich anzumerken ist, dass er am liebsten sofort wieder in den Polizeigewahrsam zurück möchte.

Aufgrund der Unruhe, die der Vermisstenfall in Wittenberg und Umgebung ausgelöst hat, wird entschieden, sofort Lautsprecherwagen loszuschicken, um die Bevölkerung darüber zu informieren, dass die Fünfjährige tot aufgefunden wurde. Allerdings ohne den Namen des Täters zu nennen.

Auch Säume hört die Durchsage. Mit schweißnasser Stirn und zitternder Stimme fleht er die Kriminalisten an, ihn zurück nach Wittenberg zum Polizeikreisamt zu bringen.

Wer ist der 25 Jahre alte Edmund Albert Kurt Joachim Säume, gegen den seit dem 19. August 1963 wegen Mordes und sexuellen Missbrauchs eines Kindes ermittelt wird und der seit 20. August in Untersuchungshaft auf seinen Prozess wartet?

Säume wurde 1951 aufgrund mangelnder Leistungen aus der 7. Grundschulklasse in Trebitz (Elbe) entlassen. Der damals 13-Jährige ging zu einem Stellmacher in die Lehre.

1954 setzte er sich nach Westdeutschland ab, wohin seine Eltern kurz zuvor geflüchtet waren, weil sein Vater unter Spionageverdacht stand. Allerdings hielt es Säume nur ein paar Wochen in der Bundesrepublik aus. Er kehrte in die DDR zurück, wo er aus der Lehre flog. Er arbeitete eine Zeitlang als ungelernter Tiefbauer in einem wasserwirtschaftlichen Betrieb.

Als er 1957 seine Eltern besuchen wollte, beantragte er in Wittenberg einen „Interzonenpass". Der Antrag wurde jedoch abgelehnt. Deshalb meldete er sich polizeilich in Bitterfeld an, wo er zu der Zeit auf einer Baustelle arbeitete. Säume glaubte, durch den Wohnortwechsel die West-Reisegenehmigung doch noch zu erhalten. Und das funktionierte auch. Allerdings hatte der junge Mann nicht vor, in die DDR zurückzukommen. Er kam erst beim Vater in Bonn, später bei anderen Verwandten unter. Er arbeitete in Leverkusen als Einschaler auf dem Bau. Weil er dort 500 Gehsteigplatten stahl, die er verkaufte, sollte er zur Verantwortung gezogen werden. Doch bevor das geschehen konnte, flüchtete er Mitte 1958 zurück in seine Heimat. Nachdem er sich im Aufnahmelager Marienborn gemeldet hatte, wurde ihm eine Wohnung in Trebitz zugewiesen.

In Wittenberg arbeitete er bei der Firma Emil Schulz, allerdings nur unregelmäßig. In den Monaten September und Oktober 1959 brachte er es auf 34 unentschuldigte Fehltage. Er wurde fristlos entlassen.

Am 10. November 1960 kam Säume das erste Mal hinter Gitter, weil er klaute wie ein Rabe. Außerdem wurde er wegen Betruges und Verstoßes gegen das Passgesetz zu zwei Jahren Haft verurteilt. Im Haftarbeitslager Volkstedt, wo er in der Pflastersteinproduktion eingesetzt war, spielte er sich als großer Zampano auf und pfiff auf die Anweisungen. Überliefert ist sein Satz: „Ihr könnt mich nicht erziehen, das haben schon andere versucht." Zweimal wurde er „wegen Verstößen gegen die Lagerordnung" bestraft.

Der Leiter des Strafvollzugskommandos, Polizeimajor Schramm, vermerkt in seinem Bericht: „In Bezug auf seine strafbaren Handlungen zeigte Säume keine Reue und sagte seinen Mitgefangenen, dass diese nicht so schlimm gewesen seien." Eine „bedingte Strafaussetzung" sei abgelehnt worden. „Nicht zuletzt deshalb", schreibt Schramm weiter, „weil der Gefangene am 1. Mai 1961 zum Ausdruck gebracht hat, alles daranzusetzen, die DDR zu verlassen."

Auch die Mithäftlinge aus den Stuben 3 und 7 der „Baracke J" stellen Säume kein gutes Leumundszeugnis aus.

Nachdem er am 4. Juni 1962 aus der Haft entlassen wurde, ging er als Gleisbauarbeiter nach Wittenberg. Doch dort machte er erneut lange Finger: Er stahl ein Moped und Winterbekleidung der Reichsbahn. Diesmal hatte er Glück. Er wurde im Dezember 1962 vom Kreisgericht Wittenberg wegen Diebstahls zwar zu drei Monaten Gefängnis verurteilt, blieb aber in Freiheit, weil die Strafe zwei Jahre zur Bewährung ausgesetzt wurde. 1962 wechselte er zur Tiefbaufirma Schulz.

17. August 1963

Am 17. August um 19 Uhr vermisst Christas Mutter ihre Tochter. Sie beginnt, die Fünfjährige zu suchen, fragt bei Nachbarn und Bekannten nach. Um 21 Uhr erstattet sie beim Polizeikreisamt Wittenberg Vermisstenanzeige. „Christa hat erst auf einem Heuwender herumgeturnt, der unmittelbar an unserem Haus auf dem Acker stand, und dann auf dem Sommerweg mit einer Schippe an einem Sandhaufen gespielt, nachdem sie um 11.30 Uhr vom Kindergarten nach Hause gekommen war“, gibt die Spinnereiarbeiterin an. „Als mein Mann gegen 16.30 Uhr mit dem Fahrrad von der Stadt zurückkam, wo er Kinokarten gekauft hatte, war Christa immer noch am Haus. Ich habe gesehen, wie sie mit einem Stock in einer schmutzigen Pfütze herumstocherte, und habe gerufen: ‚Du Ferkel, du machst dich ja ganz dreckig!‘“

Nachdem Christas Stiefvater eine Stunde später zum Sportplatz geht, sieht er das Kind nicht mehr. Doch er denkt sich nichts dabei. Der Chemiearbeiter glaubt, dass die Fünfjährige bei einer Nachbarin ist. Gegen 19 Uhr will die Mutter ihre Tochter ins Haus holen. Doch Christa ist nicht da. Sie geht zur Nachbarin. Auch dort Fehlanzeige. Bis 21 Uhr suchen die Wörners gemeinsam mit Bekannten nach dem Kind. Dann gehen Christas Eltern zum Abschnittsbevollmächtigten Schmelke und melden die Fünfjährige als vermisst.

„War Ihre Tochter schon mal von zu Hause fort?“, fragt der Polizist.

„Ja, am Sonntag vor Ostern im letzten Jahr“, abtwortet die Mutter. „Wir waren mit Christa bei einer Familie zu Besuch, die auch ein dreijähriges Kind hatte. Beide waren mit ihren Dreirädern herumgefahren und wollten wohl nach Griebo zu einem

Die Kindersandalette, die bei der Suche nach dem Kind gefunden wurde

gleichaltrigen Jungen. Einem Polizisten sind sie drei Kilometer von unsrem Haus entfernt am Stickstoffwerk aufgefallen, und er hat sie nach Hause gebracht."

ABV Schmelke greift zum Telefonhörer und ruft in Griebo an. Doch dort ist Christa ebenfalls nicht. Dann informiert er das Polizeikreisamt in Wittenberg.

Es ist der Nachmittag des 18. August, als die Suche nach dem vermissten Kind mit dem dunkelblonden Bubikopf erste Früchte trägt. Um 16.30 Uhr verständigt Abschnittsbevollmächtigter Schmelke die Abteilung Kriminalpolizei des Kreisamts telefonisch darüber, dass am Ufer des Rischebachs, nahe der Kapelle, eine beigefarbene Kindersandalette gefunden wurde.

Als Hauptmann Scheer und Kriminaltechniker Leutnant Röthe am Fundort ankommen, der nur etwa 300 Meter vom Grundstück der Familie des vermissten Mädchens entfernt liegt, ist das Gebiet bereits von Schutzpolizisten und freiwilligen Helfern der VP abgesperrt. Unweit der Sandalette wurde zudem ein schwarzer Herrenhalbschuh gefunden. Und noch etwas lag auf der

Uferböschung vor einem Baum – eine gut erhaltene rotbraune Popelinejacke. Das Fabrikzeichen unter dem Aufhänger trägt die Aufschrift „Spree Quell – Kleidung 44“. Zwei Meter daneben hat der Suchtrupp einen braunen gefütterten Herrenlederhandschuh entdeckt. Den zweiten 15 Meter weiter.

Interessant sind für die Kriminalisten zwei Pakete, die auf dem nahegelegenen Gartengrundstück in einer Asche- und Müllgrube gefunden werden. Beide Pakete sind in Packpapier eingewickelt. Darauf kleben noch Reste eines Paketzettels. Gut zu erkennen sind der Absender in Hamburg-Blankenese und der Empfänger in Trebitz. Über die Adresse in Trebitz stoßen die Kriminalisten auf Lydia Maurer*. Sie berichtet, dass sie einen Cousin hat, der nach seiner letzten Entlassung aus dem Gefängnis bei ihr gewohnt hat, inzwischen aber nach Wittenberg gezogen ist. „Am 17. August ist mein Cousin Joachim Säume gegen Mittag bei mir aufgetaucht. Ich wasche seine Sachen, und er wollte die sauberen abholen. Ich habe sie in Packpapier eingepackt.“ Dann zählt sie auf, was es für Kleidungsstücke waren. Die von ihr beschriebenen Sachen stimmen mit dem Inhalt der beiden Pakete aus der Müllgrube überein.

Am Mittag des 19. August sind Polizeileutnant Mager und Cremer zu Säume unterwegs. Doch der Mann, der zur Befragung ins Polizeikreisamt gebracht werden soll, ist nicht zu Hause. Eine Nachbarin teilt den Polizisten mit, dass der 25-Jährige gegen 12.30 Uhr das Haus verlassen hat. Er habe mit dem Zug nach Halle fahren wollen, so die Auskunft der Frau. „Säume arbeitet bei der Firma Schulz in Wittenberg. Als ich ihn heute so um 11 Uhr auf der Treppe gesehen habe, habe ich mich richtig erschrocken. Er sah völlig verstört aus, so wie ich ihn noch nie zuvor gesehen hatte.“ Dann fällt der Nachbarin noch ein, dass zwischen 10 und 11 Uhr ein Lautsprecherwagen der Polizei durch die Straße gefahren ist, „der darüber informiert hat, dass das vermisste Kind vermutlich Opfer einer Straftat geworden ist“.

Die Ermittler fahren unverzüglich zum Bahnhof Wittenberg. Doch dort ist der Gesuchte nicht. Mager und Cremer informieren die Transportpolizei und zeigen dort auch ein Foto Säumes.

„Wenn der hier auftaucht, haltet ihn fest und ruft uns an!“, sagt Cremer.

„Vielleicht ist er ja noch irgendwo eingekehrt?“, vermutet Mager. „Wir haben doch eine Liste, wo der Säume gewöhnlich sein Bier trinkt. Lass uns doch die Lokale abklappern.“ Cremer nickt: „Gut, wir fahren. Aber es ist eine ganze Latte von Gaststätten.“

Zuerst schauen sie bei „Laas“ vorbei. Doch dort ist mittags geschlossen. Auch beim „Schwarzen Bär“ haben sie keinen Erfolg: „Montag Ruhetag“ verrät ein Schild an der Tür. Die Gaststätte „Heiterer Blick“ ist geöffnet. Aber von Säume keine Spur. Erst im „Bauernstübl“ in der Töpfergasse haben die Polizisten Glück. Säume sitzt an einem der Tische und kontrolliert Lottoscheine. Vor sich ein halbvolles Glas Bier.

Cremer tritt an den Tisch, weist sich aus: „VP-Leutnant Cremer“, und bittet sein Gegenüber, ihn „zur Klärung eines Sachverhalts“ ins Kreisamt zu begleiten. Es ist 13.45 Uhr.

„Ich muss nur noch bezahlen“, sagt Säume völlig ruhig. Dann verlässt er mit den Polizisten unter den neugierigen Blicken der Gäste das Lokal. Draußen fragt er: „Worum geht es denn, Genossen?“ Mager antwortet nur kurz: „Wie schon gesagt, wir müssen einen Sachverhalt klären.“

Wenig später wird Säume informatorisch befragt. Wo er sich am 17. August aufgehalten habe? „Am Sonnabend habe ich mit Kollegen gesoffen, auch die anderen Tage danach.“

Als Cremer auf die Bekleidung in den Paketen zu sprechen kommt, sagt er: „Ach, die habe ich schon vermisst.“

„Und wo waren Sie am 17. August zwischen 16.30 Uhr und 18.30 Uhr genau?“

Säume plustert sich auf: „Ach, jetzt wollt ihr mir wohl das vermisste Kind in die Schuhe schieben. Wenn das so ist und es kommt zum Prozess, dann würde ich aber auspacken, und noch ein paar andere kommen dann auch vor Gericht.“

„Wie meinen Sie das?“, will Cremer wissen.

„Bei einem anderen Verfahren bin ich von einem eurer Genossen geschlagen worden.“ Aber einen Namen könne er nicht nennen.

Am 19. April wird ein Ermittlungsverfahren gegen Säume eröffnet. Die schriftliche Begründung des Kripo-Chefs lautet: „Der umseitig Benannte steht in dringendem Tatverdacht, die fünf Jahre alte Christa Wörner am Sonnabend, dem 17. August 1963 gegen 16.30 Uhr, von der Straße vor ihrer Wohnung entführt zu haben. Weiterhin besteht der dringende Verdacht, dass er ein Sexualverbrechen an diesem Kind vorgenommen hat und um die Straftat zu verdecken, das Kind vorsätzlich tötete."

Kurze Zeit später, um 19 Uhr, sitzt der 25-Jährige den VP-Unterleutnants Proschwitz und Lorenz gegenüber. Ihm wird mitgeteilt, warum er als Beschuldigter verhört wird, und Proschwitz sagt ruhig, aber bestimmt: „Ich fordere Sie auf, nur die Wahrheit zu sagen!"

Was er am Nachmittag des 17. August getan habe, will Lorenz von Säume wissen. Und nun bereitwillig schildert der junge Mann seinen Tagesablauf. Er sei nach 7 Uhr mit dem Bus nach Wittenberg gefahren und dort zum Frisör gegangen. Das habe bis kurz nach 8 Uhr gedauert. „Bis 10 Uhr bin ich dann in der Stadt herumgelaufen. Als der ‚Schwarze Bär' aufgemacht hat, bin ich in diese Gaststätte gegangen und bis 12 Uhr geblieben." Zwölf oder 13 Bier habe er dort getrunken.

Anschließend sei er mit einem Bekannten, der ein Jawa-Motorrad hat, nach Trebitz zu seiner Tante Lydia Maurer gefahren, um Wäsche abzuholen. „Nachdem wir da Kaffee getrunken haben, fuhren wir zurück nach Wittenberg. Im ‚Schwarzen Bär' habe ich drei Bier getrunken." Weil er sich mit einem Mann, dessen Namen er nicht kenne, in Piesteritz im „Grünen Kranz" verabredet habe, sei er dorthin gefahren. „Der Mann war aber nicht da. Ich bin dann auf die Idee gekommen, bei der Polizei vorbeizugucken, um nachzufragen, ob es etwas Neues zu meinem Fahrrad gibt. Das ist mir vor vier Wochen vor dem ‚Wilhelm-Pieck-Haus' geklaut worden." Doch der ABV sei nicht dagewesen. Er habe danach im „Krug zum grünen Kranze" drei oder vier Bier getrunken und sei ins „Wilhelm-Pieck-Haus" weitergegangen. Zum Mittagessen habe er dort drei Bier und zwei Schnäpse getrunken.

„Ich bin dann mit dem Bus vor 16 Uhr bis zur Haltestelle VEB Blechwaren gefahren."

„Wer ist dort mit Ihnen zusammen ausgestiegen?", will Lorenz wissen.

„Niemand und auch auf meinem Weg zur Damaschke-Siedlung, wo ich wohne, habe ich keinen getroffen." Er streitet ab, nicht den kürzesten Weg nach Hause gegangen zu sein. Er habe sich umgezogen und sei danach wieder zur Bushaltestelle VEB Blechwaren gegangen und in die Innenstadt von Wittenberg gefahren. Nachdem er in der Post gewesen sei, sei er im „Haus der Schaffenden" eingekehrt. Im Lokal habe er zwei Jugendliche getroffen, die er kenne, allerdings nicht namentlich. „Ich habe vorgeschlagen, nach Kemberg zu fahren, weil da immer was los ist. Wir sind zum Bahnhof gelaufen und dann mit dem Taxi zur ‚Weintraube' gefahren." Zehn Bier und zehn Schnäpse habe er getrunken. Nach dem Tanz sei er mit zu einer Rita Solms* gefahren und habe auch bei ihr in Wittenberg übernachtet. „Am nächsten Morgen sind wir gegen 10 Uhr in den ‚Schwarzen Bär' gegangen." Von dort aus in die Gaststätte „Laas", wo jeder zehn Bier getrunken habe. Gegen 13 Uhr seien sie zur Bushaltestelle Kreisgericht gegangen. „Wir stiegen am ‚Elbschlößchen' aus und gingen zum ‚Krug' und haben Bier getrunken, wie viel, weiß ich nicht. Gegen 17 Uhr sind wir zurück zu Rita gefahren und haben uns hingelegt." Um 20 Uhr sei er ins Lokal „Wassersleben" in Friedrichstadt gegangen, um Bier zu holen. Dort habe er zwei, drei Gläser Bier getrunken. Am Abend habe er mit Rita die Gaststätte „Zwei Linden" aufgesucht.

Die Wohnung der jungen Frau habe er überstürzt verlassen, als deren Freund unten pfiff und Rita auf die Straße ging. Der Freund hatte erfahren, dass sie gemeinsam mit Säume die „Zwei Linden" verlassen hatte, und war eifersüchtig. „Ich habe mir eine volle Bierflasche eingesteckt und bin aus dem Fenster gesprungen – etwa vier Meter hoch –, weil Rita abgeschlossen hatte. Ich habe mich erst am Sims festgehalten und mich dann fallen lassen. Ich wollte Rita helfen und ihm die Flasche über den Kopf hauen, wenn er sie schlägt." Doch weil der Freund

Rita nur eine Ohrfeige gegeben habe, habe er nicht eingegriffen. Kurz darauf sei die Frau auch zurückgekommen.

„Wir sind wieder zu ihr hoch.“ Nach 5 Uhr sei er „am heutigen Tag“ (19. August) zur Damaschke-Siedlung gelaufen. Da habe er sich schlafen gelegt. „Durch eine Lautsprecherdurchsage bin ich wach geworden. Da ging es um ein kleines Mädchen, das vermisst wird. Aber genau habe ich das alles nicht verstanden.“

Dann schildert er seinen weiteren Tagesablauf, der vor allem in Kneipen mit Biertrinken ablief. Im „Bauernstübl“ habe eine Lokalausgabe der Zeitung „Freiheit“ ausgelegen. „Darin habe ich von dem verschwundenen Mädchen gelesen. Ich habe gedacht, die Kleine ist sicherlich verschleppt worden und dass derjenige, der das gemacht hat, bestimmt seine Strafe bekommt.“

„Wie kamen Sie darauf, dass die Gesuchte ‚verschleppt‘ wurde?“, fragt Unterleutnant Proschwitz.

„Weil die Männer, die am Nebentisch saßen, so etwas erzählt haben.“

Er habe zuletzt in der Gaststätte „Laas“ gesessen. „Dort wurde ich ja von den Genossen der Volkspolizei abgeholt.“

Dann kommen die Vernehmer auf die gefundenen Wäschepakete zu sprechen. Proschwitz macht Säume auf einen Widerspruch aufmerksam: „Im Laufe Ihrer Vernehmung haben Sie gesagt, dass Sie am Sonnabend, dem 17. August gegen 16.30 Uhr, von der Bushaltestelle gleich nach Hause gegangen sind, ohne von der Straße abzuweichen. Wie kommt es dann, dass Ihre Bekleidung, die Sie nachmittags anhatten, und die Wäschepakete 150 Meter vom Weg entfernt im Wald am Ufer vom Rischebach und im Garten gefunden wurden?“

Er könne sich das nicht erklären. „Ich habe da nichts abgelegt.“

Dann werden Säume Hose, Jacke und Hemd vorgelegt. Er räumt sofort ein, dass es seine Sachen sind. „Aber das Hemd habe ich am Sonnabend nicht angehabt.“

Es ist 4.30 Uhr, als Unterleutnant Lorenz den Tatverdächtigen noch einmal dringend auffordert, die Wahrheit über die Wäschepakete zu sagen. Und Säume geht in den frühen Mor-

Säume zeigt bei der Tatrekonstruktion die Stelle, wo er die zwei Wäschepakete abgelegt hat

genstunden des 20. August 1963 den ersten Schritt in Richtung Wahrheit: „Ich gebe zu, dass diese Kleidungsstücke von mir dort selbst abgelegt wurden. Ich möchte dazu aber jetzt nichts weiter sagen." Er bittet darum, die Vernehmung zu unterbrechen. Danach werde er „schriftlich oder mündlich eine wahrheitsgemäße Aussage machen".

Eine Stunde später, um 5.30 Uhr, wird die Vernehmung fortgesetzt. Er wolle nun „ein offenes Geständnis ablegen", sagt der 25-Jährige. Am 17. August sei er im „Krug zum grünen Kranze" und danach in anderen Lokalen gewesen. „Insgesamt habe ich ungefähr vierzig Bier und zehn Schnäpse getrunken."

Von der Haltestelle VEB Blechwaren sei er mit den Paketen in der Hand in Richtung Neumühlenweg gegangen. „An der Scheune, Kreuzung Blumenweg, habe ich ein Mädchen gesehen. Etwa fünf, sechs Jahre alt."

Das blonde Mädchen, das unweit des elterlichen Grundstücks spielt, hat ein erdbeerfarbenes Trägerkleid mit Kirschmuster an und eine blau-weiß-rotkarierte Bluse sowie weiße Sandaletten. Er sei „etwas angetrunken gewesen, habe aber gewusst, was er tat", sagt Säume später beim Verhör aus.

Es ist 16.20 Uhr. Er spricht das Kind an und verspricht ihm Süßigkeiten. Er ist geschlechtlich erregt und fragt, ob sie gemeinsam ein Stück gehen wollen. Säume will seinen Trieb an dem Vorschulkind abreagieren. Die Fünfjährige hat keinerlei Scheu vor dem fremden Mann und gibt ihm die Hand. Säume

Die Haltestelle am VEB Blechwaren, hier stieg der Täter vor dem Mord aus dem Bus

Der Weg, der von der Bushaltestelle zur Damaschke-Siedlung führt; im Hintergrund die Scheune (Pfeil), in der Christa Wörner gespielt hat, als der Täter vorbeikam

Joachim Säume bei der Tatrekonstruktion; er sitzt an der Stelle links vom Bach (Pfeil), wo er die Fünfjährige sexuell missbraucht und ermordet hat

schlägt den Weg zum Rischebach ein. Als er Stimmen von Spaziergängern hört, beginnt er zu rennen und zieht das Mädchen hinter sich her.

Etwa hundert Meter hinter der Brücke unweit eines dichten Gebüschs setzt sich der 25-Jährige ans Ufer und zieht Christa auf seinen Schoß. Er holt eine Tafel Schokolade, die er im HO-Kaufhaus Wittenberg gekauft hat, aus seiner hinteren Hosentasche und gibt dem Mädchen ein Stück.

„Wie heißt du denn?“, fragt er.

„Christa.“

„Und wo wohnst du?“

Das Kind zeigt auf das gegenüberliegende Ufer des Rischebachs.

Dann will Säume Oralverkehr.

Als sich das Kind wehrt, zieht er ihm den Schlüpfer aus. Christa schreit: „Ich will nach Hause!“ Doch das interessiert Säume nicht. Er missbraucht sie. Um ihre Schmerzensschreie zu unterdrücken, knebelt er sie mit ihrem Schlüpfer. Doch durch die Abwehrbewegungen fällt der Knebel aus ihrem Mund. Sie schreit noch lauter.

Säume drückt mit einer Hand die Kehle des Mädchens zu. Er befürchtet, dass jemand in der Nähe aufmerksam werden könnte.

Nachdem er sich an dem Kind vergangen hat, lässt er den Hals der Fünfjährigen los. Christa stöhnt. Säume umfasst nun den Hals mit beiden Händen und würgt das Kind, bis sich Gesicht und Hände blau färben. Danach ordnet der Mörder seine Kleidung und rollt die Tote das steil abfallende Ufer hinunter in den Bach.

Doch anders, als er gehofft hat, geht die Leiche nicht unter. Sie treibt nur einige Meter ab und bleibt dann an einem Gestrüpp hängen.

Säume blickt sich um und stellt fest, dass der Schlüpfer des Mädchens und eine Sandale am Ufer liegen. Er wirft sie in das Flüsschen. Er zieht seine rotbraune Popelinejacke aus, weil er befürchtet, dass sich jemand an dieses auffällige Kleidungsstück erinnern und ihn so identifizieren könnte. Er rollt sie zusammen und legt sie vorerst hinter einen Baum.

„Die Tote kann nicht so gut sichtbar im Wasser liegen bleiben", geht es ihm durch den Kopf. Er holt aus einem Garten ganz in der Nähe eine eineinhalb Meter lange Bohnenstange und zieht damit die Kinderleiche ans Ufer. Er fasst Christa an einem Arm und einem Bein und trägt sie zurück auf die Wiese.

Ob sich das Folgende, das er während seiner Vernehmung in den frühen Morgenstunden des 20. August schilderte, wirklich so zugetragen hat, ist nicht sicher: „Zuerst fühlte ich mit der Hand den Puls, konnte aber keinerlei Lebenszeichen mehr feststellen. Dann fühlte ich nach dem Herzen. Doch auch da stellte ich keine Lebenszeichen fest. Ich wollte anfangs zur Straße rennen und irgendeinem Passanten die Wahrheit sagen. Dies tat ich jedoch nicht."

Säume legt die Tote hinter einen Baum. Dann läuft er nach Hause. Dort zieht er sich um. Seine Flanellhose, das blau-rot gestreifte Hemd und die Popelinejacke, die er vom Tatort mitge-

Aus diesem Garten holte der Täter die Bohnenstange; der Pfeil (1.) deutet auf den Trampelpfad, der zum Bach führt

nommen hat, steckt er in ein Einkaufsnetz. Er geht zum Tatort zurück, will dort Spuren verwischen. Zuerst streift er sich gefütterte Lederhandschuhe über, um keine Fingerabdrücke zu hinterlassen. Das Paar schwarze Herrenschuhe, das er mitgenommen hat, wirft er am Fluss fort, um eine falsche Spur zu legen.

Wenige Meter vom Rischebach entfernt, stößt der Kindermörder auf eine kleine Bodensenke, bewachsen mit Strauchwerk und nicht sofort auszumachen. „Eine gute Stelle, um die Leiche von der Oberfläche verschwinden zu lassen“, ist er sich sicher und beginnt damit, das Buschwerk herauszureißen und das Loch vom Laub zu befreien. Dann holt er das tote Kind vom Ufer und legt es in die Senke. Er setzt die Büsche wieder ein und scharrt das Laub über das „Grab“.

Beim Verhör schildert Säume seine Gedanken folgendermaßen: „In diesem Augenblick wurde mir erst klar, was ich getan habe. Ich setzte mich etwa zehn Minuten hin und dachte daran, was ich den Eltern des Kindes angetan habe, und ließ den

Der Mörder steht an der Stelle im Wald, wo er die Fünfjährige verscharrt hat

ganzen Vorfall noch einmal an mir vorüberziehen." Auch habe er damit gerechnet, geschnappt zu werden. „Ich habe überlegt, dass ich so 25 Jahre Gefängnis kriegen werde." Ein schwerer Irrtum, wie sich später herausstellt.

Die beschmutzte Wäsche aus dem Netz wirft Säume weg. Danach geht er zur Bushaltestelle und fährt nach Wittenberg. Es ist 18.30 Uhr.

Im Bus trifft er Rita Solms. Zuerst gehen sie gemeinsam ins „Haus der Schaffenden". Anschließend fahren sie mit drei Bekannten zum Tanz nach Kemberg. Kurz nach Mitternacht verlassen sie den Saal und der Mörder bleibt das Wochenende in der Wohnung der jungen Frau.

Am 23. August leitet das Kommissariat A der Abteilung Kriminalpolizei des Dessauer Polizeiamts die operative Maßnahme (OM) „Bach" ein. Das „Kommissariat Aufklärung" war innerhalb der Kriminalpolizei eine Struktur, die inoffizielle Mitarbeiter zur vorbeugenden Bekämpfung und Aufklärung von Straftaten einsetzte, die nach dem Strafgesetzbuch der DDR zwar als gesellschaftlich bedeutsam angesehen wurden, aber keine „staatssicherheitspolitische" Relevanz besaßen. Im Falle Säumes soll überprüft werden, ob der Kindermörder als Täter „für weitere ungeklärte Sexualverbrechen verantwortlich ist". Der „dringende Verdacht" bestehe.

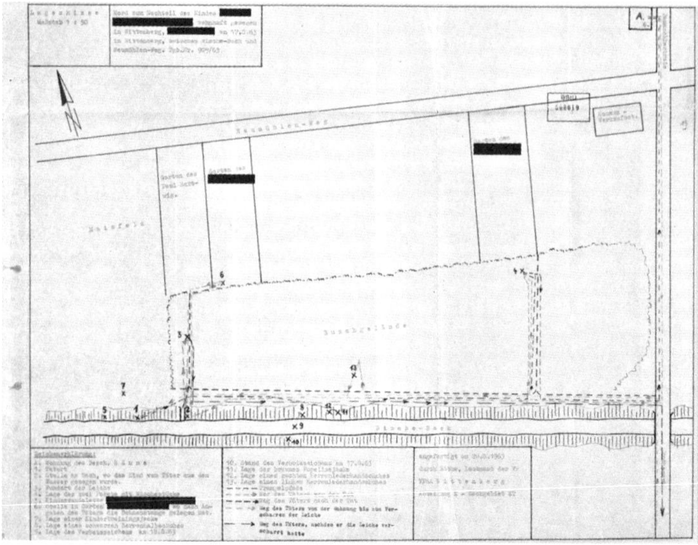

Die Lageskizze zwischen Neumühlenweg und Rische (Bach): A: Wohnung des Täters, 1: Tatort, 2: Stelle am Bach, wo das Kind vom Täter aus dem Wasser gezogen wurde, 3: Fundort der Leiche, 4: Lage von zwei Paketen mit Wäschestücken, 5: Fundort der Kindersandalette, 6: Stelle im Garten, wo nach Angabe des Täters die Bohnenstange lag, 7: Lage einer Kindertrainingsjacke, 8: Lage eines schwarzen Herrenhalbschuhs, 9: Lage des Verbotszeichens am 18.8.1963, 10: Standort des Verbotszeichens am 17.8.1963, 11: Fundort der braunen Popelinejacke, 12: Lage eines rechten Herrenlederhandschuhs, 13: Lage eines linken Herrenlederhandschuhs. Die gestrichelten Linien bezeichnen einen Trampelpfad, den Weg des Täters vor dem Mord, nach der Tat, von der Wohnung zum Verscharren der Leiche, und vom Punkt 3, nachdem er die Leiche verscharrt hat.

Dann werden die Fälle aufgelistet:

16. zum 17. August 1963: Notzuchtverbrechen und Mord an einer 19 Jahre alten Studentin in Halle (Säume arbeitet in der Nähe des Tatorts und hält sich am Wochenende in Halle auf).

20. Januar 1963 gegen 1 Uhr in Wittenberg: Der 23- bis 26-jährige Täter hat sein Opfer gegenüber dem Rathaus zu Boden geworfen, den Mund zugehalten und versucht, es zu vergewaltigen. Als ihm das nicht gelang, lief der Mann weg.

22. Januar 1963 gegen 16.45 in Abtsdorf (Wittenberg): Ein Unbekannter (33 bis 35 Jahre alt) fasste ein Mädchen beim Rodeln unter den Rock und versuchte, es auf den Kindersattel seines Fahrrads zu zerren.

25. Januar 1963 zwischen 18.45 und 19 Uhr in Kleinwittenberg (Nähe Bahnhof): Ein etwa 30 Jahre alter Fahrradfahrer zieht einer Frau den Mantel über den Kopf und sagt: „Ich will bloß …" Als die Frau ihn anschreit, lässt er von ihr ab.

13. Februar 1963 gegen 20.30 Uhr, Ernst-Thälmann-/Heubnerstraße in Wittenberg: Eine Frau wurde von zwei Männern in die Brust gekniffen.

18. Februar 1963 gegen 19.30 Uhr, Feldstraße in Wittenberg: Ein Fahrradfahrer wirft eine Frau zu Boden und legt sich auf sie. Als ein anderer Fahrradfahrer vorbeikommt, flieht er.

4. April 1963 gegen 15.45 Uhr, Volkspark Piestritz: Der etwa 30 Jahre alte Täter entblößt vor Kindern sein Geschlechtsteil und berührt sie unsittlich.

13. April 1963 gegen 15.15 Uhr, Wittenberg, zwischen Mühlanger und Zörnigall: Der etwa 22 Jahre alte Fahrradfahrer hielt ein Kind fest und zog ihm den Schlüpfer aus. Danach schüttelte er das Kind und tastete es ab.

25. April 1963 gegen 15 Uhr, Wittenberg, Nähe Wiesigker Tor: Ein Mann (22 bis 25 Jahre alt) versucht, zwei Kinder vergeblich in ein Waldstück zu locken, und entblößt sich dabei.

19. Mai 1963 gegen 0.10 Uhr, Wittenberg, Triftstraße/Bahnbrücke: Der Täter griff die im 9. Monat Schwangere von hinten an und zog sie die Bahnböschung hinunter. Er hielt ihr den Mund zu und griff mit der anderen Hand an ihr Geschlechtsteil.

Er würgte sie und floh, als sich Passanten näherten.

Der Untersuchungshäftling Säume ist in einer Mehrmannzelle untergebracht. Was er nicht weiß, ist, dass einer seiner Haftgenossen einen Spezialauftrag vom Kommando A hat. „Horst Stein“ soll das Vertrauen des Kindermörders gewinnen und ihn aushorchen, um so möglicherweise Dinge zu erfahren, die der Wittenberger bisher nicht verraten hat. „Mensch, was haste denn bloß mit dem Kind gemacht?“, fühlt der Polizeispitzel Säume auf den Zahn. Doch der ist vorerst wachsam: „Das Mädchen ist ins Wasser gefallen“, sagt er. „Aber ich werde mir einen Rechtsanwalt nehmen. Der wird die Sache schon aufklären.“

„Und wenn nicht?“, fragt „Stein“.

„Wenn ich mehr als 15 Jahre kriege, haue ich aus dem Gefängnis ab.“ Dann fügt er an: „Gott sei Dank habe ich nicht mehr gemacht.“

Als ihn sein Zellengenosse daraufhin fragend ansieht, winkt er ab: „Das musst du auch nicht verstehen.“

Der Informant teilt seinen Auftraggebern mit, dass Säume am späten Nachmittag des 24. August „plötzlich moralische Anwandlungen bekommen“ habe. „Er hat sich in eine Zellenecke gesetzt, geweint und gesagt: ‚Heute vor einer Woche ist es passiert.‘“ Wichtig erscheint „Stein“ auch die Tatsache, dass Säume immer noch „an seiner ehemaligen Verlobten aus Wittenberg hängt, die von ihm schwanger ist“. Er wünschte sich einen Jungen, denn ein Mädchen habe er ja umgebracht.

Bei einem gemeinsamen Gespräch erzählt der Informant, wie gut ihm Halle gefalle, besonders die vielen Kneipen in der Innenstadt. Säume nickt und sagt, dass er in Halle öfter „aus gewesen“ sei. „Das Tanzlokal ‚Grinzing‘ in der Unteren Geiststraße ist gemütlich.“

Auf den Mord an der Studentin sei er während der Gespräche nicht eingegangen, schreibt „Stein“ in seinem Bericht an seinen Verbindungsoffizier Oberleutnant Mecklenburg. „Da der Fall ja inzwischen aufgeklärt ist.“

Zu den offenen Fällen in Wittenberg habe sich sein Zellenkamerad noch nicht geäußert. Der Polizeispitzel vermutet allerdings, dass Säume weitere Straftaten begangen hat. Er schließt das daraus, dass der Untersuchungshäftling nach längerem Schweigen immer wieder ungefragt beteuert: „Ich habe nichts weiter gemacht!“

Anfang September „kitzelt“ „Horst Stein“ aus Säume heraus, dass er in Westdeutschland ein 15 Jahre altes Mädchen „gebraucht“ habe und dafür vom Vater der Jugendlichen „zur Rechnung gezogen“ worden sei.

Säume fasst nach und nach Vertrauen zu „Stein“. Er schildert ihm, wie er das Kind getötet und dass er es nach der Tat ins Wasser geworfen hat.

Nachdem der Untersuchungshäftling von einer Vernehmung durch die Morduntersuchungskommission in Halle in die Haftanstalt zurückgebracht wurde, ist er gesprächiger als sonst. „Ich habe am Anfang versucht, nichts zu sagen. Aber die Polizei hat mir Beweise auf den Tisch gelegt. Da musste ich passen. Ich möchte gerne mal wissen, woher die das alles wissen, zum Beispiel wie ich die Kleine umgebracht habe.“ Er habe sich inzwischen etwas ausgedacht: „Die Ärzte müssen anerkennen, dass ich unzurechnungsfähig bin. Ich weiß auch schon, wie ich das hinkriege: Ich falle einen Wachtmeister an und täusche einen Nervenzusammenbruch vor.“ Dann wendet er sich an seine Mithäftlinge: „Und ihr müsst alle bezeugen, dass ich euch auch an die Wäsche gegangen bin.“ Beim Prozess wolle er den Blöden spielen und Unsinn reden.

Aber Säume hat auch einen „Plan B“. „Wenn ich das nächste Mal in Halle verhört werde, werde ich darum bitten, dass das Fenster geöffnet wird, weil ich schlecht Luft kriege. Ich springe dann aus dem Fenster und versuche, an der Fahnenstange, die vor dem Haus steht, runterzuklettern.“ Wenn er dabei angeschossen werde, würde er die Flucht auf dem Transport ins Haftkrankenhaus Meusdorf erneut versuchen.

In einem weiteren Bericht an seinen Verbindungsmann bei der Polizei teilt „Stein“ mit, dass sein Zellenkumpel gesagt habe, ihm mache es nichts aus „jemanden totzuschlagen. Ohne mit der Wimper zu zucken.“

Im Abschlussbericht der „operativen Maßnahme“ wird festgestellt, dass „trotz intensiver Bearbeitung dem Säume“ keine Hinweise auf weitere strafbare Handlungen nachgewiesen werden konnten. Zum Zelleninformanten „Stein“ schreibt Polizeileutnant Kastl: „Er erreichte bei Säume mit der Legende, bevor man etwas macht, soll man mit erfahrenen Menschen vom Fach Verbindung haben, und wenn etwas schiefgeht, so müssen sie einen nur wegen Kleinigkeiten schnappen“, dass er ihm vertraut.

Bei seiner zweiten Vernehmung am 5. September sagt der Untersuchungshäftling, dass er trotz der 22 Bier und der drei Schnäpse, die er im Laufe seiner Zechtour am 17. August getrunken habe, „nicht betrunken, sondern nur leicht angeheitert“ gewesen sei. „Ich wusste alles, was ich tat und auch, was um mich herum geschah.“

Auch Rita Solms sagte aus, dass sie nicht festgestellt habe, dass er aufgeregt oder innerlich unruhig war. „Als ich den Achim im Bus getroffen habe, hat er auch keinen betrunkenen Eindruck gemacht. Ich weiß, dass er viel redet, wenn er betrunken ist. Im Bus war er eher schweigsam.“ Erst in Kemberg beim Tanzvergnügen hätten sie sich beide die Kante gegeben. Sie habe 20 Bier und 16 Schnäpse getrunken. Und sie hätten in ihrer Wohnung zweimal Sex gehabt, sagt die junge Frau. „Säume war es egal, dass ich ihm sagte, dass ich in der Nachkontrollzeit wegen einer Geschlechtskrankheit bin und noch keinen Beischlaf vollziehen soll. Er hatte einen großen Geschlechtstrieb. Das ist mir sofort aufgefallen.“

Einen Tag nach dem Geständnis des Täters liegt der Sektionsbericht des Instituts für gerichtliche Medizin und Kriminalistik der Universität Halle-Wittenberg von Dr. Simon und Dr. Drese vor. Bei der Leichenöffnung in der Wittenberger Hufeland-Klinik wurden „Zeichen des Erwürgens und im Sterben erfolgtes Ertrinken“ festgestellt. Im Wesentlichen sei das Kind an den Folgen des Würgens verstorben. Die Zeichen dafür seien eindeutig: Kratzer an der Vorderseite des Halses, zahlreiche feinfleckige frische Unterblutungen der Haut und des Unterhautzellengewebes im Bereich des Halses, starke herdförmige frische Unterblutungen der Halsmuskulatur, die sich besonders oberhalb des Kehlkopfes und auf die tieferen Halsmuskeln erstrecken, zahlreiche flohstichartige Unterblutungen der Augenlider, der Augenbindehäute sowie der Mund- und Rachenschleimhaut.

Die Rechtsmediziner listen zudem eine Vielzahl von schweren Verletzungen auf, die auf den brutalen sexuellen Missbrauch der Fünfjährigen zurückzuführen sind.

Geringe Mengen sogenannter Ertrinkungsflüssigkeit im Magen des Opfers wiesen darauf hin, dass das Kind noch nicht tot war, als es ins Wasser geworfen wurde.

Im Wittenberger Filmtheater „Freundschaft“ kommen am 23. September 1963 Einwohner der Lutherstadt zu einer öffentlichen Versammlung zusammen. Eingeladen hat Kreisstaatsanwalt Raupach. Die Wellen der Empörung schlagen hoch. Wie aus einem Munde fordern diejenigen, die sich zu Wort melden, die Todesstrafe. Lobende Worte finden die Wittenberger für die schnelle und erfolgreiche Arbeit der Kriminalpolizei.

Am Nachmittag desselben Tages hatte es bereits eine „Auswertung“ im VEB Wittol gegeben, bei der Polizeichef Major Pöhner und Staatsanwalt Raupach die Belegschaft des Haushaltchemiewerks informierten. Der Grundtenor war, dass viele Kinder Angst haben und sich nicht auf die Straße trauen. Kritisch angemerkt wurde, dass Nachbarn schon „viel eher Hinweise auf den Lebenswandel Säumes hätten geben müssen“. Eine Arbeiterin sagte sichtlich erregt, dass Eltern, Kindergärtnerinnen und Hortnerinnen „zeitiger die Kinder aufklären müssten, nicht mit fremden Personen mitzugehen“. Auch bei dieser Versammlung hatte es geheißen: „Kein Erbarmen – Todesstrafe.“

Am 28. September wurde der Fall auf der Baustelle Buna, der ehemaligen Arbeitsstelle Säumes, amtlich ausgewertet. Dabei kam auch die finanzielle Situation des Ex-Kollegen zur

Sprache. Montags sei er meistens blank gewesen. Aus Mitleid hätte man ihm Geld gegeben, damit er sich Lebensmittel kaufen kann. Einer der 32 Anwesenden gab an, dass es üblich ist, für eine Bummelschicht als Strafe einen Kasten Bier auszugeben. „Säume ist noch zwei schuldig."

Am 29. November 1963 wird Säume in der neurochirurgischen Abteilung der Universität Halle psychiatrisch begutachtet. Dr. Rudolf Richwien kommt zu dem Schluss, dass die Untersuchung des Tatverdächtigen „keinen Anhaltspunkt für organische Leiden, speziell Nervenleiden oder Epilepsie" gebracht hätten.

Zum Thema Alkohol, habe sich der Befragte dahingehend geäußert, dass er von den 700 Mark Monatsverdienst, etwa 400 Mark für alkoholische Getränke ausgebe. Säume habe angegeben, dass er „seit einem Stoß mit einem Eisenhaken an die linke Augenbraue im Mai dieses Jahres keinen Alkohol mehr verträgt". Wenn er trinke, setze es bei ihm aus, und er wisse nicht mehr, was er getan habe. „Auf die Frage nach der Dosis meinte er, dass vierzig Glas Bier an einem Wochentag für ihn nichts Besonderes gewesen seien."

Der Psychiater kommt zu dem Schluss, dass es sich bei Säume um einen „brutalen Genussmenschen" handele „ohne jedes höhere Interesse, dessen einziges Streben und Trachten auf unmittelbare Triebbefriedigung gerichtet ist". Während seiner Tat habe er keinesfalls unter „pathologischen Rauschzuständen" gelitten. Allerdings gebe es „Anzeichen für einen beginnenden Alkoholismus".

Das Fazit: „Aus Sicht des Nervenfacharztes gibt es keine Anhaltspunkte für krankhafte Zustände der höheren Nerventätigkeit, die es dem Untersuchungsgefangenen unmöglich machten, das Strafbare seiner Handlung einzusehen und dieser Einsicht entsprechend zu handeln oder diese Fähigkeiten in krankhafter Weise herabsetzen."

Im Januar 1964 schreibt Säume einen Brief an seine Eltern und Geschwister. Daraufhin wendet sich Staatsanwalt Galuschke an den Leiter der Untersuchungshaftanstalt Halle mit der Bitte, „dem Untersuchungshäftling mitzuteilen, dass ich seinen Brief nicht weitergeleitet habe, da dieser unzulässige Ausführungen über seine Straftat enthält“. Säume hatte darin den Mord zwar eingeräumt, jedoch geschrieben: „Ich habe es aber nicht bewusst gemacht, wie es ausgelegt ist.“

Der Prozess gegen Säume beginnt am 14. April 1964 vor dem 2. Strafsenat des Bezirksgerichts Halle. Das Urteil wird bereits am 17. April gefällt: „Der Angeklagte Joachim Säume wird wegen Mordes gemäß Paragraph 211 Strafgesetzbuch zum Tode verurteilt.“ Bereits Monate zuvor hatte die Staatsanwaltschaft Halle dem Generalstaatsanwalt in Berlin den „Strafvorschlag Todesstrafe“ unterbreitet, dem die höchste Anklagebehörde der DDR zugestimmt hatte.

Jede vorsätzliche Tötung eines Menschen werde zum Mord qualifiziert, wenn die Tötung die im Paragraphen 211 strafverschärfenden objektiven und subjektiven Tatbestandsmerkmale aufweise, sagte die Senatsvorsitzende Urmann in ihrer Urteilsbegründung. „Solche können vorliegen, wenn der Täter sein Opfer zur Verdeckung einer anderen Straftat tötete.“ Dieses „Qualifizierungsmerkmal“ sei im vorliegenden Falle gegeben. „Der Angeklagte hat das Kind getötet, nachdem er seine geschlechtlichen Gefühle befriedigt hat, damit der sexuelle Missbrauch nicht entdeckt werden kann.“

Der Senat habe zu prüfen gehabt, ob der Angeklagte für seine Taten im Sinne des Gesetzes verantwortlich ist. Auch mit Blick auf den Alkoholkonsum. „Der Angeklagte konnte nach seiner Festnahme alle Einzelheiten seines Verbrechens schildern. Auch seine überlegte Tatausführung und die von ihm getroffenen Maßnahmen zur Verdeckung seines Verbrechens zeugen davon, dass er völlig normal und logisch reagieren konnte.“ Damit schloss sich das Bezirksgericht der Meinung des Gutachters an.

Der Schutz des Lebens gehöre zu den vornehmsten Aufgaben des sozialistischen Staates, so die im Urteil geforderte politische Passage. „Besonders vorbildlich wird in der Deutschen Demokratischen Republik die Gesundheit und das Leben aller Kinder gewährleistet", sagt Urmann weiter. „Über diese humanistischen Prinzipien hat sich der Angeklagte brutal und in unmenschlicher und gefühlskalter Weise hinweggesetzt. Es ist in unserer sozialistischen Gesellschaftsordnung eine Selbstverständlichkeit, dass immer dann, wenn ein Kind sich in Hinblick auf seine Gesundheit in höchster Gefahr oder Not befindet, die verantwortlichen Bürger vereint mit den medizinischen Einrichtungen alle Kräfte einsetzen, um das Leben und die Gesundheit eines jeden Kindes zu erhalten."

Der Strafverteidiger Säumes habe in seinem Plädoyer „sehr richtig darauf hingewiesen, dass selbst in der faschistischen Zeit, Antifaschisten in den Konzentrationslagern Hitlers unter dem Druck der faschistischen Barbarei und Unmenschlichkeit das Leben von Kindern erhielten und behüteten, wie es in dem Buch von Bruno Apitz ‚Nackt unter Wölfen' dargelegt wird".

Der Bezirksstaatsanwalt habe beantragt, den Angeklagten wegen Mordes mit dem Tode zu bestrafen. Diese sehe das Gesetz nur in „besonderen Ausnahmefällen" vor, erläutert die Vorsitzende Richterin. „Bei solchen schweren Verbrechen, die in der Begehungsweise und von der Täterpersönlichkeit her gesehen eine große Brutalität und Gefühlskälte offenbaren und jedes Gefühl für die Menschlichkeit vermissen lassen. Im vorliegenden Fall liegt ein derart schweres Mordverbrechen vor."

Die Tat habe in Wittenberg „Furcht und Schrecken hervorgerufen", zitiert Urmann die beim Prozess vorgetragene Meinung der „gesellschaftlichen Anklägerinnen".

„Im Interesse der Sicherheit und des Schutzes unserer Kinder und unter Berücksichtigung der hohen Gesellschaftsgefährlichkeit dieses Verbrechens und der Persönlichkeit des Angeklagten war er daher wegen Mordes zum Tode zu verurteilen."

Strafverteidiger Dr. Probst geht in Berufung. Es gelte zu klären, ob die Todesstrafe „unumgänglich nötig" sei. Er verweist auf die „schwere Kindheit" des Angeklagten und die Alkoholisierung am Tattag (1,3 Promille). Zudem sei sein Mandant „nicht als gewaltsam bekannt und habe gegenüber Kleinkindern ein durchaus gutes Verhältnis“.

Am 7. Juli 1963 wird Joachim Säume vom Untersuchungsgefängnis Halle ins rund 40 Kilometer entfernte Leipzig gebracht.

Die letzte Eintragung in der Akte des Kindermörders lautet: „Urteil ist am 8.7.64 vollstreckt.“

ENTHAUPTET

Die Mitteilung der Bezirksstaatsanwaltschaft Halle an das Bundeszentralregister am 11. April 1991 ist kurz und knapp: „Unterbringung in einem psychiatrischen Krankenhaus erledigt am 11.07.90." Getroffen hat diese Entscheidung das Kreisgericht Halle-Stadt im Juli 1990 auf Antrag des Bezirkskrankenhauses für Psychiatrie.

Der Mann, um den es in diesem amtlichen Schreiben geht, ist ein inzwischen 54-Jähriger, der seit 1963 in Heil- und Pflegeanstalten untergebracht war, weil er seine Mutter getötet hat. Der 2. Strafsenat des Bezirksgerichts Halle hatte Erhard Riehm* zuvor unbefristet eingewiesen. Doch die veränderte gesetzliche Lage nach der deutschen Einheit bringt dem Muttermörder die Freiheit.

Das Bezirksgericht hatte zuletzt im März 1967 angeordnet, dass der kranke Straftäter weiter in einer geschlossenen Anstalt bleiben muss. Bundesdeutsches Recht sieht jedoch vor, dass das Gericht jährlich überprüfen muss, ob die Unterbringung zur Bewährung ausgesetzt werden kann, schreibt die Staatsanwaltschaft Halle im Januar 1991 an die Leipziger Klinik. „Sie werden deshalb ersucht, eine Einschätzung über den weiteren Krankheitsverlauf und sein Verhalten in der Einrichtung zu übersenden, aus dem sich insbesondere ergibt, ob auch unter Beachtung der Schwere der von ihm begangenen Tat verantwortet werden kann, zu erproben, ob der Untergebrachte außerhalb der psychiatrischen Einrichtung keine rechtswidrigen Taten mehr begehen wird."

Der Chefarzt des Bezirkskrankenhauses antwortet am 17. Januar 1991. Bei Riehm sei „durch komplexe Therapiemaßnahmen eine affektiv-emotionale Auflockerung" erreicht worden. Der Patient sei jedoch invalidisiert und „alleine nicht existenzfähig". Riehm, der als Achtjähriger vom Schaukelpferd auf den Hinterkopf gefallen war, eine schwere Gehirnerschütterung erlitten hatte und mehrere Tage bewusstlos war, habe aus diesem Grunde unterschrieben „auf freiwilliger Basis in unserer Einrichtung zu verbleiben". Langfristig sei vorgesehen, ihn in einem psychiatrischen Pflegeheim unterzubringen.

Mit dem Beschluss des Kreisgerichts Halle ist ein Fall abgeschlossen, der 27 Jahre zuvor im Bezirk Halle für großes Aufsehen gesorgt hatte.

Am 16. September 1963 kommt Erich Riehm* gegen 23 Uhr in seine Parterrewohnung in der Kirchnerstraße zurück. Dreieinhalb Stunden zuvor war er zu einer Frau in die Schlossgasse gegangen, mit der er seit 1959 ein intimes Verhältnis hat. Seit 1947, nachdem er aus der Kriegsgefangenschaft zurückgekommen ist, leben der Tischler und seine Ehefrau nebeneinander her. „Friedlich", wie der Tischler später aussagt, „aber ohne innerlichen Kontakt." Mit seiner Geliebten hat er ein knapp zwei Jahre altes gemeinsames Kind. Anna Riehm weiß vom Verhältnis ihres Mannes und dem außerehelichen Kind.

Riehm schließt die Korridortür auf und schaltet das Licht im Flur an. Weil seine Frau nicht in der Küche ist, geht er ins Schlafzimmer. „Anna, Anna, schläfst du schon?", ruft er leise ins Dunkle hinein, bekommt aber keine Antwort. Als er näher ans Ehebett herantritt, stellt er fest, dass es unberührt ist. Er schüttelt den Kopf: „Ist Anna aus dem Haus gegangen?", überlegt er. „Gesagt hat sie nichts. Und wo sollte sie auch um diese Zeit noch hingegangen sein?"

Er geht zurück in den Korridor. Dort hängt ein Campingbeutel am Spiegel. Der Blick des 60-Jährigen fällt auf etwas Dunkles, das neben der Konsole des Spiegels unweit der Eingangstür zum Abstellraum liegt. Riehm tritt näher und prallt entsetzt zurück. Das „Dunkle" ist ein menschlicher Kopf. Die Situation erscheint dem Mann allerdings so unwirklich, dass er erst zwei, drei Schritte weiter macht und den Abstellraum betritt. Dort durchschüttelt ihn der nächste Schock. Rechts vom Eingang liegt in einem See aus Blut der kopflose Körper seiner Ehefrau.

Kirchstraße 9; die Ziffern 1 bis 5 kennzeichnen Fenster und Tür des Ladens, Fenster des Wohnzimmers und das Haustor

Kalten Schweiß auf der Stirn, mit gesträubten Nackenhaaren blickt sich Riehm um, ob irgendwo ein Fenster offen steht, durch das derjenige eingestiegen sein könnte, der seine Frau enthauptet hat. Doch alle Fenster sind geschlossen.

Riehm geht ins Schlafzimmer zurück. Er will feststellen, ob sein 26 Jahre alter Sohn dort ist. Erhard liegt im Bett und schläft. Ein schrecklicher Verdacht keimt in ihm auf. Er schließt die Wohnungstür ab und läuft zum Polizeirevier.

Gegen Mitternacht werden vom Diensthabenden drei Polizisten zur Kirchstraße geschickt, um die Angaben Riehms zu überprüfen. Eine gute Stunde später meldet VP-Unterleutnant Schön seinem Vorgesetzten im Volkspolizeikreisamt, das die Situation genauso vorgefunden wurde, wie sie von Riehm beschrieben wurde. Erhard Riehm*, der immer noch seelenruhig schläft, als die Schutzpolizisten ins Schlafzimmer kommen, wird vorläufig festgenommen und zum Kreisamt gebracht.

Um 1.45 Uhr sind der Chef des VPKA, Major Hausmann, und der Leiter der Morduntersuchungskommission, Hauptmann Grothe, in der Dreizimmerwohnung. Kriminaltechniker Hecht

Die Tatwohnung mit der enthaupteten Leiche

von der Bezirkspolizei Halle notiert auf Seite eins des sogenannten Tatortuntersuchungsberichts: „Rechts neben der Flurgarderobe führt eine Tür zu einem Zimmer und in diesem Raum liegt in Rückenlage eine weibliche Leiche ohne Kopf."

Allerdings stoßen die Ermittler auf ein erhebliches Problem bei der Untersuchung: „Da in der gesamten Wohnung die Lichtanlage nicht in Ordnung war und somit keine weitere Tatortbesichtigung durchgeführt werden konnte, wurde die Untersuchung des Tatorts abgebrochen."

Am nächsten Morgen um 8 Uhr werden die Ermittlungen fortgesetzt. Hecht und sein Kollege, Kriminaltechniker Hoffmann, nehmen den abgetrennten Kopf näher unter die Lupe. Er „liegt mit dem Nacken auf. Das Gesicht ist zur Wand halb seitlich zur Flurgarderobe gerichtet." Der Kopf weise „mehrere Verletzungen" auf. Das Protokoll registriert einen „Haufen verschmutzter, blutbespritzter Wäsche und Bekleidung" neben dem Kopf.

Nachdem Hecht einen „stark mit Blut behafteten schwarzweiß gestreiften Regenmantel" eingehender untersucht, fallen ihm in den Falten des Bekleidungsstücks „zwei frische Fleischstückchen etwa 2 × 2 beziehungsweise 1 × 2 Zentimeter groß" auf. Als die Ermittler den Mantel vorsichtig anheben, finden sie darunter weitere „Fleischstückchen in Gulaschgröße".

Im Bericht festgehalten werden auch diverse Blutspritzer in der Wohnung. So an den Wänden des Korridors bis zu 1,40 Meter hoch und an mehreren Stellen des Fußbodens.

Vom Korridor aus führt eine „40 Zentimeter breite Schleifspur" bis zu jener Stelle, an der die kopflose Leiche auf dem Rücken liegt. Über dem linken Arm und oberhalb des Halses befindet sich eine rote Strickjacke.

Auch das Werkzeug, mit dem aller Wahrscheinlichkeit nach der Kopf abgetrennt wurde, finden die Kriminalisten. Zwischen Eis- und Küchenschrank steht in einer Nische ein Spankorb. Darüber liegt eine fast neue große Handsäge. Das Blatt, beide Holme und die Sägehörner sind „stark mit Blut verschmiert". Auch an anderen Teilen der Säge finden die Ermittler Blutspritzer.

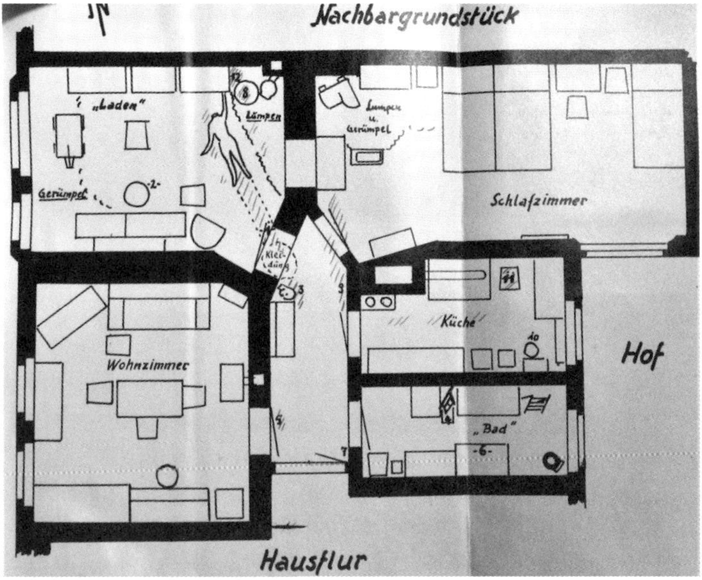

Die Tatortskizze

Ein weiteres Werkzeug könnte im Zusammenhang mit der grausigen Tat stehen, vermuten die Kriminalisten. Es ist eine Feile, die im selben Abstellraum wie die Säge im oberen Schubkasten einer Kommode liegt. Hecht notiert: „Halbrundfeile ohne Heft, 36 Zentimeter lang. Sie ist bis zur Hälfte von der Spitze aus, wo sich normalerweise das hölzerne Heft befindet, mit frischem Blut beschmiert.“ Ein Teil der Feilenspitze fehle. „Dort befindet sich eine frische Bruchstelle.“

Die Tatortermittler vermerken: „Zusammenfassend muss zum Zustand der gesamten Wohnung festgestellt werden, dass diese sich in einem völlig verdreckten, verwahrlosten Zustand befindet.“ Die Küche gleiche einer „Abfallgrube und kann als Seuchenherd bezeichnet werden“. Das Schlafzimmer sehe wie ein „Lumpenlager“ aus.

Aufgrund des aufsehenerregenden Falles finden sich auch Stadtbezirksbürgermeister Wilhelm sowie der Abteilungsleiter Inneres Eiling und der Parteisekretär vom VPKA Halle, Leut-

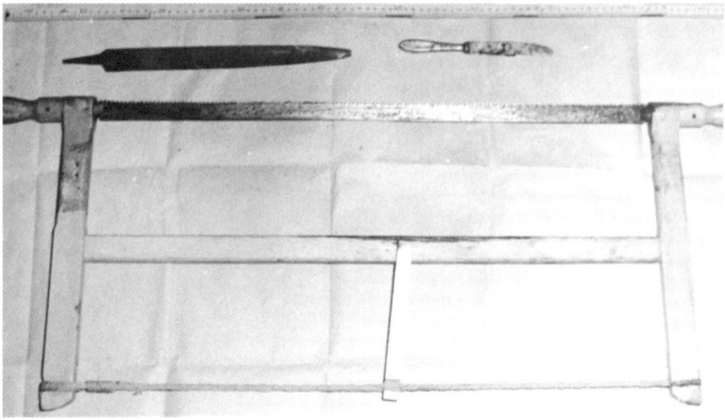

Die Tatwerkzeuge: Säge, Tafelmesser und Feile

nant Albrecht, am Tatort ein. Die Bezirksleitung der SED vertritt Hans-Joachim Böhme.

Dass Erhard Riehm der Täter ist, gilt zu diesem Zeitpunkt bereits als so gut wie sicher. Sein Vater hatte schon bei der ersten Zeugenvernehmung am 17. September nach 1.30 Uhr über die jahrelange Krankheit des 26-Jährigen berichtet. „Etwa in der zweiten Hälfte des Jahres 1960 machte sich bei meinem Stiefsohn eine gewisse Geistesgestörtheit bemerkbar.“ Das habe sich in „Apathie und in unmotiviertem Lachen bei Tag und Nacht“ geäußert. Er habe Erhard zum Nervenarzt in der Julius-Kühn-Straße gebracht. Dort sei er von Februar bis Juli 1961 stationär behandelt worden. „Danach war mein Stiefsohn wieder normal. Doch im Oktober 1961 musste ich ihn wieder einliefern. Bei ihm hatten sich dieselben Symptome wie zuvor gezeigt.“ Für drei Monate sei er erneut stationär behandelt worden. „Im November 1962 wurde Erhard von der Nervenklinik Halle nach Alt-Scherbitz überwiesen und im April 1963 als bedingt geheilt entlassen.“

Er lebte wieder im Haushalt der Eltern. „Anfangs war Erhard verträglich. Er weigerte sich aber, die verordneten Medikamente einzunehmen.“ Allerdings, so der Vater, habe er nie „Gemeingefährlichkeit“ feststellen können. „Er machte jedoch in der Wohnung allerlei Unsinn und fügte mir Schaden zu, indem er sich an

Gegenständen vergriff." So hatte der 26-Jährige die Türfüllung eingetreten und ein Bleirohr der Wasserleitung abmontiert und es in Stücke zersägt. Er sei kaum aus dem Haus gegangen und habe meistens im Bett oder auf der Couch geschlafen.

Die Mutter habe sich „außerordentlich um ihren Jungen bemüht. Ich hatte überlegt, ob ich Erhard wieder in einer Anstalt unterbringe." Dass habe seine Ehefrau jedoch nicht gewollt. Sie wollte ihn homöopathisch behandeln lassen. „Sie hat mir vorgeworfen, dass ich den Jungen nur weghaben will."

Nachdem Erhard Riehm in der elterlichen Wohnung festgenommen wurde, wird er von Hauptmann Grothe ab 2 Uhr im Volkspolizeikreisamt Halle „informatorisch befragt". Der Ermittler hält danach im ersten Satz des Protokolls fest: „Bereits die ersten Eindrücke ließen mit Sicherheit erkennen, dass es sich bei Riehm um eine geisteskranke, schwachsinnige Person handelt."

Auf die Frage, wer sich in der Wohnung in der Kirchstraße aufhält, habe Riehm geantwortet: „Meine Mutter und mein Stiefvater." Die Mutter liege tot in der Wohnung. „Sie hatte ein Messer, und ich habe die Grobfeile geholt und ihr auf den Kopf gehauen. Dann habe ich ihr ins Gesicht gestochen und auch in die Beine." Als sie in der Küche lag, habe er noch „auf ihr herumgetrampelt. Ich habe die Säge geholt. Ich habe meine Mutter erst auf den Tisch gelegt, dann auf einen Stuhl und habe ihr den Kopf abgesägt." Anschließend habe er sich das Blut von den Händen gewaschen und sei schlafen gegangen.

Mehrfach sei der Tatverdächtige vom Thema abgekommen. „Wissen Sie eigentlich, wie viele Autos durch unsere Straße fahren. Ich schätze so 400 Millionen am Tag." Und: „Ich muss sehr vorsichtig sein, wenn die Post kommt. Denn ich weiß, mit der Post werden Strahlen verschickt."

Als ihn Grothe noch einmal zur Tat befragt, sagt er in einem lichteren Augenblick: „Ich muss weg gewesen sein. Das ist ja furchtbar." Doch sofort danach begann er wieder laut zu lachen.

Der Kriminalist vermerkt gegen 3 Uhr abschließend: „Eine eingehende Vernehmung wird später gemeinsam mit Herrn Professor Quant von der Nervenklinik Halle durchgeführt."

Allerdings wird Riehm am Mittag des 17. September 1963 noch ein zweites Mal im Beisein von Staatsanwalt Stephan informatorisch befragt. Diesmal sagt er, dass seine Mutter vor dem Gasherd gestanden und in einem Topf gerührt habe. „In der anderen Hand hatte sie ein Messer. Sie war sehr schmuddelig. Ich habe mich geekelt und wollte sie erziehen. Ich nahm ebenfalls ein Messer, hatte aber plötzlich einen Meißel in der Hand. Ich habe meine Mutter noch nie beleidigt oder bin ihr dumm gekommen."

Dann schweift er ab: „Ich habe dem Staat nach meinem 15. Arbeitsjubiläum 35.000 Mark gegeben. Ich habe dem Staat nicht für einen Fünfer zu danken." Sein Stiefvater sei ein Betrüger. Er und seine Mutter seien rechthaberisch. „Ich glaube, das sind gar nicht meine Eltern."

Er sei kein Mörder. Den Kopf habe er abgetrennt, „weil ich wollte, dass meine Mutter eine Feuerbestattung bekommt". Und dann: „Auf Giebichenstein habe ich Ausgrabungen vorgenommen. Die Knochen habe ich mit nach Hause genommen, in einen nassen Lappen verpackt und in den Schrank gelegt."

Die Klinik für Psychiatrie und Neurologie der Martin-Luther-Universität Halle attestierte Riehm in ihrem Bericht an die Staatsanwaltschaft einen „ausgeprägten Vernichtungstrieb, begleitet von Erregungszuständen", der bereits seit 1961 bekannt sei. Bei seiner zweiten stationären Aufnahme 1962 seien „Desorientierungszustände mit Zeichen der Verworrenheit und Phantasterie" zum „sonderlichen Verhalten mit Bizarrerie und Antriebsverlangsamung" hinzugekommen.

Bei seinem Gespräch mit dem Untersuchungshäftling stellt Dr. Kühne „ausgeprägte psychische Abweichungen" fest, die allerdings bei der Vorgeschichte des Patienten verständlich seien. Als Fazit legt er sich auf eine „schizophrene Psychose" fest. Dass Riehm simuliert, hält der Arzt für ausgeschlossen. Für die Aufklärung der Tat „verwertbare Angaben konnten nicht eruiert werden". Sollte es zu einem Strafverfahren kommen, geht er davon aus, dass der „Zurechnungsfähigkeits-Paragraph zur Anwendung kommen muss“. Unbedingt erforderlich, sei die „zeitweise Unterbringung in einem Krankenhaus für Psychiatrie“.

Das Kreisgericht Halle-Ost ordnet noch am selben Tag an, den Invaliden in eine psychiatrische Klinik zu überstellen.

Im Lauf der Ermittlungen wird durch die Psychiatrische Fürsorgestelle beim Rat des Kreises Halle bekannt, dass Riehm von seiner Mutter zu Ostern 1963 aus der geschlossenen Anstalt für die Feiertage nach Hause geholt worden war. „Da der Patient nach seiner Beurlaubung nicht zurückgekommen war, haben wir ihn ab 15. Mai als entlassen geführt“, schreibt die Oberärztin des Krankenhauses Altscherbitz.

Erhard Riehm war 1951 aus der 5. Klasse entlassen worden, weil er dreimal sitzengeblieben war. Einen Beruf hat er nicht erlernt. Zuerst arbeitete er als Laufbursche in einer Wäscherei, dann wechselte er – ebenfalls als Mädchen für alles – in die Porzellanabteilung eines Geschäfts für Haushaltswaren. Bis Anfang 1954 blieb er zu Hause. Damit er etwas Sinnvolles zu tun hat, verordnete der Vater ihm Klavierunterricht. Allerdings kam er mit den Noten nicht zurecht und spielte meistens mehr schlecht als recht nach Gehör. 1954 wurde Riehm Bühnentechniker im Theater des Friedens. Danach arbeitete er im VEB Apparate- und Gerätebau Schkeuditz als Nieter. Doch auch das klappte nicht lange. Bis 1959 wurde er für Hilfsarbeiten eingesetzt. Nebenbei schaffte er gerade so den Abschluss als Betriebsschlosser. Ab 1960 war er wieder zu Hause.

Die Befragung der Bewohner des Hauses in der Kirchstraße ergibt, dass fast alle Nachbarn wussten, dass Erhard Riehm nervenkrank ist, aber nie Probleme mit ihm hatten. Es seien nie „Gewalttätigkeiten“ von ihm ausgegangen. Der Getöteten stellen sie, was Ordnung und vor allem Sauberkeit betrifft, kein gutes Zeugnis aus. Mehrere Hausbewohner sagen aus, sie hätten am 16. September gegen 21.30 Uhr „fürchterlichen Krach aus der Riehm-Wohnung gehört“. Charlotte Mahn*, die im 2. Stock wohnt, sagt bei ihrer Zeugenvernehmung am 19. September: „Es hörte sich so an, als ob jemand mit einem Beil die Wohnung zertrümmert.“ Andere sprechen davon, es habe sich angehört, als ob jemand Holz hacke oder als ob Möbelstücke polternd umgeworfen würden.

Die erste offizielle Vernehmung des Tatverdächtigen ist ebenso kurz wie schwierig. Wenn er direkt auf den Tod seiner Mutter angesprochen wird, weicht er aus und wechselt das Thema. „Ich habe ein Bleirohr abgemacht und unter meine Jacke gesteckt. Dann bin ich in der Stadt spazieren gegangen.“ Auf der Ziegelwiese habe er „eine Eiche angebrannt, weil sie gespalten war. Sie sollte durch die Hitze wieder zusammengehen.“

Major Hausmann hakt nach: „Wie war das mit Ihrer Mutter genau?“

„Ich kann das nicht genau sagen. Dazu müsste ich die Ausweise holen. Das Blut an meiner Hose kommt vom Unfall meiner Mutter.“ Er habe „einen Anfall“ gehabt und sei „mit der Feile überall herumgetobt“. Er habe „Guten Tag“ gesagt und sei dann mit der Feile auf sie „zugestürmt, dann lag die Leiche da“. Die Feile sei abgebrochen gewesen. „Den Kopf habe ich mit der Säge abgesägt. Der Kopf lag im Korridor und die Leiche habe ich in das Zimmer gezogen.“ Dann sagt der Verhörte, dass er zu müde sei und alles aufschreiben wolle, weil ihm das leichter falle. Er stellte sich daraufhin schlafend und wurde, nachdem er ärztlich untersucht wurde, zurück in die „Geschlossene“ gebracht. Was er dort auf einem A4-Blatt handschriftlich notiert, ist vielleicht für den Psychiater, jedoch nicht für die Ermittler hilfreich. Der Text beginnt mit: „Ich träumte, dass in meinem jungen Kindesalter ein (unleserlich) Stein mit einem Kind u. einer Frau auf dem Wasser schwamm.“ Es folgt eine verworrene, märchenhafte Erzählung über eine farbige Tropfsteinhöhle und Soldaten.

Den nächsten Versuch, mehr Licht in die Enthauptung von Anna Riehm zu bringen, starten die Mordermittler am 20. September. Nachdem Erhardt Riehm im Polizeipräsidium Dreyhauptstraße zu seiner Person befragt wurde und darauf im Großen und Ganzen vernünftig geantwortet hat – er kann sogar sagen, wie hoch sein durchschnittlicher Monatsverdienst als Nieter war – „240 bis 360 Mark“ –, verblüfft er Hauptmann Grothe mit der Antwort auf die Frage, ob er lese, und wenn ja, welche Bücher. „Das Buch Immergrün“ (Friedrich Schnack, 1956) und „Der Freischütz“.

Das Erstaunen der Vernehmer wird noch größer, als er mit gewichtiger Miene erklärt: „Ich interessiere mich besonders für anorganische Chemie, also die Abstraktur der Materie.“

„Wie wurden Sie von Ihren Eltern behandelt?“, versucht Leutnant Becker wieder zur Sache zu kommen.

„Meine Mutter ist tödlich verunglückt“, belehrt Riehm seine Vernehmer. Aber ansonsten könne er sich nicht beklagen. Dann fügt er an: „Ich habe mich schon erholt. Ich habe mich an die klimatischen Bedingungen im Gefängnis gewöhnt. Hier ist es wesentlich ruhiger.“

„Warum sind Sie hier?“, fragt Grothe.

„Weil ich unter Verdacht stehe, eine strafbare Handlung begangen zu haben.“

„Welche?“

„Ich habe in der Leipziger Straße eine Scheibe eingedrückt.“

„Wo ist Ihre Mutter?“

„Meine Mutter ist verunglückt. Wie und durch welche Einflüsse, kann ich heute nicht mehr feststellen.“ Er könne sich nur noch dunkel an eine Feile und ein Messer erinnern. „Das Messer liegt unten am Spiegel.“

Erneut gibt er vor, dass ihn seine Mutter in der Küche mit dem Messer bedroht habe. „Ich wollte eine Auseinandersetzung verhindern und habe ihr mit der Feile auf den Kopf geschlagen. Gegenwehr hat sie eigentlich nicht geleistet. Im Korridor habe ich ihr dann ins Gesicht gestochen. Ich habe ihr heißes Fett ins Gesicht geschüttet. Da waren sogar noch Grieben drin.“

Er räumt ohne zu zögern ein, seiner Mutter „mit einer großen Säge den Kopf abgemacht“ zu haben. „Erst habe ich Holz gesägt, dann den Kopf ab.“

Grothe: „Ist das richtig, was Sie gemacht haben?“

„Nein, es ist nicht richtig. Aber es sind die Ultrastrahlen, die auf dem großen Platz sind. Wahrscheinlich werde ich auch nicht in Halle bleiben. Vielleicht werde ich mir in Magdeburg eine Wohnung suchen."

Gegen 16.15 Uhr schreibt Riehm handschriftlich unter das Schreibmaschinenprotokoll: „Es stimmt Alles Unfall geschah durch fremde Einflüsse durch die Umwelt Erhard."

Weil Riehm in einem der Verhöre angegeben hatte, auch ein Motorrad abgefackelt zu haben, holt die Kripo am 26. September den sogenannten Brennpunkt-Vorgang aus der Schublade. Hintergrund dafür ist, dass 1961 in Halle mehrere Fahrzeuge in Brand gesetzt wurden: auf der Hansering-Autobahn am 4./5. April, in der Nikolaistraße am 12./13. April, in der Zenkergasse am 14. Juli, am Waisenhausring am 15. Juli, in der Keplerstraße am 19. August, in der Pfännerhöhe am 20. September, in der Großen Brauhausstraße am 4. Oktober und im Advokatenweg am 24./25. Oktober.

Allerdings ergibt die „Alibiüberprüfung", dass Riehm vom 30. Januar bis zum 30. August 1961 stationär in der Nervenklinik war. Somit komme er „zumindest für die ersten fünf Brände objektiv nicht als Täter infrage". Die Ermittler halten die Aussage des Muttermörders, ein Motorrad angezündet zu haben, insgesamt für ein Produkt seiner „Wahnvorstellungen".

Inzwischen liegt der Morduntersuchungskommission auch der Sektionsbericht des Instituts für gerichtliche Medizin und Kriminalistik der Universität Halle-Wittenberg vor. Darin wird festgestellt, dass der knöcherne Gesichtsschädel (Nasenbein, Jochbein, Augenhöhlen, Ober- und Unterkiefer) „völlig zertrümmert" ist. Der Hals sei am fünften Halswirbelkörper durchsägt worden. Das Opfer habe kurz vor seinem Tod Blut eingeatmet und es war zu einer „Luftembolie" gekommen. Die Obduzenten stellen zudem Stichverletzungen im Unterleib und mehrere Rippenbrüche fest. Der linke Leberlappen ist aufgerissen.

Als Todesursache gibt Professor Vamosi an: „Massive Luftembolie (Eindringung von Luft in die rechte Herzhöhle) infolge oberhalb des Herzens gelegener Blutaderöffnungen."

Die zahlreichen Verletzungen vor dem Tod seien „durch Hiebe, Stiche, stechend-reißende und stumpf-quetschende Gewalteinwirkung entstanden“. Der Rechtsmediziner verweist darauf, dass das Opfer „zum Zeitpunkt der Kopfabtrennung noch gelebt hat“.

Das abschließende nervenfachärztliche Gutachten stellt fest, dass Riehm „in seiner eigenen Gedankenwelt lebt“. Bei der Untersuchung habe er zumeist in technischen Ausdrücken wie Verdichtungen, Verrückungen und Verschiebungen gesprochen. Außerdem über Strahlen, die aus zwei Richtungen auf ihn eindringen würden. Er selbst befinde sich in einem Strahlenkreis, einem Schallzentrum. Dort werde er von den eindringenden Ultrakurzwellen fortwährend beeinflusst. Abschließend heißt es: „Bei Riehm liegt eine Geisteskrankheit (Schizophrenie) mit schwerem psychischen Defektzustand vor. Die Tötung der Mutter ist im vorliegenden Fall in unmittelbarem Zusammenhang mit seiner geistigen Krankheit zu betrachten.“ Es stehe außer Frage, dass der Täter zur Zeit der Tat unfähig war, das Unerlaubte der Tat einzusehen und nach dieser Einsicht zu handeln. „Eine zwangsweise Unterbringung in einem psychiatrischen Krankenhaus halten wir für unbedingt erforderlich“, schreibt Klinikdirektor Professor Rennert in seinem Bericht.

Gegen Riehm wird auf Antrag der Staatsanwaltschaft vor dem 2. Strafsenat des Bezirksgerichts Halle wegen Totschlags ein gerichtlich-medizinisches Sicherungsverfahren eröffnet.

Am 12. November 1963 entscheidet das Gericht: „Der Beschuldigte wird in eine Heil- und Pflegeanstalt eingewiesen.“ Der Fall ist eindeutig und die Urteilsbegründung durch den Vorsitzenden Richter Mielich dementsprechend mit fünf A4-Seiten knapp gehalten. Grundlegende Änderungen des Gesundheitszustandes Riehms seien durch medizinische Maßnahmen vorerst nicht zu erwarten, so das Gericht. Der Beschuldigte stelle deshalb „weiterhin eine schwere Gefährdung der Öffentlichkeit dar“. Die Gefahr bestehe, dass Riehm in Freiheit „eine solche oder ähnliche Tat wiederholen könnte“.

TANTE ROTRAUT

Als Christel Sand* am 27. August 1984 nach 18 Uhr den Tisch in der Sportgaststätte „Bergmannsklause“ des VEB Braunkohlewerk Großkayna im Kreis Merseburg abräumen will, an dem bis vor wenigen Minuten noch ein junger Mann gesessen hat, fällt der gelernten Köchin ein Zettel auf, den der Gast dort liegen lassen hat. Er hatte sich von ihr, nachdem er seine Zeche mit einem 100-Mark-Schein beglichen und fast fünf Mark Trinkgeld gegeben hatte, Bleistift und Papier geholt, sich danach wieder an seinen Tisch gesetzt und etwas aufgeschrieben. „Beinahe eine Viertelstunde lang“, wie sich die 34-Jährige später erinnert. Auf dem Zettel, der zwischen dem benutzten Geschirr und dem halbvollen Glas Bier liegt, liest die „Klause“-Mitarbeiterin: „Bitte die Polizei verständigen, ich habe einen Mord beziehungsweise einen Totschlag zu melden beziehungsweise gesehen. Ich bin auf der Zufahrtsstraße zur Kippe. Ich werde mich dann melden.“ Im ersten Moment glaubt sie an einen dummen Scherz. Dann entscheidet sie sich doch, dem Gaststättenleiter das Papier zu zeigen.

Im Volkspolizeikreisamt Merseburg nimmt wenig später Hauptmann Horn den Hörer ab. „Ich habe eine Mitteilung zu machen“, beginnt Gaststättenleiter Cord Schüler* am anderen Ende der Leitung und berichtet dann von dem ominösen Schriftstück. Er liest es dem Polizeioffizier vor.

Der Diensthabende weist Unterleutnant Kirst an, nach Großkayna zu fahren. Im Lokal wird er bereits erwartet. Schüler legt dem Polizisten den Zettel und die Rechnung des Gastes über rund 45 Mark für zehn Schachteln Zigaretten und einige Gläser Bier auf den Tisch. „Ich habe mit meinem Schwager schon die Gegend abgesucht. Aber wir haben dort niemanden entdeckt – weder tot noch lebendig“, sagt der Wirt.

Ob er den Schreiber kenne, wird Schüler gefragt. Doch der zuckt nur mit den Schultern. Mehr Glück hat Kirst bei einem

Das Mordhaus in Braunsbedra

Ehepaar, das in der Gaststätte an einem Tisch sitzt. Er ist sich sicher: „Der sich vorhin Papier und Bleistift an der Theke geholt hat, war Uwe Tetzlaff*. Die Eltern wohnen in Braunsbedra“, erfährt der Unterleutnant.

Kirst und der inzwischen eingetroffene Abschnittsbevollmächtigte Oberleutnant Belz fahren zu den Eltern des 28-Jährigen. Dort erfahren sie, dass der Kontakt zum Sohn vor einiger Zeit abgerissen ist. „Wir wissen nur, dass Uwe in Merseburg wohnt und er seit Januar dieses Jahres nicht mehr arbeiten geht. Seine letzte Stelle war der Bahnhof Braunsbedra“, teilt die Mutter des jungen Mannes den Polizisten mit. Sie könne sich jedoch vorstellen, dass sich Uwe bei seiner Tante Rotraut Fromm* in Braunsbedra aufhält, einer Alkoholikerin, die bereits mehrfach wegen ihrer Sucht in Kliniken war. Die 51-Jährige habe erst vor Kurzem etwas geerbt, so Marga Tetzlaff*. „So um die tausend Mark“, meint ihr Ehemann Edgar.

„Meistens macht Rotraut nicht auf, weil sie zu betrunken ist“, warnt Marga Tetzlaff die Polizisten vor. „Da nutzt es auch nichts, wenn an die Tür gehämmert wird.“

Ein kurzer Anruf bei der Bahnhofsleitung, dem ehemaligen Arbeitsplatz Tetzlaffs, ergibt, dass der mutmaßliche Zettelschreiber in Merseburg wohnt. Doch bei der angegebenen Adresse öffnet niemand.

Die Polizisten fahren zum Haus von Rotraut Fromm. Sowohl Garten- als auch Hoftür sind verschlossen. Und wie bereits angekündigt, öffnet niemand, auch dann nicht, nachdem die Schutzpolizisten mehrfach geklingelt haben. Kirst klettert über den Zaun und trommelt gegen die Haustür. Umsonst. Dasselbe Ergebnis, als der Unterleutnant gegen die Fenster im Erdgeschoss klopft. Alle Fenster und die Haustür sind abgeschlossen.

Die Polizisten rücken ab und informieren den Diensthabenden im Polizeiamt über ihr Ermittlungsergebnis. „Ihr müsst zurück zum Haus, Genossen“, entscheidet daraufhin Hauptmann Horn. „Ihr müsst die Bürgerin fragen, wo sich Tetzlaff zurzeit aufhält. Ich gebe euch als Verstärkung Hauptwachtmeister Schäfer mit. Und ich habe den Bruder von Frau Fromm informiert, dass er auch zum Grundstück kommt.“

Wenig später versuchen die vier Männer erneut, ins Haus zu gelangen. Zuerst wird die Kellerluke aufgedrückt. Allerdings ist die Tür vom Keller zu den Wohnräumen verschlossen. Auf der anderen Seite des Hauses kommen die Polizisten zwar durch die Kellertür, aber auch von dort aus geht es nicht weiter. „Es gibt noch eine zweite Kellerluke“, fällt Edgar Tetzlaff ein. Er drückt sie mit den Händen auf und gelangt so ins Erdgeschoss mit Wohn-, Schlaf-, einem leeren Zimmer und der Küche. „Hier ist keiner“, ruft der Bruder der Hausbesitzerin nach draußen. „Dann gehen Sie in die obere Etage“, antwortet Oberleutnant Belz.

Tetzlaff steigt die halbdunkle Treppe hinauf und tritt dabei auf ein Federbett, das unter dem Fenster liegt. Doch anstatt einzusinken, spürt er etwas Festes unter seinen Füßen. Erschrocken zuckt er zurück. Dann zieht er vorsichtig das Inlett zur Seite. Um besser sehen zu können, was dort liegt, schaltet er das Licht im Hausflur an. Nun erkennt er zwei Füße. Tetzlaff läuft entsetzt zum Fenster und ruft hinunter: „Hier liegt ein Toter. Und die Toilettentür neben der Treppe ist blutverschmiert.“

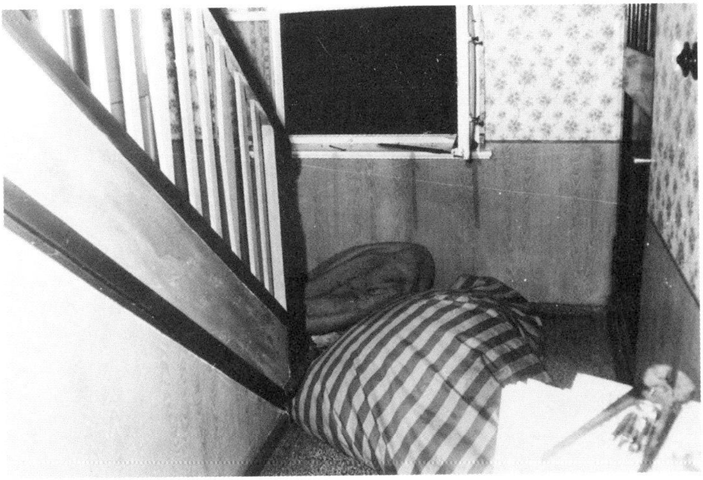

Die Leiche unter dem Inlett im Flur des Einfamilienhauses

„Kommen Sie auf demselben Weg zurück, den sie hochgegangen sind“, ruft der Polizeioberleutnant. Hauptwachtmeister Schäfer und Tetzlaff bleiben zur Sicherung des Fundorts zurück. Kirst und Belz erstatten umgehend im Kreisamt Bericht.

Als die beiden Polizisten noch im VPKA sind, hört Schäfer im Garten des bewachten Einfamilienhauses verdächtige Geräusche. Es ist gegen 21 Uhr, als Edgar Tetzlaff auf der anderen Straßenseite seinen Sohn Uwe sieht und diesen Umstand dem Polizisten mitteilt. Hauptwachtmeister Schäfer verfolgt den jungen Mann, holt ihn ein und fordert ihn auf, sich auszuweisen. „Meinen PA habe ich nicht dabei“, sagt er. „Aber ich heiße Uwe Tetzlaff.“

„Dann begleiten Sie mich bitte zum Haus Ihrer Tante“, so Schäfer. Ohne Widerstand zu leisten und ohne Fragen zu stellen, geht der gelernte Maler neben dem Polizisten her. Bei der Durchsuchung von Tetzlaff finden die Ermittler in einer schwarzen Geldbörse insgesamt 768 Mark, darunter sechs 100-Mark-Scheine. Auf einem 100-Mark-Schein wird ein blutiger Fingerabdruck festgestellt. Wie sich später herausstellt, vom linken Zeigefinger der Ermordeten.

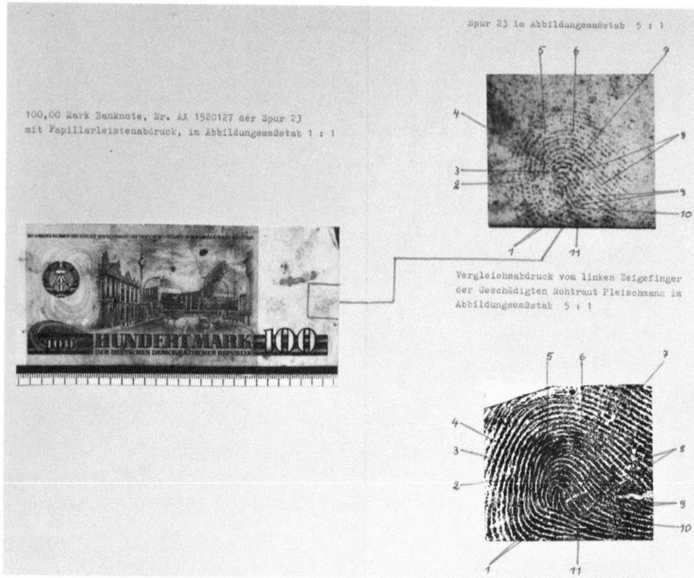

Der blutige Fingerabdruck der Ermordeten auf einem 100-Mark-Schein, rechts im Maßstab 5:1; darunter der Vergleichsabdruck von Rotraut Fromm mit elf Identitätsmerkmalen

Am 27 August um 23.50 Uhr beginnt die Untersuchung des Tatorts. Kripo-Oberleutnant Roth von der Morduntersuchungskommission des Bezirkes Halle, der den Einsatz leitet, schreibt ins Protokoll: „Unterhalb des Flurfensters liegt, bedeckt mit einer blauen Wolldecke und einem Federbett eine weibliche Leiche. Bekleidet mit einer buntgemusterten Dederonschürze. Die Schürze ist blutdurchtränkt und an mehreren Stellen zerrissen. Auch die Wolldecke und das Inlett sind zum Teil stark durchblutet."

Die tote Reinigungskraft liegt in einer ausgedehnten, bereits angetrockneten Blutlache. Neben der Leiche, in Höhe des Kopfes, ist aus dem Terrazzofußboden ein Splitter herausgeschlagen.

Der hinzugezogene Rechtsmediziner, Oberarzt Dr. Drese, stellt fest, dass der „Schädel im Stirnbereich bis zur Nasenwur-

Blutspritzer über der Couchlehne im Wohnzimmer der Ermordeten

zel beiderseits stark zertrümmert ist". Mehre Kratzer und Wunden auf Brust und Bauchhaut, eine Platzwunde über dem linken Auge und zwei oberflächliche Schnittwunden am Hals der Frau werden bei der ersten Leichenschau ebenfalls festgestellt.

Wie dem Bruder der Toten bereits aufgefallen ist, befinden sich an der Toilettentür „massive Blutspritzer – bis zu 1,50 Meter hoch".

Im Wohnzimmer entdecken die Ermittler auch am Kachelofen Blutspritzer. Neben dem Ofen steht eine 1,7 Kilogramm schwere Axt mit 70 Zentimeter langem Stil und 11,5 Zentimeter langer Schneide, auf deren stumpfer Seite Blut, Gewebeteilchen und Haare zu erkennen sind. An der Tapete über der Couch befinden sich bis zu 1,10 Meter hoch Blutspritzer. Auf der Couch wird eine abgebrochene Messerspitze gefunden.

Auf die Alkoholkrankheit des Opfers deutet eine Vielzahl von Schnapsflaschen hin, die auf beiden Seiten neben dem Doppelbett stehen, auf dem stark verschmutzte Unterwäsche liegt. Zwei Wäschekörbe sind ebenfalls mit leeren Flaschen gefüllt. Schon in der Stube hatten die Kriminalisten mehre Korn- und

Der blutige Fingerabdruck auf dem Etikett einer Kornflasche stammt vom Täter

Bierflaschen gefunden. Die Blutalkoholuntersuchung der Toten ergibt später eine Konzentration von 3,3 Promille.

Beim Betreten der Küche halten die Kriminalisten die Luft an. Auf dem Fußboden und in den Schubfächern befinden sich verfaulte Essensreste. Schmutziges Geschirr und stinkende Speisereste stehen auf dem Tisch.

An Geld werden lediglich 1,36 Mark gefunden, die sich neben dem Personalausweis sowie den SVK-, FDGB- und Betriebsausweis des Betonsteinwerks Merseburg in der Handtasche der Getöteten in einer Brieftasche befinden.

Die Kriminaltechniker sichern auf schwarzer Folie 22 Fingerabdrücke – acht am Fensterbrett, acht weitere an fünf Flaschen, zwei an einem Teller und vier am Ofen im Wohnzimmer. Die Auswertung ergibt, dass vom Festgenommenen zwei Abdrücke am Fensterbrett im Flur, drei an Flaschen und eine am Teller stammen.

Als die Spurensucher noch bei der Arbeit sind, wird Tetzlaff zwischen 2 Uhr und 5.30 Uhr von Staatsanwalt Wölfel, der drei Jahre zuvor einen großen Anteil daran hatte, dass der spektakuläre „Kreuzworträtsel-Fall“ von Halle-Neustadt aufgeklärt werden konnte, und Kripo-Hauptmann Löser befragt. „Ich habe den Zettel in der Gaststätte selbst geschrieben“, sagt Tetzlaff, bei dem ein Blutalkoholspiegel von 1,6 Promille festgestellt wurde, gleich zu Beginn. „Ich bin dann aus dem Lokal raus und habe darauf gewartet, dass die Polizei aufgrund meiner Nachricht kommt. Alleine zum VPKA zu gehen, hatte ich nicht den Mut.“

Am 26. August sei er dann gegen 23 Uhr bei Rotraut über den Zaun geklettert. „Die Haustür war nicht verschlossen. Ich habe versucht, sie aufzuschieben, aber das klappte nicht richtig. Ich habe durch den Türspalt gegriffen und Licht gemacht. Im Flur war ich aber nicht.“

Als das Licht anging, habe er bemerkt, dass etwas hinter der Tür lag. „Ich habe mit dem Fuß das Federbett angehoben und so den blutigen Kopf meiner Tante gesehen.“ Er sei sofort wieder weggegangen. „Ich habe nichts angefasst und auch die Haustür nicht abgeschlossen.“ Der Merseburger weist entschieden von sich, seiner Tante etwas angetan zu haben.

„Wo haben Sie sich seit dem 26. August bis zu Ihrer Festnahme aufgehalten?“, will Wölfel wissen.

„Ich war in Gaststätten und habe im Freien, zum Beispiel auf einer Bank am Gotthardtsteich, übernachtet.“

„Woher stammen die mehr als 700 Mark und die vielen Zigarettenschachteln, die Sie bei Ihrer Festnahme bei sich hatten?“

„Die Zigaretten habe ich gekauft, weil es Sie gerade mal gab und ich mir einen Vorrat anlegen wollte. Das Geld sind 300 Mark Lohn und 400 Mark, die ich für meine Waschmaschine bekommen habe. Außerdem habe ich eine Armbanduhr und einen wertvollen Kugelschreiber an einen Mann verkauft, dessen Namen ich aber nicht kenne.“

Von seiner Tante habe er am Mittwoch und Donnerstag, als er zum Fernsehen gucken bei ihr war, kein Geld bekommen. „Ich habe ihr auch nichts weggenommen.“ Und über eine Erbschaft habe er sich nicht mit ihr unterhalten.

Wölfel ist mit den Antworten nicht zufrieden und hakt nach: „Bei Ihren teuren Kneipenbesuchen, das tägliche Trinken, auch

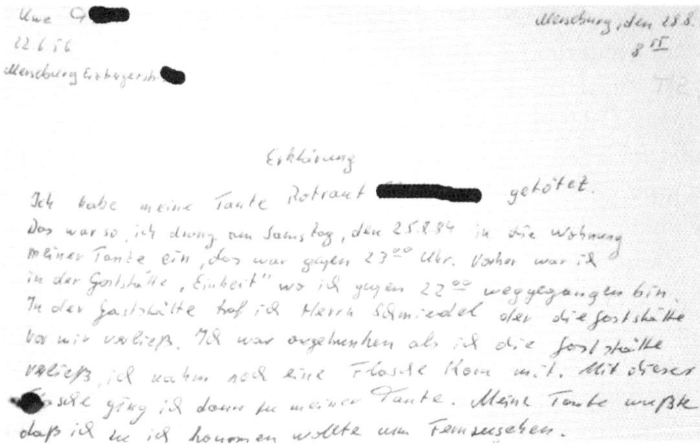

Uwe G
22.6.56
Merseburg

Merseburg, den 28.8.
8.55

Erklärung

Ich habe meine Tante Rotraut getötet.
Das war so, ich drang am Samstag, den 25.8.84 in die Wohnung meiner Tante ein, das war gegen 23.00 Uhr. Vorher war ich in der Gaststätte „Einheit" wo ich gegen 22.00 weggegangen bin. In der Gaststätte traf ich Herrn Schmiedel der die Gaststätte vor mir verließ. Ich war angetrunken als ich die Gaststätte verließ, ich nahm noch eine Flasche Korn mit. Mit dieser Flasche ging ich dann zu meiner Tante. Meine Tante wußte daß ich zu ihr kommen wollte um Fernzusehen.

Die erste Seite des Geständnisses, das Tetzlaff am 28. August verfasste

wenn das mit den Verkäufen stimmen sollte, erklärt das nicht, wie Sie zu einer solchen hohen Summe an Bargeld gekommen sind.“

Tetzlaff bleibt eisern: „Ich habe meiner Tante kein Geld weggenommen“, wiederholt er.

Nachdem der 28-Jährige in die Verwahrzelle zurückgebracht wurde, bittet er um Papier und einen Kuli. Auf zweieinhalb A4-Seiten verfasst er bis 8.55 Uhr eine „Erklärung“. Sie beginnt mit: „Ich habe meine Tante Rotraut Fromm getötet. Das war so, ich drang am Samstag, den 25.8.84 in die Wohnung meiner Tante ein, das war gegen 23 Uhr.“ Dann schildert er seine Tat. Er endet mit: „Diese Erklärung habe ich ohne Zwang und allein geschrieben. Es hat sich alles so zugetragen. Ich bereue meine Tat.“

Der Zettel, den Tetzlaff im Lokal geschrieben hat, wird von Handschriftexperten untersucht. Dafür musste Tetzlaff drei Schriftproben auf unlinierten A4-Blättern abgeben. Die erste beginnt mit: „Uwe Tetzlaff 22.6.56 Merseburg …“, und endet mit: „… jetzt bekommst du nichts mehr.“ Die zweite: „Darüber war ich …“, und am Schluss: „… auf ein kleines Schränkchen im Flur.“ Die dritte Probe: „Ich mache die Haustür zu …“, und: „… ich bereue meine Tat. 10.20 Uhr Tetzlaff, Uwe." Es gibt keinen Zweifel daran, dass der 28-Jährige den Zettel geschrieben hat.

Am 28. August wird ein Ermittlungsverfahren wegen Mordes und Diebstahls gegen Tetzlaff eingeleitet. Ihm wird vorgeworfen, seine Tante vorsätzlich getötet und Bargeld gestohlen zu haben. Der Haftbefehl, der am selben Tag beantragt wird, wird vom Kreisgericht Merseburg erlassen.

Vor dem Haftrichter hatte der Merseburger erneut eingeräumt: „Ja, es ist richtig, dass ich meine Tante Rotraud Fromm in ihrer Wohnung getötet habe. Das muss am 25. oder 26. August gewesen sein. Genau weiß ich das nicht mehr. Mit meiner Tante hatte ich wegen Geldangelegenheiten Streit."

Die Kriminalpolizei befragt das Umfeld des Tatverdächtigen, um sich ein Bild von Tetzlaff zu machen. So auch Erika Heyne*, mit der Tetzlaff zweimal verlobt war. Kennengelernt hatte sich das Paar im Sommer 1981, nachdem Tetzlaff seinen Grundwehrdienst bei der Volksarmee in Sondershausen abgeleistet hatte. „Uwe hat damals bei seiner Tante gewohnt." Mitte 1983 sei die Verlobung auseinandergegangen, da sie einen anderen Mann kennengelernt habe. „Weil er nach unserer Trennung runtergekommen war und die Arbeit gebummelt hat, bin ich wieder zu ihm gezogen. Wir haben uns gut verstanden und verlobten uns erneut." Gewurmt habe sie, dass Tetzlaff kein Geld verdiente, weil er wieder nicht arbeitete. „Ich habe ihn zur Rede gestellt, aber er hatte immer irgendwelche Ausflüchte, die nicht stimmten. Aus Mitleid habe ich ihn verpflegt und ihm hin und wieder Geld gegeben."

Im Mai 1984 hätten sie sich dann entschlossen, in einer LPG als Tierpfleger anzufangen. Sie seien deshalb nach Gröbitz im Kreis Weißenfels gezogen. „Aber Ende Juni bin ich dann von dort wieder weg. Uwe hatte wieder angefangen zu trinken. Wenn wir uns stritten, drohte er jedes Mal, sich aufzuhängen."

Zur finanziellen Situation ihres „Ex" sagt die 33-Jährige, dass er immer in Geldschwierigkeiten gewesen sei. Er hat das Geld vorwiegend für alkoholische Getränke ausgegeben. „Zu-

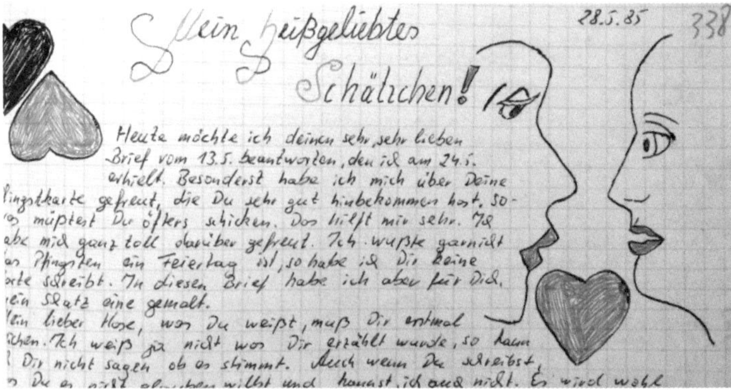
Mein heißgeliebtes Schätzchen!
28.5.85 338
Heute möchte ich deinen sehr, sehr lieben
Brief vom 13.5. beantworten, den ich am 24.5.
erhielt. Besonderst habe ich mich über Deine
Pfingstkarte gefreut, die Du sehr gut hinbekommen hast. So-
was müßtest Du öfters schicken. Das hilft mir sehr. Ich
habe mich ganz toll darüber gefreut. Ich wußte garnicht
das Pfingsten ein Feiertag ist, so habe ich Dir keine
Karte schreibt. In diesen Brief habe ich aber für Dich,
mein Schatz eine gemalt.
Mein lieber Hase, was Du weißt, muß Dir erstmal
...chen. Ich weiß ja nicht was Dir erzählt wurde, so kann
ich Dir nicht sagen ob es stimmt. Auch wenn Du schreibst,
...

Der Brief Tetzlaffs, den er aus der Haftanstalt an seine Freundin schrieb und in dem er einräumte, seine Tante getötet zu haben

meist trinkt er den Kräuterlikör ‚Stonsdorfer‘ und er raucht ‚Karo‘. Seine Stammkneipen in Braunsbedra waren ‚Auf der Kippe‘ und ‚Einheit‘.“

Die Kriminalpolizei besorgt sich den Strafregisterauszug des Tatverdächtigen. Er ist sauber. Allerdings finden die Ermittler im Zusammenhang mit seinem Grundwehrdienst beim Panzerregiment 11 in Sondershausen einen Ermittlungsvorgang. Am 21. Oktober 1980 war Tetzlaff betrunken von einem Arztbesuch in die Kaserne zurückgekommen und hatte einen Kameraden mit einem Messer bedroht. Dieser hatte Anzeige wegen „Mordversuch“ erstattet. Bei den darauffolgenden Ermittlungen ging es allerdings lediglich um „Verstoß gegen zwischenmenschliche Beziehungen“. Die Militärstaatsanwaltschaft in Halle stellte einen Monat später im Abschlussbericht fest, dass Tetzlaff lediglich „mit dem Messer herumgefuchtelt“ habe, „um beim Abendbrot in Ruhe gelassen zu werden. Es war nicht seine Absicht, den Soldaten Günther* körperlich zu misshandeln oder an der Gesundheit zu schädigen.“ Allerdings stelle das Verhalten eine „erhebliche Störung der zwischenmenschlichen Beziehungen“ dar. Die dafür ausgesprochenen zehn Tage Arrest als Disziplinarstrafe seien ausreichend.

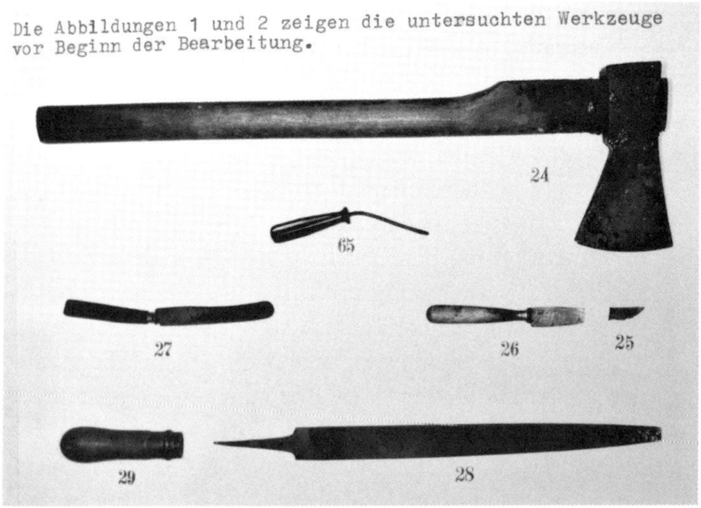

Die Tatwerkzeuge, mit denen Uwe Tetzlaff auf sein Opfer einstach und einschlug: die blutige Axt mit Gewebeteilen und Haaren (24), das blutige Messer (26) mit abgebrochener Spitze (25), ein Besteckmesser, das nicht zur Tat benutzt wurde (27), die blutige Feile (28) und der dazugehörige Griff (29), der gut 19 Zentimeter lange Schraubendreher, der im Nacken der Toten steckte (65)

Überprüfungen bei der Sparkasse Braunsbedra ergeben, dass Rotraut Fromm und ihr Bruder Edgar Tetzlaff am 21. August 1984 dort die Sterbeurkunde und den Erbschein ihrer verstorbenen Mutter vorgelegt haben. Daraufhin war das Guthaben in Höhe von 2.077,32 Mark an Tetzlaff ausgezahlt worden. Die Sparkasse betätigt zugleich, dass Fromm ein Sparbuch hat, Kontostand: 9,60 Mark. Seit Anfang Dezember 1983 habe es weder Ein- noch Auszahlungen gegeben.

Die Sektion im Kreiskrankenhaus Merseburg am 28. August ergibt als Todesursache: Schädel-Hirn-Zertrümmerung durch stumpfe und scharfe Gewalt. Mögliche Tatwerkzeuge: Beil, Axt, Flachfeile (Raspel). Oberflächliche Verletzungen im Brustbereich durch einen Schraubendreher. Ein verbogener Schraubendreher steckte im Genick der Toten. Oberflächliche Verletzungen am Rücken: Schraubendreher. Mehrere Halsschnitte durch ein scharfes Schneidwerkzeug (Messer). Als wahrscheinlicher Todeszeitpunkt wird der 26. August angegeben.

Bisher nicht gefunden haben die Ermittler die Messer, mit denen der Täter zugestochen hat. „Die habe ich im Wohnzimmer in der Polsterung der Couch versteckt“, gibt Tetzlaff bei seiner nächsten Vernehmung preis. Die nochmalige Durchsuchung der Wohnung seiner Tante bestätigt seine Aussage. Die Polizei findet ein Küchenmesser, zu dem die abgebrochene Klinge passt, an der mit bloßem Auge Blut zu erkennen ist, und ein zweites Küchenmesser mit schwarzem Griff.

Die Untersuchungen der Axt ergeben, dass das Blut vom Opfer stammt, ebenso das an der Feile und am Küchenmesser. An zwei Zigarettenresten und einer angerauchten Zigarre werden Eigenschaften der Blutgruppe B festgestellt. Tetzlaff hat diese Blutgruppe. Das Opfer kann ausgeschlossen werden. Es hat A.

Unklar ist zunächst, wo sich der Schlüssel zum Haus der Ermordeten befindet. Da alle Türen verschlossen waren, muss der Täter nach dem Verlassen des Hauses abgeschlossen haben. Aber auch da zeigt sich Tetzlaff kooperativ und zeichnet der Kripo auf, wo er den Schlüssel weggeworfen hat, nachdem er seine Tante umgebracht hat. Anhand der Skizze wird der Sicherheitsschlüssel im Ortsteil Braunsdorf an einem Gartenzaun unweit der Bahnlinie Frankleben–Braunsbedra gefunden. Dass es sich um den Schlüssel zum Grundstück der getöteten Reinigungskraft gehört, beweist wenig später die „Schließprobe“.

Was hat sich in dem Einfamilienhaus in Braunsbedra zwischen Tetzlaff – der zur Schwester seines Vaters und deren Ehemann ein sehr gutes Verhältnis hatte, der bereits während der Lehre als Maler in den Leunawerken mit Genehmigung der Jugendhilfe bei Familie Fromm wohnen durfte, weil er sich mit seinen Eltern zerstritten hatte – und seiner Tante Rotraut wirklich zugetragen. Aufschluss darüber gibt die vom Tatverdächtigen genehmigte Tonbandvernehmung am 28. August ab 11.35 Uhr …

… Am Abend des 26. August klopft Tetzlaff in der Merseburger Straße an die Haustür von Rotraut Fromm. Er hat den Zug um 18.22 Uhr von Merseburg nach Braunsbedra genommen und war zuerst in die Gaststätte „Einheit“ gegangen. Dort hatte er für 17 Mark eine große Flasche „Ratsherren“-Korn gekauft.

Tante und Neffe sitzen an jenem Sonntag in der Stube auf der Couch und gucken Fernsehen. Dabei machen sie den „Weißen“ leer, den der 28-Jährige mitgebracht hat. Im Wechsel trinken sie gleich aus der Flasche. Im zweiten Programm des DDR-Fernsehens läuft seit 20 Uhr der Abenteuerfilm „Der Falke“. Weil das Gerät kaputt ist, kann nur das „II.“ mehr recht als schlecht empfangen werden.

Zuerst fragt Tetzlaff, ob er wieder bei ihr einziehen kann. Damit ist die Tante einverstanden, verlangt aber, dass sich der Neffe um den Garten kümmert. Doch der tippt sich nur mit dem Finger an die Stirn und murmelt etwas von „Sklavenarbeit. Und natürlich müsste auch dein Bad umgebaut werden“, verlangt er. Dieses Verlangen quittierte die Alkoholikerin mit derselben Geste.

Dann wechselt der Neffe das Thema. „Du, Rotraut, du hast ja von Oma schön geerbt“, stichelt Tetzlaff. „Gleich einen ganzen Bauernhof. Waschmaschine und Kühlschrank auch noch. Und Geld. Aber du warst ja so blöde und hast die Erbschaft ausgeschlagen. Darum hat alles mein Vater gekriegt. Du hättest dir doch deinen Anteil von ihm auszahlen lassen müssen.“ Die schwer betrunkene Frau winkt nur ab und lallt kaum verständlich so etwas wie: „Zu spät, zu spät, geht nicht mehr rückgängig … Gerichtsbeschluss.“

Wenn sie so großzügig mit Geld umgehe, könne sie ihm doch 200 Mark geben, sagt der Neffe. Er rechnet damit, dass seine Tante ihm seinen Wunsch nicht abschlägt, denn in der Vergangenheit hat er sie bereits des Öfteren erfolgreich angepumpt – mal zehn, mal zwanzig Mark. Doch diesmal schüttelt sie nur den Kopf und fuchtelt grinsend mit dem Zeigefinger vor der Nase

Tetzlaffs herum. „Denk mal dran, dass du von 1974 bis 1975 im Knast warst. Wer hat dich denn da besucht und Geschenke mitgebracht? Deine liebe Tante Rotraut!"

Tetzlaff schreit sie wütend an: „Und du versoffene Schlampe, dein Mann hat sich ja scheiden lassen, weil du nicht mehr klar im Kopf bist"

Der junge Mann versucht es erneut: „Ich brauche aber die Knete. Ich muss an den Bahnhof Braunsbedra 700 Mark Darlehen zurückzahlen." Doch sie scheint gar nicht mehr zu verstehen, was ihr Trinkgenosse überhaupt von ihr will. Der Korn interessiert sie weitaus mehr. Und auch als der 28-Jährige sagt, dass man ihm aufgrund seiner Schulden das Gas abstellen wird, schüttelt sie den Kopf. „Verschwinde, hau ab!", quetscht sie hervor und schaut dabei durch ihr Gegenüber hindurch. Doch nach einigen Minuten steht sie auf, nimmt 200 Mark aus ihrem Portemonnaie und gibt ihm das Geld.

Neffe und Tante kommen auf Tetzlaffs Mutter zu sprechen. Fromm sagt: „Die ist ein Mistschwein." Und der Neffe antwortet: „Und meine Mutter meint, dass du ein Saufschwein bist." Beide geraten immer mehr in Wut und Fromm verlangt das Geld zurück. Doch Tetzlaff bleibt auf der Couch sitzen: „Wenn du schon meinen Schnaps säufst, dann kannst du mir wenigstens Geld borgen", brüllt er. „Verschwinde, sonst hole ich die Polizei! Und ich zeige dich an, wegen deiner Schulden bei mir", schreit seine Tante zurück. Dem jungen Mann geht durch den Kopf, dass in diesem Falle herauskommen würde, dass er seit Juli nicht arbeitet und sich nur in Merseburg und Umgebung herumtreibt.

Daraufhin greift Tetzlaff nach dem Küchenmesser mit der halb abgebrochenen Klinge, das auf dem Couchtisch liegt, steht auf und sticht Rotraut Fromm, die auf der Couch liegt, in Brust, Bauch und Kopf. Außerdem schneidet er ihr in den Hals. Dann nimmt er einen Schraubendreher, mit dem er zuvor versucht hat, den Fernseher der Tante zu reparieren, und sticht mit dem Werkzeug ebenfalls zu. Umbringen habe er sie jedoch nicht wollen, sagt er später aus, er habe sie nur davon abbringen wollen, ihn anzuzeigen.

Die betrunkene Frau zeigt keine Reaktion. Er schaltet das Licht im Wohnzimmer aus, schließt die Tür hinter sich. Er holt seinen Beutel aus der Küche. Zurück im Flur hört er Geräusche aus der Stube. Er schaut durchs Schlüsselloch und sieht, dass das Licht brennt. Im selben Moment wird die Wohnzimmertür geöffnet und Rotraut Fromm taumelt mit blutigem Gesicht und Messer im Bauch wortlos auf ihren Neffen zu. Etwa einen halben Meter vor Tetzlaff bleibt sie stehen. Der 28-Jährige befürchtet, dass die Schwerverletzte auf die Straße will. Das will er unter allen Umständen verhindern. Er greift zu einer 40 Zentimeter langen Feile und schlägt der Frau zweimal damit auf den Kopf. Beim zweiten Schlag rutscht das Metall aus dem Holzgriff. Tetzlaff nimmt einen Lappen, wischt den Griff wegen der Fingerabdrücke ab und legt danach die Feile wieder auf das Fensterbrett.

Nach den Schlägen war Fromm zusammengebrochen und auf den Rücken gefallen. Tetzlaff glaubt, leises Stöhnen zu hören. Er zieht das Messer aus dem Bauch und schaltet im Flur Licht an, um zu sehen, ob sein Opfer noch lebt. Er will sichergehen, dass es tot ist. Er sieht in der Veranda, unterhalb des Fensters, ein Beil stehen. Er schaltet das Flurlicht wieder aus, weil er befürchtet, dass er sonst am beleuchteten Fenster gesehen werden könnte. Er nimmt das Beil und schlägt es dreimal wuchtig gegen ihren Kopf. Auch den Stil dieses Mordwerkzeugs wischt er mit einem Lappen ab.

Dann geht er in die Stube, stellt das Beil an den Ofen, wischt den Schaft des Messers ab und schiebt es zwischen die Polster der Couch. Tetzlaff greift sich eine blaue Wolldecke sowie ein unbezogenes Federbett und legt beides über seine Tante. Noch einmal betritt er das Wohnzimmer und trinkt dort die halbvolle Flasche „Fläming"-Korn aus.

Er sucht im Wohnzimmer nach Geld. Denn er weiß, dass Fromm immer am 13. des Monats Gehalt bekommt. Er findet schnell die braune Einkaufstasche und darin die Geldbörse mit den Geldscheinen. Er steckt sie ein. In der Haustür steckt von innen das Schlüsselbund seiner Tante. Er macht den Haustürschlüssel ab und schließt damit von außen zu. Um nicht gesehen zu werden, steigt er hinter dem Haus über den Zaun. Es ist gegen 3 Uhr.

Er verbringt die Nacht im Freien am Merseburger Gotthardtsteich. Am nächsten Morgen, dem 27. August 1984, geht er gegen 6 Uhr zum Hauptbahnhof. Auf dem Weg dorthin wirft er den Schlüssel weg. In der Mitropa-Gaststätte isst er etwas und trinkt drei oder vier Schnäpse. Nachmittags fährt er nach Braunsbedra. Gegen 16 Uhr ist er in der „Bergmannsklause". Er trinkt ein Kännchen Kaffee und kauft zehn Schachteln „Cabinet". Dann schreibt er den Zettel, der den Stein ins Rollen bringt. Er wartet von 18 bis 20 Uhr an der Kippe, weil er der Meinung ist, dass die Polizei den Hinweis auf der Rückseite des Zettels versteht, „… bin auf der Zufahrtsstraße zur Kippe", und ihn dort suchen wird. Doch niemand kommt. Als er einige Zeit später in der Merseburger Straße am Haus seiner Tante vorbeigeht, wird er festgenommen.

Am 18. März 1985 liegt das psychiatrisch-psychologische Gutachten der Martin-Luther-Universität Halle-Wittenberg vor. Es attestiert Tetzlaff, dass sein „intellektuelles Niveau an der untersten Grenze des Durchschnitts" liegt. Der Untersuchte sei „begriffsstutzig und unbeholfen". Allerdings sei das strafrechtlich nicht entscheidend. „Sicher wurde die affektive Labilität und Erregungssteigerung durch die bei der Tat bestehende Alkoholeinwirkung zusätzlich potenziert, jedoch spricht das Fehlen erheblicher Erinnerungslücken gegen das Vorliegen einer erheblichen alkoholischen Beeinflussung." Auch eine hochgradige Bewusstseinsstörung, beispielweise im Sinne eines pathologischen Rausches, die eine Schuldbefreiung rechtfertigen könnte, habe nicht vorgelegen. Abgesehen davon, dass sich Tetzlaff „schuldhaft in seinen Rauschzustand versetzt" habe.

Bescheinigt wird eine „schwere, abnormale Entwicklung der Persönlichkeit, ohne dass ihr jedoch Krankheitswert im Sinne des Gesetzes zukommt". Sicher sei es durch die affektive Erregung zu einer „Einschränkung der Steuerungsfähigkeit gekommen, die bei der Strafzumessung berücksichtigt werden sollte", unterschreibt Klinikdirektor Professor Späte, „jedoch war dieser nicht so hochgradig, dass damit die Anwendung der Paragraphen 15 oder 16 (verminderte Zurechnungsfähigkeit, Schuldunfähigkeit) gerechtfertigt wäre."

Nach sechs Prozesstagen fällt der 4. Strafsenat des Landgerichts Halle am 1. Oktober 1985 das Urteil: Tetzlaff wird wegen Mordes und Diebstahls persönlichen Eigentums eine lebenslange Freiheitsstrafe ausgesprochen.

Der Vorsitzende Oberrichter Hennemann hebt in der Urteilsbegründung hervor, dass Tetzlaff in seinem handschriftlichen Geständnis, seiner Tonbandaussage und bei der Vernehmung durch den Haftrichter die Vorgänge vor, während und nach der Tat so schilderte, dass sie mit den Ergebnissen der Ermittlungen übereinstimmten. Während der folgenden Vernehmungen und beim Prozess habe er hingegen viele Dinge anders dargestellt. „Die Widerrufe passen jedoch nicht zu den objektiven Tatsachen." So sei als Schutzbehauptung zu werten, dass er erst einen Tag später im Haus seiner Tante gewesen sei und dort die Tat eines Unbekannten entdeckt haben will. Dass der Angeklagte am Sonnabend, dem 25. August, gegen Mitternacht bei seiner Tante gewesen sein will, passt schon deshalb nicht, weil an jenem Abend nach Auskunft des Studios Halle des DDR-Fernsehens ab 22 Uhr der Fernsehfilm ‚Das Geheimnis des Wilhelm Storitz' lief. Der Film war 105 Minuten lang, also um 23.45 Uhr zu Ende, als Tetzlaff im Haus der Geschädigten eingetroffen sein will. „Der Falke" hingegen lief am nächsten Tag, ab 20 Uhr. Somit sei ausgeschlossen, dass der Angeklagte den Mord am 25. August begangen hat.

Auch die rechtsmedizinische Untersuchung widerspreche der Zeitangabe des Täters. „Es steht fest, dass die Bürgerin Fromm zwischen 8 Uhr am 26. August und 8 Uhr am 27. August gestorben ist. Höchstwahrscheinlich jedoch am 27. August zwischen 18 und 20 Uhr."

Oberrichter Henneman ging weiter auch auf das Aussageverhalten Tetzlaffs ein: „Dass er aufgrund von Volltrunkenheit nicht mehr weiß, dass er ein handschriftliches Geständnis verfasst und sich bei seiner Tonbandaussage zur Tat in den wichtigsten Punkten plausibel geäußert hat, ist zu verneinen." Auch dass er bei der Vernehmung von einem Herrn „Lehmann" geschlagen und in den Bauch getreten wurde, gehöre ins Reich der Phantasie.

Der gut 18 Zentimeter lange Schraubendreher, der im Nacken der Toten steckte, ist ebenfalls Thema der Urteilsbegründung: „Der Angeklagte hat nie zugegeben, dass er dieses Werkzeug bei der Tat verwendet hat. Dieser Widerspruch konnte nicht geklärt werden. Somit kann diese Sache Tetzlaff nicht angelastet werden. Objektiv bestand eben die Möglichkeit, dass eine dritte Person das Haus durch das Kellerfenster betreten konnte." Dieser Umstand habe jedoch „bei der Feststellung der Täterschaft des Angeklagten und die Verursachung des Todes der Bürgerin Fromm mittels Beilhieben keine Bedeutung. Spekulationen, was in der Wohnung geschah, nachdem der Angeklagte das Haus verlassen hat, verbieten sich."

Tetzlaff habe zwar „spontan", aber „dann mit Überlegung und Zielstrebigkeit gehandelt, ohne dem Opfer eine Überlebenschance zu lassen". Er habe nach einer von ihm provozierten Auseinandersetzung „überfallartig" getötet.

Der Antrag der Verteidigung, die zehn Jahre Haft wegen versuchten Mordes gefordert hatte, sei nicht gefolgt worden. Daran ändere auch die Tatsache nichts, dass sich der Täter durch seinen im Lokal geschriebenen Zettel „fast selbst angezeigt" hat.

Tetzlaffs Strafverteidiger legt am 8. August 1985 Berufung gegen das Urteil ein. Er beruft sich auf seinen Antrag beim Landgerichtsprozess und die dabei geforderten zehn Jahre wegen Mordversuchs. Sein Mandant sei bei seiner Aussage „übernächtigt" gewesen und habe „unter alkoholischer Beeinflussung gestanden". Er bezweifelt, dass derartig erhobene Aussagen den Anforderungen der Gesetzlichkeit entsprechen.

Außerdem sei „nicht eindeutig widerlegt, dass die Halsschnitte und die Verletzung durch den Schraubendreher sowie auch die Beilhiebe von einem anderen Täter verursacht worden

Die offen stehenden Flur- und Kellerfenster des Tathauses

sein können". Der Zutritt Dritter durchs Kellerfenster sei möglich gewesen.

Auch bezüglich des Diebstahls des Geldes sei die Täterschaft des Angeklagten nicht hinreichend erwiesen. Der Anwalt fordert deshalb mit Blick auf die Diebstahlsverurteilung Freispruch.

Der Angeklagte sei für die Messerstiche und die zwei Schläge mit der Feile auf den Kopf des Opfers zu bestrafen. Eine Tötungsabsicht sei gegeben gewesen. Allerdings sei strafrechtlich nur von einem versuchten Mord auszugehen. Rechtsanwalt Frenzel wiederholt seinen Antrag aus dem Landgerichtsprozess: zehn Jahre Haft.

Das Oberste Gericht der DDR beschäftigt sich ab 28. Januar 1986 mit dem Fall und entscheidet drei Tage später: Das Urteil wird abgeändert. Der Vorsitzende des 5. Strafsenats verkündet: „Der Angeklagte wird wegen versuchten Mordes zu einer Freiheitsstrafe von 13 Jahren verurteilt. Im Übrigen wird er freigesprochen."

Es sei nicht zweifelsfrei erwiesen, dass der Angeklagte seiner Tante die tödlichen Beilhiebe versetzt hat. Er hätte deshalb nicht wegen eines vollendeten Tötungsdelikts verurteilt werden dürfen. „Nachgewiesen sind Messerstiche, Feilenhiebe und auch die Halsschnitte.

Den Diebstahl betreffend, konnte Tetzlaff nicht widerlegt werden, dass er die geforderten 200 Mark von seiner Tante erhalten hat. Somit erklären sich auch die Fingerabdrücke auf einem 100-Mark-Schein. Im Übrigen kann die Diebstahlshandlung nicht allein aus der Tatsache hergeleitet werden, dass der Angeklagte im Besitz von Bargeld war, obwohl er keiner Arbeit mehr nachging. Es wurde nachgewiesen, dass er Geldeinnahmen, unter anderem aus dem Verkauf persönlicher Sachen, erzielte."

Doch mit diesem Urteil ist der Fall immer noch nicht abgeschlossen. Der Generalstaatsanwalt beantragt beim Obersten Gericht der DDR am 24. Oktober 1986, das inzwischen rechtskräftige Urteil aufzuheben. Auf elf Seiten begründet die Anklagebehörde, dass die Entscheidung des 5. Strafsenats „auf ungenügender Sachaufklärung und teils falscher Würdigung der vorhandenen Beweismittel beruht". Selbst in der eigenen Beweisaufnahme habe der Senat des Obersten Gerichts nicht die gegebenen Möglichkeiten zur zweifelsfreien Feststellung der

Wahrheit genutzt. Dann listet der Generalstaatsanwalt die aus seiner Sicht unschlüssige Beurteilung der Beweise auf, die lediglich zum Urteil „Mordversuch“ geführt haben.

Die Behörde beantragt, „das Urteil des Obersten Gerichts der DDR aufzuheben und die Sache zur erneuten Verhandlung und Entscheidung über die Berufung gegen das Urteil des Bezirksgerichts Halle vom 1. Oktober 1985 an diesen Senat zurückzuverweisen“.

Es dauert bis zum 7. Januar 1987, bis das Oberste Gericht den Kassationsantrag verhandelt. Kurz nach 10 Uhr verkündet Dr. Körner, Vizepräsident des Gerichts als Vorsitzender beim Verfahren: „Das Urteil des 5. Strafsenats des Obersten Gerichts vom 31. Januar 1986 wird aufgehoben. Auf die Berufung wird zudem das Urteil des Bezirksgerichts Halle vom 1. Oktober 1985 aufgehoben. Die Sache wird zur erneuten Verhandlung an das Bezirksgericht Halle zurückverwiesen.“

Die Kassationskammer gibt zugleich Hinweise, auf welche Punkte sich das Landgericht Halle besonders konzentrieren soll. So müsse der Wahrheitsgehalt von Geständnis und Widerruf stärker geprüft und zweifelsfrei festgestellt werden, „ob die handschriftlichen Erklärungen des Angeklagten vom 28. August 1984 nur auf seinem Wissen als Täter beruhen können“.

Das Oberste Gericht weist außerdem auf „bedeutsame Aufklärungs- und Feststellungsmängel“ der 1. Instanz hin. Nach dem Stand der Dinge sei nicht klar, dass Tetzlaff die tödlichen Schläge mit dem Beil ausgeführt habe. Diese Sicherheit sei jedoch nötig, um den Angeklagten wegen Mordes zu verurteilen.

Die nochmalige, gründliche Beweisaufnahme müsse auch den Vorwurf des Diebstahls persönlichen Eigentums einbeziehen.

Am 2. Juni 1987 wird Tetzlaff im Dessauer Gefängnis erneut verhört. Diesmal muss er Staatsanwalt Wölfel und Kripo-Hauptmann Löser Rede und Antwort stehen. Nachdem der inzwischen fast 31-Jährige bestätigt hat, dass er über die Aufhebung seines Urteils und die damit verbundene Neuverhandlung informiert wurde, gibt er an, dass er am 25. August 1984 gegen Mitternacht bei seiner Tante gewesen sei. Er schildert das „Herumbasteln am Fernsehgerät mit einem Schraubenzieher“, und er sagt nun, an diesem Abend überhaupt nichts im Fernsehen gesehen zu haben, weil es aufgrund des defekten Gerätes weder Bild noch Ton gab. Den zuvor angegebenen Filmtitel „Der Falke“ habe er wohl in einer TV-Zeitschrift gelesen.

Dann geht es um den Streit mit seiner Tante, und er gibt zu, unvermittelt mit dem Messer, das auf dem Stubentisch lag, zugestochen zu haben. Auch die späteren Schläge mit der Feile räumt er ein. Ein Beil habe er jedoch nicht benutzt. „Gegen 1 Uhr habe ich das Haus verlassen.“ Zum Geld sagt er: „Meine Tante hat mir 200 Mark geborgt.“

Am 26. August sei er erneut in die Wohnung gegangen. „Als ich nach Schnaps gesucht habe, sah ich die Axt zwischen Ofen und Couch stehen. Ich habe daran weißliche Hirnmasse und Blut festgestellt.“ Auch an der Stirn seiner Tante, die er tot aufgefunden habe, sei Hirnmasse gewesen.

Wölfel zu dieser Aussage: „Wir beweisen Ihnen, dass Sie diesbezüglich heute uns oder in ihrem Schreiben vom 29. November 1985 den Präsidenten des Obersten Gerichts belogen haben. Dort schreiben Sie, dass Sie Gehirnmasse nur sahen, weil der Vernehmer es so wollte und dass Sie jedoch gar keine gesehen haben können.“

Tetzlaff kontert: „Ich habe den Brief 1985 geschrieben. Heute haben wir das Jahr 1987. Soll ich etwa noch wissen, was ich damals dem Präsidenten des Obersten Gerichts geschrieben habe? Dass ich allerdings am 26. August Hirnmasse an der Axt gesehen habe, daran kann ich mich noch gut erinnern.“

Am 21. September 1987 beginnt der neue Prozess in Halle. Diesmal vor dem 4. Strafsenat. Das Urteil, das der Vorsitze Oberrichter Hennemann am 6. Oktober begründet, lautet: lebenslange Freiheitsstrafe wegen Mordes und Diebstahls. Er verweist darauf, dass die Vernehmungen des Angeklagten im Polizeikreisamt Merseburg nach seiner Festnahme „ordnungsgemäß verliefen“.

Die Aussagen, er sei bei den Verhören geschlagen und getreten worden, und er habe die Möglichkeit gehabt, weiter Alkohol zu trinken, habe Tetzlaff während des Prozesses widerrufen.

Das Gericht hebt hervor, dass sowohl das schriftliche Geständnis zum Tatverlauf als auch die Tonbandaussage übereinstimmen. Das rechtsmedizinische Gutachten beweise, dass der Tod des Opfers am 26. August 1984 zwischen 0 Uhr und 12 Uhr eingetreten ist. „Die feingewebliche Untersuchung der asservierten, eingefrorenen Kopfschwarte der Getöteten gibt keine Anhaltspunkte dafür, dass die Verletzungen durch das Beil wesentlich später als die Verletzungen durch die Feile entstanden sind."

Auch weitere Aussagen zu den Tatumständen des Angeklagten am 28. August 1984, die der Vorsitzende Richter auflistet, seien eindeutig „Täterwissen".

Der Strafverteidiger geht wiederum in Berufung und das Oberste Gericht in Berlin verhandelt in öffentlicher Sitzung am 15. Dezember 1987 erneut. Das Urteil, das der Oberrichter am selben Tag verkündet, lautet kurz und knapp: „Die Berufung des Angeklagten wird als unbegründet zurückgewiesen."

Im Oktober 1991 stellt Tetzlaff bei der Strafvollstreckungskammer am Kreisgericht Brandenburg den Antrag auf bedingte Entlassung aus der Haft. In einem Schreiben hatte der Verurteilte dargelegt, dass er nicht der Täter sei, und er unschuldig im Gefängnis sitze. Auch in diesem Antrag weist er weit von sich, seine Tante mit einer Axt getötet zu haben. Die Staatsanwaltschaft widerspricht in ihrer Stellungnahme dem Antrag. Der Mörder bleibt weiter in Brandenburg hinter Gittern.

Der Antrag der Staatsanwaltschaft Halle, nachträglich die „besondere Schwere der Schuld" und die damit verbundene mögliche Entlassung auf Bewährung nach 15 Jahren Haft auszuschließen, wird vom Landgericht Potsdam am 13. Juli 1994 abgelehnt.

Die Staatsanwaltschaft legt gegen diese Entscheidung Beschwerde ein, die das Oberlandesgericht Brandenburg am 16. März 1995 verwirft. Die Begründung: „Die Schuld wiegt bei Gesamtwürdigung von Tat und Täter nicht besonders schwer."

Tetzlaff reicht nach dieser Entscheidung ein Gnadengesuch beim Ministerpräsidenten des Landes Sachsen-Anhalt ein. Doch Reinhard Höppner lehnt eine Begnadigung am 4. März 1996 ab.

Drei Jahre später, am 28. Oktober 1996 setzt das Landgericht Potsdam die Vollstreckung der lebenslangen Strafe aus. Nach zwölf Jahren öffnet sich für Tetzlaff das Gefängnistor. Am 21. Dezember 2004 erlässt dasselbe Landgericht die restliche Strafe.

DIE TOTE IN DER SAALE

Am Sonnabend, dem 17. August 1986, fahren Herta Kroll* und ihr Ehemann Hans gegen 14 Uhr zum Bootshaus der Betriebssportgemeinschaft Lok in der Hanfgartenstraße von Halle. Eine halbe Stunde später kommen Enkel Matthias und sein Vater bei Oma und Opa vorbei. Der 13-Jährige hat sich schon den ganzen Tag über darauf gefreut, mit seinen Großeltern auf der Saale Faltboot zu fahren.

„Na klar machen wir das", sagt Herta Kroll sofort zu. Und kurz darauf paddeln sie in der Mitte des Flusses in Richtung Buna. Etwa 80 Meter vor der Siebenbogenbrücke zeigt Matthias zur rechten Uferseite und ruft aufgeregt: „Oma, Oma, da vorne guckt eine Hand aus dem Wasser raus!" Herta Kroll glaubt, dass es sich wahrscheinlich nur um ein Stück Holz handelt und sagt: „Lass mal, Matthias. Wir fahren noch ein Stück weiter."

Nach rund hundert Metern wendet das Boot und die beiden fahren auf der Westseite stromabwärts. Dabei kommen sie noch einmal an der Stelle vorbei, wo der Junge geglaubt hat, eine Wasserleiche zu sehen. Als die Paddler etwa zwei Meter entfernt sind, sagt die Oma: „Junge, du hattest ja recht. Das ist wirklich eine tote Frau." Der Körper liegt einen halben Meter vom Ufer entfernt unter einer Weide.

„Wir fahren zurück zum Bootshaus", entscheidet Herta Kroll. Dort angekommen, schildert sie, was sie gesehen haben. Gemeinsam mit einem Sportfreund, der ein Motorboot besitzt, fährt der 13-Jährige zurück zur Weide. Andreas Seume* erkennt sofort, dass sich die Paddler nicht geirrt haben. Nachdem sie zum Ruderstützpunkt zurückgekehrt sind, verständigt die Rentnerin gegen 17.30 Uhr den Abschnittsbevollmächtigten der Polizei.

Wenig später sind Polizeiobermeister Schwarz und Polizeihauptwachtmeister Vollrath vor Ort. Über einen Acker gehen sie auf die die Fundstelle zu. Um ans Wasser zu gelangen, entfernen

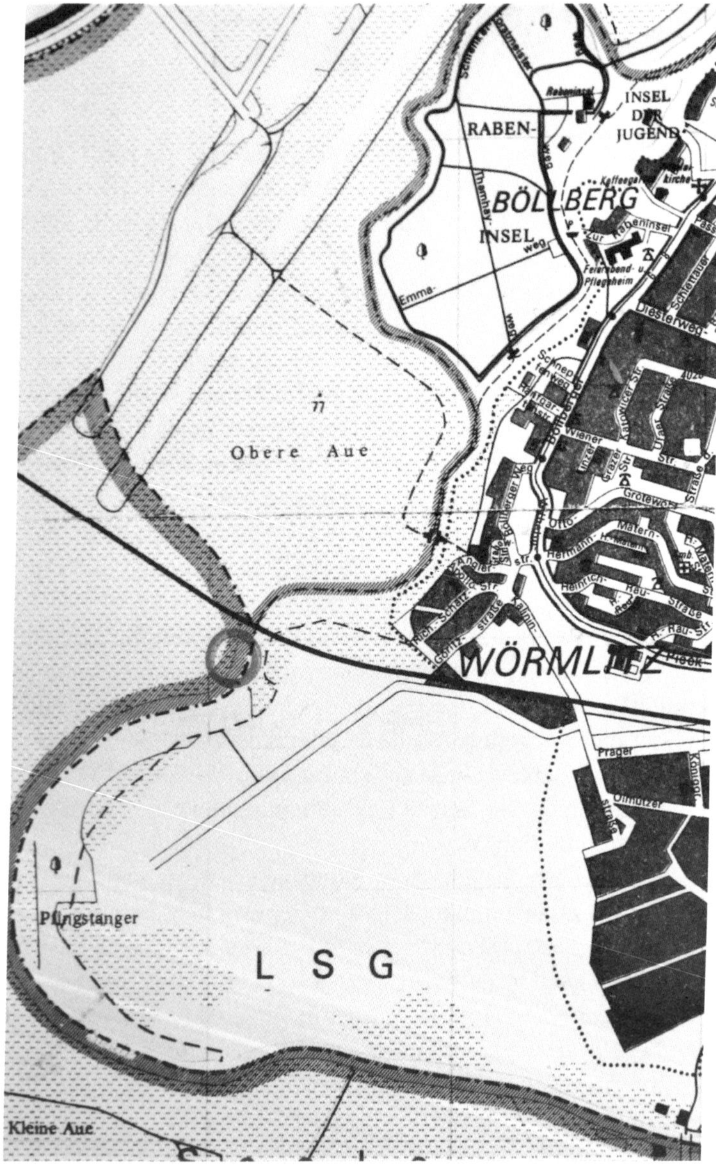

Stadtplanausschnitt mit dem Fundort der Toten in der Saale (Kreis)

Der Bereich am westlichen Saale-Ufer mit der Leiche

sie Gestrüpp und das teilweise brusthohe Unkraut. Später werden sie zu Protokoll geben, dass es keinen Hinweis darauf gab, dass zuvor „andere Personen“ an dieser Stelle zur Saale gegangen sind. Auch an der unmittelbaren Uferzone finden die beiden Polizisten keinerlei Spuren. Über Funk bestätigen sie den Leichenfund.

Gegen 20 Uhr treffen Kripo-Hauptmann Lapehn sowie Kripo-Oberleutnant Paul und Oberleutnant Beige an der Weide ein.

Eine Stunde später ziehen Feuerwehrleute die Frau, die nur mit dunkelgrauen Socken und einer braunen Holzsandalette am rechten Fuß bekleidet ist, an Land. Der linke Schuh wird unweit der Leiche, einen Meter vom Wasser entfernt, gefunden. Der Körper wird unter der Eisenbahnbrücke an der östlichen Uferseite auf ein schwarzes Tuch gelegt. Eine Ärztin der Schnellen Medizinischen Hilfe schaut sich die Leiche an und stellt den Totenschein aus: „nichtnatürlicher Tod“.

Genauer untersucht wird die Leiche gegen 22 Uhr, nachdem Rechtsmedizinerin Dr. Seifert eingetroffen ist. Die Ärztin teilt wenig später Oberleutnant Beige mit: „Die Frau wurde erstochen.“ Sie deutet auf die linke Oberbauchseite in Höhe der unteren Herzbegrenzung der Toten. „Auch an der linken Rückenseite gibt es Stichverletzungen.“ Doch das sei nicht alles. „Genosse Beige, schauen Sie sich die Brüste an. An beiden Mammae wurden die Brustwarzen herausgeschnitten. Außerdem wiesen

Die linke Holzsandalette des Opfers

Stirn- und Augenbereich violette Hämatome auf und die Oberkieferzähne im Frontbereich fehlen."

„Und die Liegezeit …", fragt der Kriminalist nach.

„Zwischen zwölf Stunden und zwei Tagen", antwortet die Frau vom Institut für gerichtliche Medizin der Universität Halle. „Genauere Angaben kann ich erst nach der Obduktion machen. Aber es liegt auf der Hand, dass hier ein Verbrechen vorliegt."

Zwei Meter weiter stromaufwärts finden die Kriminalisten auf der Erde des Uferbereichs Blutflecke.

Wer ist die unbekannte Tote?

Die Morduntersuchungskommission des Bezirks Halle nimmt von der Toten die Fingerabdrücke und schickt den „Vergleichsabdruckbogen" an die Hauptabteilung Kriminalpolizei in Berlin, um die Abdrücke mit der zentralen Kartei abzugleichen. Am 21. August kommt die Antwort vom Sachverständigen für Daktyloskopie. In der Kartei liegen Fingerabdrücke mit gleichen Merkmalen vor. Die Personalien: Gabriele Ehrlich*, geboren 1960 in Naumburg, wohnhaft in Teicha, Saalkreis Halle. Die Fingerabdrücke wurden am 25. Dezember 1982 im Polizeikreisamt Halle wegen „asozialen Verhaltens" abgenommen. Die Wohnanschrift der Eltern des identifizierten Opfers in Halle-Neustadt wird gleich mitgeliefert.

Herward Ehrlich*, der Vater der Ermordeten wird unmittelbar darauf befragt. Zuerst will Oberleutnant Roth wissen, wann der 50-Jährige seine Tochter das letzte Mal gesehen hat.

„Das war am Freitag, dem 15. August“, sagt der Kraftfahrer. Er habe Gabriele gegen 16.45 Uhr am Knoten 46 vom Busbahnhof in Halle getroffen. „Sie hatte einen Blumenstrauß in der Hand und hat erzählt, dass sie zu ihrem Freund ins Krankenhaus Dölau will.“

„Kennen Sie den besagten Freund?“

„Nein, leider nicht. Aber Gabi hat gefragt, ob wir am Sonnabend zu Hause sind. Und meine Frau hat ihr gesagt, dass wir vorhaben, an diesem Tag auf die Rabeninsel zum Essen zu gehen.“ Er habe dann gesehen, dass seine Tochter in die Linie E eingestiegen ist.

Dann fällt Ehrlich doch noch etwas ein: „Gabi hat schlecht ausgesehen. Ich meine damit, dass sie eine ungesunde Gesichtsfarbe hatte. Und ich habe dann noch gefragt, wo sie wohnt. Sie hat geantwortet: Bei meinem Freund in Trotha.“ Der Vater sagt, dass die 26-Jährige 1980 ausgezogen sei und die Familie seitdem keinen Kontakt mehr zu ihr hat. „Im Mai 1986 hat sie dann noch einmal eine Nacht bei uns geschlafen. Auf die Frage, was sie jetzt so tue, habe sie nicht geantwortet.“

„Hat Ihre Tochter irgendwelche besonderen Körpermerkmale?“

Der Vater überlegt und sagt dann: „Ich weiß nur, dass sie viele Zahnlücken hat.“

Am 20. August liegt das Ergebnis der gerichtlichen Sektion vor. Als Todesursache wird „Verbluten durch Bruststichverletzungen“ angegeben – „insgesamt drei Stiche in die linke Brusthöhle“ – zwei von vorn, ein Stich in den Rücken. Durch Verletzung von „Brustwandgefäßen“ sei es „zu einem starken Blutverlust gekommen“. Allerdings könne aufgrund der Beschaffenheit der Lunge ein „Tod durch Ertrinken nicht ausgeschlossen werden“.

Zur Tatwaffe wird festgestellt, dass es sich um ein „einschneidiges Tatwerkzeug“ gehandelt haben muss, nicht breiter als 1,9 bis 2 Zentimeter. Nach Auswertung der Stichkanäle sei „am ehesten davon auszugehen, dass das Messer eingesetzt wurde, als das Opfer lag".

Weiterhin sei festgestellt worden, dass die Verletzungen im Gesicht auf „stumpfe Gewalt" zurückzuführen seien. Fußtritte seien nicht auszuschließen. Das Gleiche gelte für die Verletzungen im Rückenbereich. Das Opfer sei stark alkoholisiert gewesen, der Blutalkoholwert betrage 1,7 Promille.

Nachdem die Identität der Toten bekannt ist, hört sich die Kriminalpolizei unter den Bekannten von Gabriele Ehrlich um. So auch bei Rosemarie Schreier*. Die 44-Jährige kennt das Opfer seit neun Jahren. Sie haben zusammen in der Großbäckerei in Halle-Neustadt gearbeitet.

Sie habe ihre Bekannte am Freitag, dem 15. August, das letzte Mal gesehen. Das sei in Halle-Neustadt im „Gastronom" gewesen. Sie habe gegen 19 Uhr in der Selbstbedienungsgaststätte telefonieren wollen. Sie habe sich an einen Tisch gesetzt, an dem Gabi Ehrlich und eine weitere Bekannte saßen. Bis das Lokal um 22 Uhr schloss, sei sie dort gewesen.

Ob sie wisse, wer mit Gabi Ehrlich an diesem Abend zusammen war, wird sie gefragt.

„Einmal kam der Günter an unseren Tisch." Seinen Nachnamen kenne sie allerdings nicht. „Der hatte nebenan mit Gabi Doll* gesessen. Ich kenne ihn, weil er auch in Leuna arbeitet und in Halle-Neustadt in der Nähe vom Bahnhof an der Zscherbener Straße wohnt. Günter ist Stammgast in der Selbstbedienungsgaststätte. Er hat an dem Abend der Ehrlich zwei Schnäpse bezahlt." Dass es Streit zwischen den beiden gegeben habe, fällt der Hausfrau noch ein. „Die Ehrlich schrie ihn an, dass er ihr den Schnaps nur ausgegeben hat, weil er mit ihr ins Bett will. Daraufhin hat Günter gepöbelt: ‚Du hast wohl 'ne Meise, du Dorfschlampe, du alte Sau.'" Es sei zu einem „ernsthaften Streit gekommen". Das müsse so gegen 21.30 Uhr gewesen sein.

„Nach Gaststättenschluss sah ich Günter und Gabriele Hand in Hand die Straße Richtung Kaufhalle lang taumeln. Sie waren so besoffen, dass sie über eine Bank fielen."

Ob sie etwas zum „Lebenswandel" von Gabriele Ehrlich sagen könne, will der Vernehmer wissen.

„Sie hat viele Männerbekanntschaften. Dass sie mit jedem schläft, glaube ich aber nicht. Sie trinkt sehr viel. Wo sie wohnt und ob sie arbeitet, weiß ich nicht."

„Hat Ihnen Gabriele Ehrlich gesagt, wo sie in der Nacht unterkommen wollte?"

„Sie hat gesagt, dass sie auf einer Bank schlafen will."

Ob sie den „Günter" beschreiben könne?

„Er ist etwa 35 Jahre alt und hat dunkelblondes Haar. Größe, so um die 1,75 Meter. Keine Zahnlücken." An die Bekleidung könne sie sich nicht erinnern. Den folgenden Satz streicht der Vernehmer später rot an: „Gehört habe ich, dass der Günter im Knast war, wegen einer Sexualsache."

Zwei Tage später wird Rosemarie Schreier ein zweites Mal von der Polizei vernommen. Inzwischen hat die Kripo aus dem „Verbrecheralbum" die Fotos mehrere Männer herausgesucht, die ins Alters- und Vorstrafenraster passen.

Die Zeugin betrachtet die Bilder aufmerksam und tippt dann auf das Foto Nummer 3. „Das ist der Günter aus dem ‚Gastronom'. Jeder Zweifel ist ausgeschlossen."

Auch einer zweiten Frau, die sich am Freitag, dem 15. August, in der Gaststätte „Gastronom" aufgehalten hat, werden vier Fotos gezeigt. Gabriele schiebt Oberleutnant Vogel sofort das Bild Nummer 3 über den Tisch. „Das ist der Mann, der an dem Abend die Gabi Ehrlich derart beschimpft hat, wie man es in der Öffentlichkeit mit einer Frau nicht macht." Sie habe ihn sofort erkannt. „Ich kenne ihn ja schon von früher her", sagt die 25-Jährige.

Das Foto zeigt Günter Fehse* aus Halle-Neustadt, 36 Jahre alt, Maschinist im VEB Leunawerke, vorbestraft am 27. Januar 1972. Vom Bezirksgericht Halle wegen „mehrfach versuchten

Mordes in Tateinheit mit Vergewaltigung in schwerem Fall und Tateinheit mit vorsätzlicher Körperverletzung zu zwölf Jahren Haft verurteilt". Fehse war im Oktober 1980 aus dem Zuchthaus entlassen worden. Bis Oktober 1983 stand er unter Bewährung mit der Auflage, seinen Arbeitsplatz nicht zu wechseln.

Fehse wird am 26. August 1986 zu einer Befragung in die Polizeidienststelle Halle-Neustadt vorgeladen Dort erzählt er Polizeioberleutnant Porsow, dass er an besagtem Freitag ab 18 Uhr in der Selbstbedienungsgaststätte „Gastronom" gewesen sei. „Ich kann mich deshalb so genau daran erinnern, weil ich für meine Mutter eingekauft habe. Sie ist am 13. August 75 Jahre alt geworden und wollte am 16. August feiern", sagt er. Zuvor habe er im „Schlösschen", der „Freiluftgaststätte am Kulturhaus J.-R. Becher" ein paar Bier getrunken. Um 16.30 Uhr sei er aufgebrochen und zur Gaststätte „Gastronom" gegangen. „Da habe ich dann acht Bier und zwei bis drei Kirsch-Whisky oder Mokka-Likör getrunken."

„Können Sie sich auch noch daran erinnern, ob es im Lokal etwas Besonderes gegeben hat?"

Fehse zieht die Stirn kraus und scheint zu überlegen. „Ach ja, da war so eine dickliche Frau – Gabi – die habe ich da flüchtig kennengelernt. Die hat mir eine Halskette geschenkt. Warum, weiß ich nicht." Die Frau habe eine Blumen-Tätowierung auf der Hand gehabt, und sie arbeite wohl in Leuna-Süd.

„War das alles?"

„Streit hat es gegeben. Ich war ganz schön blau. Und da bin ich mit einer anderen in die Wolle geraten. Die hieß komischerweise auch Gabi", schmunzelt er.

„Wann haben Sie die Gaststätte verlassen? Und sind Sie allein nach Hause gegangen?"

„Es war so 22 Uhr. Und draußen habe ich die zweite Gabi wiedergetroffen. Die habe ich dann noch auf ein Bier eingeladen."

„Wie alt schätzen Sie diese Frau und können Sie diese Gabi beschreiben?"

Nach dieser Frage ist Fehse gar nicht mehr freundlich und auskunftsfreudig. Er raunzt den Kriminalisten an: „Ja, ja, das ist die Frau, die kürzlich in der Zeitung abgebildet war. Und ich weiß auch, warum Sie mir all diese Fragen stellen. Sie wollen mir was anhängen. Ich bin nicht von allein zur Polizei gekommen, weil ich vorbestraft bin und ihr ja immer einen Dummen sucht. Aber nicht mit mir. Ich bin nach der Kneipe allein nach Hause gegangen."

Der Polizeioberleutnant schaltet das Tonbandgerät aus und sagt: „So, wir machen jetzt eine kurze Pause. Ich sage Ihnen, dass es Zeugen gibt, die etwas anderes ausgesagt haben. Überlegen Sie in Ruhe, ob Sie vielleicht etwas geraderücken wollen."

Nach einer Dreiviertelstunde räumt Fehse ein, mit einer Gabi gegen 23 Uhr die Gaststätte „Gastronom" verlassen zu haben, nachdem sie dort jeder zwei Bier und zwei „Kiwi" getrunken hätten. „Wir sind gemeinsam durch Halle-Neustadt gebummelt. Am Freibad Angersdorfer Teiche haben wir uns ins Gras gesetzt und es ist zu Zärtlichkeiten meinerseits gekommen. Ich habe ihr an die Brust gefasst." Weil es ihnen zu kühl geworden sei, habe man sich entschlossen, zur Stadt zurückzugehen. „Auf einer Parkbank am Rehabilitationszentrum haben wir dann gestritten. Die Gabi hat mir vorgeworfen, dass ich ihren Regenschirm geklaut habe. Dabei hat sie den, so besoffen wie sie war, bestimmt irgendwo unterwegs verloren. Sie wollte, dass ich ihn bezahle – hundert Mark sofort. Und sie hat rumgeschrien, dass sie mich deshalb anzeigen will und weil ich sie angeblich sexuell belästigt habe. Ich wurde ziemlich wütend und habe die Frau verprügelt – mit der Hand und der Faust." Dann habe er gesagt: „So, jetzt gehen wir erst mal ins Gestrüpp", und habe sie in die Büsche hinter der Bank geschleift. „Da habe ich es ihr besorgt, obwohl sie sich ständig und heftig gewehrt hat. Ich habe sie geschlagen und gewürgt." Die junge Frau habe geblutet und ihre Kleidung sei schmutzig gewesen. „Ich habe ihr dann angeboten, sie mit nach Hause zu nehmen, damit sie sich sauber machen kann. Aber die hat nicht aufgehört, mir zu drohen. Wegen der Vergewaltigung würde sie mich in den Knast bringen, hat sie gekeift. Da habe ich mir vorgenommen, die Gabi umzubringen." Was er dann auch getan habe.

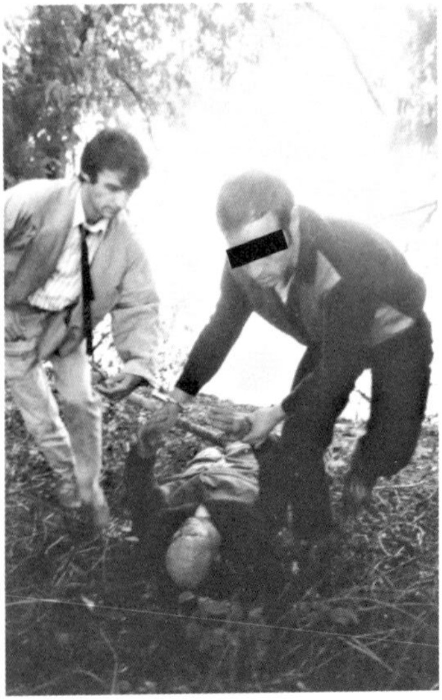

Tatrekonstruktion: Der Täter (r.) zeigt, mit Handschellen an einen Kriminalisten gefesselt, anhand einer Puppe, wie er sein Opfer in einem Busch verstecken wollte

Es ist 22.11 Uhr, als Oberleutnant Porsow die Befragung beendet.

Das Kreisgericht Halle-Neustadt erlässt am 24. August Haftbefehl. Der Vorwurf lautet, Fehse habe „vorsätzlich einen Menschen getötet“. Der 26-Jährige wird in die Untersuchungshaftanstalt Halle, Hansering, gebracht.

Am 3. September 1986 wird Fehse das erste Mal als „Beschuldigter“ vernommen. Wie bei Verhören üblich muss er zuerst über seinen persönlichen Lebensweg Auskunft geben. Dann schildert er, was sich nach dem Streit auf der Parkbank zugetragen hat …

… „Die Frau muss verschwinden“, denkt Fehse, nachdem er seine Kneipenbekanntschaft zusammengeschlagen und vergewaltigt hat. Wieder rein in den Knast – das ist das Letzte, was er will. Einen kurzen Augenblick denkt er noch daran, sich bei der jungen Frau zu entschuldigen und sie zu bitten, ihn nicht anzuzeigen. Doch diesen Gedanken schiebt er schnell wieder zur Seite. Er ist sich nur noch nicht im Klaren, wo er sein Vorhaben in die Tat umsetzen kann.

Fehse stützt die 26-Jährige, deren Gesicht durch die Schläge angeschwollen ist und die aus der Nase blutet. Er führt sie an der Bahnlinie Halle-Neustadt–Halle entlang. Wenn Gabi Ehrlich nicht mehr weiter und nach Halle-Neustadt zurückgehen will, schlägt er immer wieder auf sie ein und stößt ihr

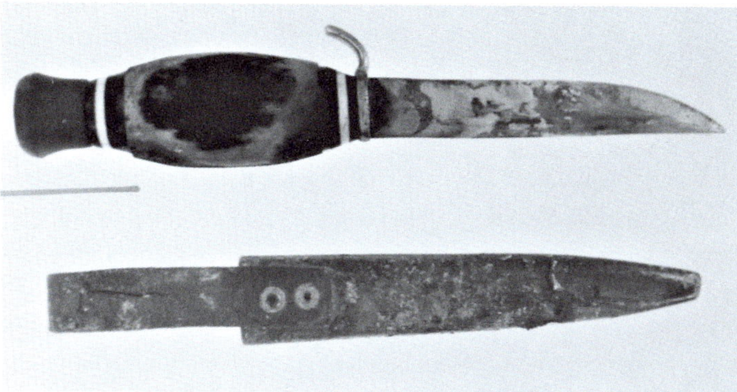

Der Hirschfänger und die Hülle, nachdem sie aus dem Naturbad „Angersdorfer Teiche" herausgeholt wurden

in den Rücken, sodass sie mehrmals auf die Schienen fällt. Er benutzt auch die Griffseite mit dem Kompass seines Hirschfängers.

An der Saalebrücke bei Wörmlitz geht das Paar den Bahndamm hinunter. Fehse zieht die Frau in Richtung Saale. Dort reißt er ihr die Kleidung herunter und vergewaltigt sie aufs Neue. Gabi Ehrlich ruft laut um Hilfe. Fehse greift zum Hirschfänger mit zehn Zentimeter langer Klinge, den er in seiner hinteren rechten Hosentasche trägt, und sticht sein Opfer links in den Rücken. Gabi Ehrlich bäumt sich auf. Doch der Messerstecher drückt sie zu Boden und sticht noch zweimal zu. Als sie sich nicht mehr regt, schneidet er ihr die Brustwarzen ab und wirft sie in den Fluss. Später sagt er aus, dass er keine Erklärung dafür habe, warum er den Körper verstümmelt hat. Danach zieht er die Leblose in die Saale. „Weil die Tote vom Zug aus gesehen werden könnte." Er hofft, dass die Tote, weil sie nackt ist, nicht gleich identifiziert werden kann und dass sie von der Strömung mitgerissen wird. Das Messer wirft er auf dem Heimweg vom Steilufer in die Angersdorfer Teiche.

In der Wohnung seiner Mutter wäscht er sich und versteckt die blutigen und verschmutzten Sachen in einem Schrank. Später weicht er sie in einer Wanne voll Wasser ein.

Tatrekonstruktion: Der Täter (r.) demonstriert den Messerstich in die linke Schulter seines Opfers

Tatrekonstruktion: Der Mörder (r.) demonstriert, wie er die Tote in die Saale gezogen hat

Von der Begutachtung in der Klinik für Psychiatrie und Neurologie der Martin-Luther-Universität in Halle erwarten sich die Ermittler Aufschluss darüber, was es mit den Schnitten in die Brust auf sich hat. Doch bei der Aufklärung dieses Umstandes kann Klinikdirektor Medizinalrat Professor Späte nicht viel weiterhelfen. Während der Begutachtung habe Fehse die Brustschnitte zwar eingeräumt, aber beteuert, dass er nur vermuten kann, warum er das getan hat. Der Gutachter geht nicht davon aus, dass „sadistische Motive“ vorgelegen haben. „Sexuelle Empfindungen im Zusammenhang mit Messern“ empfinde Fehse nach Einschätzung der Gutachter nicht.

Im Vorfeld der Tat habe der Untersuchte gesagt, dass er es „gern habe, wenn sich die Frau beim Geschlechtsverkehr etwas wehrt“. Wenn die Frau nicht mit einer Anzeige gedroht hätte, wäre aus seiner Sicht nichts weiter passiert. Aber so habe er Angst bekommen und sei wütend geworden. Überhaupt seien ihm Frauen „oft widerlich und stoßen mich ab. Diese Frau war irgendwie schlampig, außerdem dick. In meiner Wut habe ich etwas von ihrer Brust abgeschnitten. Es hätte stattdessen auch ein Schlag oder ein Tritt in den Bauch sein können.“

Späte schreibt, dass es Fehse „offensichtlich nicht mehr gelingt, den kompletten Tatverlauf präzise zu rekonstruieren“. Allerdings sei er „keinesfalls betrunken“ gewesen.

Der Psychiater schreibt, dass Fehse „bei Kränkung im Zusammenhang mit sexuellen Kontakten dazu neige, extrem aggressiv zu reagieren". Jetzt zeige der Beschuldigte „deutlichen Abstand zum Tatgeschehen", sei sich des Verbrecherischen seines Tuns bewusst und akzeptiere eine angemessene Bestrafung.

Der Klinikdirektor fasst zusammen: „Bei dem Beschuldigten liegen psychische Abweichungen vor (Kontaktstörungen, gesteigerte affektive Erregbarkeit), die als Ausdruck einer schweren abnormen Entwicklung der Persönlichkeit zu betrachten sind, jedoch keinen Krankheitswert im Sinne des Gesetzes aufweisen."

Die Voraussetzungen für eine eingeschränkte Schuldfähigkeit oder komplette Schuldunfähigkeit seien somit nicht erfüllt. Fehse sei in der Lage gewesen, sich nach den Regeln des gesellschaftlichen Lebens zu entscheiden.

Bei einem weiteren Verhör am 15. September 1986 sagt Fehse: „Ich bin bereits wegen versuchten Mordes vorbestraft und habe schon eine Freiheitsstrafe von neun Jahren verbüßt. Verurteilt worden bin ich eigentlich zu zwölf Jahren. 1980 bin ich wieder rausgekommen. Ich weiß, dass ich jetzt eine schwere Strafe bekommen werde. Ich habe Gabi getötet und kann daran nichts mehr ändern."

Verhört wird auch die Mutter des Tatverdächtigen. Von ihrem Recht, die Aussage zu verweigern, macht sie keinen Gebrauch. Zuerst geht es um das Messer. Die Rentnerin erzählt, dass sie ihr Sohn um ein Messer gebeten hat, das er mit in seinen ČSSR-Urlaub nehmen wollte. „Ich gab ihm den Hirschfänger, der im Kinderzimmer im Schuhschrank lag. Aber Günther hat ihn nicht gewollt, weil er nicht einklappbar ist. Für seinen Campingurlaub hat er dann ein Taschenmesser mitgenommen."

Ein paar Tage später werden der Frau drei Hirschfänger vorgelegt. Doch sie erkennt keines der Messer als das ihres Sohnes wieder. Das dritte habe „zumindest Ähnlichkeit mit dem Hirschfänger".

Am 4. März 1987 beginnt vor dem 4. Strafsenat des Bezirksgerichts Halle der Prozess. Zwei Tage später verkündet der Vorsitzende Richter Botsch: „Der Angeklagte wird wegen Mordes sowie Vergewaltigung im schweren Fall und mehrfacher vorsätzlicher Körperverletzung unter Berücksichtigung der Rückfallstraftaten zu lebenslanger Freiheitsstrafe verurteilt."

Der Richter sagte in der Urteilsbegründung: „Unvorstellbar das Ausmaß der psychischen und physischen Qualen, das die Geschädigte durch den Angeklagten bis zu ihrem Tode erleiden musste. Der Angeklagte handelte mit großer Brutalität, hoher Intensität und einem außerordentlich hohen Maß an Skrupellosigkeit."

Strafmildernde Umstände gebe es nicht. Fehse sei jederzeit in der Lage gewesen, sich anders zu entscheiden und von den Straftaten Abstand zu nehmen. Auch alkoholbedingt habe keine Beeinträchtigung der Zurechnungsfähigkeit vorgelegen. Botsch stützt sich auf das Gutachten, das von einer Alkoholkonzentration von „1 bis 1,5 mg" ausgeht.

„Die außerordentliche Schwere der Straftaten und der Schutz des menschlichen Lebens erfordern nunmehr die dauernde Isolierung des Angeklagten", schließt der Vorsitzende Richter.

Staatsanwalt Hendrik Weber aus Halle nutzt im Oktober 1998 mit Blick auf die Verurteilung vom Oktober 1969 durch das Bezirksgericht Halle wegen mehrfach versuchten Mordes in Tateinheit mit Vergewaltigung im schwerem Fall und vorsätzlicher Körperverletzung sowie versuchter Nötigung zu sexuellen Handlungen im schweren Fall sowie des Diebstahls persönlichen Eigentums zu zwölf Jahren Gefängnis die Möglichkeit, nachträglich die „besondere Schwere" der Tat vom Landgericht Potsdam feststellen zu lassen. Dem wird am 13. Dezember 1998 vom Gericht stattgegeben. Für den Verurteilten bedeutet das, dass er nicht wie allgemein üblich, nach 15 Jahren einen Antrag auf vorzeitige Entlassung stellen kann, sondern frühestens nach 20 Jahren.

Günter Fehse versucht 2004 das erste Mal, dass ihm die restliche Strafe auf Bewährung erlassen wird. Doch die Prognose, die ihm ein Gutachter ausstellt, ist vernichtend. Der Mörder zieht daraufhin seinen Antrag zurück.

Nach mehr als 20 Jahren in Haft wird der Strafvollzug gelockert, damit er sich an die Freiheit gewöhnen kann. Einen Ausgang nutzt er im Juli 2008, um zu fliehen. Er setzt sich nach Italien ab. In Imperia, einer italienischen Hafenstadt in Ligurien, bemächtigt er sich einer Frau und zwingt sie mit einem Messer an der Kehle, ihn im Auto mitzunehmen. Die Frau ist unerschrocken und fährt mit ihm zur nächsten Polizeistation.

Fehse wird in Italien zu zwei Jahren Haft verurteilt und am 29. Januar 2009 auf Antrag der Staatsanwaltschaft Halle nach Deutschland ausgeliefert, um dort den Rest seiner lebenslänglichen Haftstrafe abzusitzen.

Ab Anfang 2016 stellt der Mörder aus der Justizvollzugsanstalt Cottbus wiederholt Anträge auf Entlassung. Nachdem sein letztes Gesuch abgelehnt wird, erhängt er sich am 8. August 2016 wenige Tage nach seinem 56. Geburtstag in seiner Zelle.

Fehse verbrachte mehr als 30 Jahre seines Lebens hinter Gittern.

ABKÜRZUNGSVERZEICHNIS

ABV: Abschnittsbevollmächtigter; Polizeiangehöriger, der für einen bestimmten Abschnitt in Städten und Gemeinden für die öffentliche Ordnung und Sicherheit zuständig war und dabei engen Kontakt zur Bevölkerung halten sollte
FDGB: Freier Deutscher Gewerkschaftsbund; Dachverband der 15 Einzelgewerkschaften in der DDR
FDJ: Freie Deutsche Jugend; staatliche Jugendorganisation der DDR
GST: Gesellschaft für Sport und Technik; eine vormilitärische Massenorganisation der DDR
HO: Handelsorganisation; Sammelbezeichnung für den seit 1948 bestehenden sogenannten volkseigenen Einzelhandel sowie das volkseigene Gaststätten- und Hotelwesen
K: Kriminalpolizei
LPG: landwirtschaftliche Produktionsgenossenschaft; landwirtschaftlicher Großbetrieb in der DDR nach dem Vorbild der sowjetischen Kolchosen
Mitropa: Mitteleuropäische Schlafwagen- und Speisewagen-Aktiengesellschaft; 1917 gegründet, in der DDR als Unternehmen für die Versorgung Reisender in den Bahnen und auf Bahnhöfen weitergeführt
MUK: Morduntersuchungskommission
SVK: Sozialversicherungskasse; die gesetzliche Kranken-, Unfall- und Rentenversicherung für Arbeiter und Angestellte in der DDR
VEB: volkseigener Betrieb; Industrie- und Dienstleistungsbetriebe im Staatseigentum der DDR
VP: Volkspolizei (amtlich DVP); die zentralistisch organisierte Polizei der DDR
VPKA: Volkspolizeikreisamt

BERND KAUFHOLZ

Bernd Kaufholz

SPEKTAKULÄRE KRIMINALFÄLLE BEST-OF BAND 1–3

Authentische Kriminalfälle

je 160 S., 29 €, ISBN 978-3-96311-186-0

Neun Bücher über authentische Kriminalfälle hat Bernd Kaufholz seit 1999 inzwischen verfasst, und mit jedem davon seine Leserschaft immer wieder gefesselt. Anlass genug, die spektakulärsten davon in einer Best-Of-Ausgabe erneut zu präsentieren. Der Autor hat dafür die spannendsten 60 Fälle herausgesucht, die sich über einen Zeitraum von 386 Jahren spannen, angefangen mit einem historischen Kriminalfall von 1602 über Delikte in der sowjetischen Besatzungszone bis hin zu Schwerverbrechen in der DDR im Jahr 1988. Alle neu aufgelegten Fälle entstammen den nicht mehr lieferbaren Kaufholz-Bänden der Reihe „Spektakuläre Kriminalfälle“.

Bernd Kaufholz, geb. 1952 in Magdeburg, studierte Maschinenbau und später Journalistik. Ab 1977 war er Redakteur der Magdeburger „Volksstimme“ (unterbrochen von vier Jahren im öffentlichen Dienst von 2012 bis 2016) und ab 1993 als Chefreporter in vielen Kriegs- und Krisengebieten der Welt unterwegs. Seine Bücher, in denen er authentische Kriminalfälle aufarbeitet, trugen ihm den Titel „Ehrenkommissar des Landes Sachsen-Anhalt“ (2002) und eine Beförderung zum „Oberkommissar ehrenhalber“ (2011) ein. Der Autor lebt im Jerichower Land.

3. Auflage

www.mitteldeutscherverlag.de

Gesamtherstellung: Mitteldeutscher Verlag

ISBN 978-3-96311-488-5

Printed in the EU